Die Vorbedingungen für den höheren Justiz- und den höheren Verwaltungsdienst in Bayern.

Herausgegeben
von
J. Schiedermair
Oberlandesgerichtsrat in München.

München 1926
J. Schweitzer Verlag (Arthur Sellier).

Druck von Dr. F. P. Datterer & Cie., Freising-München

Inhaltsübersicht.

Abkürzungen.

BayZ. . . = Zeitschrift für Rechtspflege in Bayern.
FMB. . . = Bek. des StM. der Finanzen.
FMBl. . = Amtsblatt des StM. der Finanzen
GVBl. . = Gesetz- und Verordnungsblatt.
JMB . . = Bek. des StM. der Justiz
JMBl. . = Amtsblatt des StM der Justiz.
InnMB = Bek. des StM. des Innern.
InnMBl. = Amtsblatt der Staatsministerien des K. Hauses und des Äußern und des Innern, (dann des Äußern, des Innern für soziale Fürsorge usw), nun Ministerialamtsblatt der bayerischen inneren Verwaltung
KMB. . . = Bek. des StM. des Innern für Kirchen- und Schulangelegenheiten, jetzt des StM. für Unterricht und Kultus.
MB. . . . = Ministerialbekanntmachung.
NotG. . . = Notariatsgesetz.
StM. . . = Staatsministerium.
StPr. . . = Staatsprüfung.
StPrA. . = Staatsprüfungsausschuß
VD. . . . = Vorbereitungsdienst.
VO. . . . = Verordnung.

Die Abkürzungen VO. und MB. ohne Beisatz beziehen sich überall auf die VO. vom 1 April 1925 über die Vorbedingungen für den höheren Justiz- und Verwaltungsdienst (hier Teil I abgedruckt) und die Bek der Ministerien der Justiz, des Innern für Unterricht und Kultus vom 1. April 1925 gl. Betr. (hier Teil II abgedruckt).

Geschichtlicher Überblick.

Vorschriften über die Regelung der Vorbereitung für den juristischen Beruf finden sich in Bayern schon in früher Zeit. Über die Verhältnisse in der älteren Zeit enthält die 5. Auflage eine eingehende Erörterung. Hier soll begonnen werden mit der VO. v. 6. März 1830 (RegBl. 581), die dann, allerdings mit zahlreichen Änderungen, im wesentlichen bis jetzt in Kraft geblieben ist. Die Hauptpunkte waren: Mündliche öffentliche Universitätsprüfung; 2 Jahre Vorbereitungsdienst (halb Verwaltung, halb Justiz); Aufgabenstellung durch das Ministerium; Aufsicht und Zensur durch die Kreisregierung und das Appellgericht; Notenstufen I—IV ($^1/_{84}$); mündlicher Vortrag über den praktischen Fall. 1850 wurde die Zensur nach Gegenständen (statt nach Kreisen) eingeführt; 1853 gab man nähere Vorschriften über die Nebennoten, man bewertete auch Schönschreibung und Rechtschreibung; 1854 erfolgte eine andere Einteilung der Hauptnoten ($^1/_{168}$). 1861 wurden erstmals gedruckte und geschriebene Hilfsmittel (Literatur) zugelassen. Größere Änderungen brachte die Einführung der Reichsjustizgesetze. Die VO. vom 25. April 1880 erhöhte den Vorbereitungsdienst auf 3 Jahre, erweiterte die Prüfungsgegenstände und änderte die Notenstufen ($^1/_{28}$). Die VollzVorschr. führten insbesondere das sog. Geschäftsverzeichnis neu ein. Die Neufassung durch die VO. vom 12. Juli 1893 (GVBl. 257) erweiterte die mündliche Universitätsschlußprüfung durch eine schriftliche Vorprüfung unter Klausur und änderte wiederum die Notenfolge ($^1/_{20}$); die VollzVorschriften führten einen eingehenden Rechenschaftsbericht der Aufsichtsbehörden ein und brachten die ersten Ansätze zu den Übungen der Referendare. Die Neufassung durch die VO. v. 4. Juli 1899 (GVBl. 267) mit VollzBek. v. 6. Juli 1899 (JMBl. 194) führte die vorläufig schon im Jahre 1897 angeordnete Zwischenprüfung bei der Universitätsprüfung ein und begann mit der Beschränkung der Hilfsmittel bei der Staatsprüfung. Die Noten lauteten nun: I, I ½, II usw. ($^1/_{40}$). Die VollzVorschr. baute den Rechenschaftsbericht durch Geschäftsübersichten weiter aus. Das starke Zuströmen von Bewerbern um das Richteramt und die Überfüllung der Rechtsanwaltschaft führten zu einer Verschärfung durch die VO. v. 18. Okt. 1910 (GVBl. 1003). Das Notensystem wurde neu, z. T. strenger geregelt[1]), die Hilfsmittel wurden eingeschränkt, der schriftlichen Prüfung wurde eine mündliche angefügt (Vortrag über einen Rechtsfall). Weitere Änderungen brachte die VO. v. 27. Juli 1912 (GVBl. 695) mit Neufassung der VO. v. 4. Juli 1899 durch die Bek. v. 1. Aug. 1912 (GVBl. 703); sie gab der durch die sog. Dreiererlasse in den beteiligten Kreisen hervorgerufenen Erregung nach vor allem dadurch, daß sie der schriftlichen Staatsprüfung eine mündliche Ergänzungsprüfung anfügte, durch die Bewerbern mit einer bestimmten Notensumme (90—100) die Möglichkeit des nachträglichen Bestehens gegeben wurde. Andererseits beseitigte sie den im Jahre 1910 der schriftlichen Staatsprüfung allgemein angefügten mündlichen Vortrag. Die MB. v. 6. Juli 1899 wurde bei der Änderung der VO. im Jahre 1910 ersetzt durch eine MB. v. 25. Okt. 1910 (JMBl. 791)[2]). Mehrere Vorschriften dieser Bek. wurden bei der Neuregelung des Prüfungswesens im Jahre 1912 geändert (MB. vom 1. August 1912, JMBl. 191); ihr Text wurde jedoch nicht neu gefaßt.

In der Folgezeit ergaben sich neue Änderungen, z. T. bedingt durch die Kriegsverhältnisse und die Verhältnisse der Nachkriegszeit. In den Jahren 1914 und 1915 ließ man die Staatsprüfungen überhaupt ausfallen; nach Beendigung des Kriegs wurden die Universitätsschlußprüfung und die Staatsprüfung bisweilen mehrmals im Jahr abgehalten. Besondere

[1]) Durchlaufende Noten von 1 bis 7 (an Stelle der bisherigen vier Noten [I bis IV] mit den drei Zwischennoten). Ergebnisse: bis 36 ausgezeichnet, bis 53 sehr gut, bis 70 gut, bis 90 mit Erfolg abgelegt, von 91 an nicht bestanden.

[2]) Das Geschäftsverzeichnis der Referendare, die statistischen Übersichten über ihre Verwendung und die Rechenschaftsberichte der Vorstände fielen weg; die Pflichtkurse während des VD. wurden erweitert. Die durch die VO. vom 18. Oktober 1910 eingeführte Beschränkung der Hilfsmittel bei der StPr. machte eingehende Ausführungsvorschriften nötig. Eine bedeutsame Neuerung war ferner die Einführung von Kennworten an Stelle der Namensangabe bei den Aufgaben der StPr.

Vorschriften wurden für die Kriegsteilnehmer getroffen. Von allgemeinen Änderungen und Ergänzungen sind namentlich erheblich die durch die MB. v. 26. Nov. 1919 (GVBl. 809) erfolgte Beseitigung der Zwischenprüfung, die durch die MB. v. 17. Jan. 1919 (GVBl. 18) geschaffene Ermächtigung, den Vorbereitungsdienst bei einer Behörde der inneren Verwaltung zu beginnen, und die Möglichkeit, den landgerichtlichen Vorbereitungsdienst vor und zwischen dem amtsgerichtlichen abzuleisten, und endlich die durch die durch MB. v. 14. Juli 1919 (GVBl. 375) erfolgte Einsetzung einer besonderen Staatsprüfungskommission (nun Staatsprüfungsausschuß) für den höheren Justiz- und Verwaltungsdienst, die an Stelle der bis dahin damit befaßten Ministerien der Justiz und des Innern die Leitung und z. T. auch den Vollzug der Staatsprüfungen hat. Aus den in dieser Zeit ergangenen Gesetzen und Verwaltungsverordnungen seien im einzelnen folgende angeführt: Die K. VO. v. 21. Mai 1917 über das Rechtsstudium und die juristischen Prüfungen der Kriegsteilnehmer (GVBl. 143; JMBl. 51); die MB. v. 22. Mai 1917 über das Rechtsstudium und die juristischen Prüfungen der Kriegsteilnehmer (JMBl. 59; KMBl. 133); die (oben erwähnte) MB. v. 17. Jan. 1919 über die Vorbedingungen für den höheren Justiz- und Verwaltungsdienst (GVBl. 18; JMBl. 19); die MB. v. 24. Jan. 1919 über die Vorbedingungen für den höheren Justiz- und Verwaltungsdienst (GVBl. 18; JMBl. 34), trifft Sonderbestimmungen für die Pfalz; die MB. v. 12. Febr. 1919 über die Vorbedingungen für den höheren Justiz- und Verwaltungsdienst (GVBl. 46; JMBl. 39), geändert durch die unten angeführte MB. v. 19. Juli 1923; das RGes. v. 19. April 1919 über die Ausbildung von Kriegsteilnehmern zum Richteramt (RGBl. 403), geändert durch Ges. v. 12. April 1922 (RGBl. 439), mit AusführB. v. 30. April 1919 (GVBl. 169; JMBl. 190); die (oben erwähnte) MB. v. 14. Juli 1919 betr. die Errichtung einer Staatsprüfungskommission für den höheren Justiz- und Verwaltungsdienst (GVBl. 375; JMBl. 278) mit Ergänzung durch MB. v. 25. Nov. 1919 (GVBl. 835; JMBl. 465); die MB. v. 14. Juli 1919 über das Rechtsstudium und die juristischen Prüfungen der Kriegsteilnehmer (GVBl. 371; JMBl. 273) mit Ergänzungen und Änderungen durch MB. v. 3. Dez. 1919 (GVBl. 835), v. 5. Juni 1920 (GVBl. 355; JMBl. 468) — diese wurde aufgehoben durch die unten angeführte MB. v. 19. Juli 1923 — und v. 20. Dez. 1923 (GVBl. 416); die (oben erwähnte) MB. v. 26. Nov. 1919, die Vorbedingungen für den höheren Juſtiz- und Verwaltungsdienſt betr. (GVBl. 809; JMBl. 463); die MB. v. 28. April 1921, die Staatsprüfung für den höheren Juſtiz- und Verwaltungsdienſt betr. (GVBl. 310; JMBl. 58), geändert durch die unten angeführte MB. v. 19. Juli 1923; die MB. v. 17. Nov. 1921 betr. die Vorbedingungen für den höheren Juſtiz- und Verwaltungsdienſt (GVBl. 550; JMBl. 215); die JMB. v. 20. Febr. 1922, den Vorbereitungsdienſt der Referendare betr. (JMBl. 131); die MB. v. 23. Nov. 1922 über die Vorbedingungen für den höheren Juſtiz- und Verwaltungsdienſt (GVBl. 649); die MB. v. 19. Juli 1923 über die Staatsprüfung für den höheren Juſtiz- und Verwaltungsdienſt (GVBl. 249).

Durch die zahlreichen Änderungen war der Rechtszuſtand unüberſichtlich geworden; es mußte auch wieder den nunmehrigen geordneten Verhältniſſen Rechnung getragen werden; es erfolgte deshalb eine Neufaſſung der Vorſchriften durch die VO. des Geſamtſtaatsminiſteriums über die Vorbedingungen für den höheren Juſtiz- und Verwaltungsdienſt v. 1. April 1925 (GVBl. 103), im folgenden ſchlechthin mit VO. bezeichnet, und die Bek. der Staatsminiſterien der Juſtiz, des Innern und für Unterricht und Kultus v. 1. April 1925 (GVBl. 110), im folgenden ſchlechthin als MB. bezeichnet. Dieſe Neuregelung brachte aber auch eine Reihe zweckmäßig ſcheinender Änderungen, ſo eine andere Benotungsregelung für die ſchriftliche Univerſitätsſchlußprüfung, Erleichterungen hinſichtlich des Nachweiſes über die „Hörung“ philoſophiſcher Vorleſungen und für die Staatsprüfung die Rückkehr zur Abhaltung der Prüfungen am Vormittag und Nachmittag und zum ſog. praktiſchen Fall. An der Beſchränkung der Hilfsmittel für die Staatsprüfung wurde feſtgehalten.

Die für die Prüfungen erheblichen Termine und Fristen.

I. Universitätsschlußprüfung.

15. Nov.: Bis zu diesem sind die Gesuche um Zulassung zur Universitätsschlußprüfung einzureichen (MB. § 14 Abs. 1).
20. Nov.: Bis zu diesem hat der Zulassungsausschuß über die Zahl der Zulassungsgesuche zu berichten (MB. § 16 Abs. 1).
Dez.: Schriftlicher Teil der Universitätsschlußprüfung (MB. §§ 5 u. 15).
Febr. u. März: Mündlicher Teil der Universitätsschlußprüfung (MB. §§ 5 u. 15).

II. Staatsprüfung.

Frist zur vorläufigen Anmeldung: Bestimmt der StPrA. (MB. § 81 Abs. 1).
Frist zur Stellung des Zulassungsgesuchs: Bestimmt der StPrA. (MB. § 85 Abs. 1).
Frühjahr: Zeitpunkt der Staatsprüfung (VO. § 32); den Beginn im einzelnen bestimmt der StPrA. (MB. § 80).
Frist zur Anmeldung zur mündlichen Prüfung: Bis 31. Dez. des nächsten Kalenderjahrs nach der Staatsprüfung (VO. § 44 Abs. 1).
Mündliche Staatsprüfung: Den Zeitpunkt bestimmt der Vorsitzende des StPrA. (VO. § 44 Abs. 2).

I. Teil.

Verordnung des Gesamtstaatsministeriums über die Vorbedingungen für den höheren Justiz- und Verwaltungsdienst vom 1. April 1925.

(GVBl. 103.)

I. Die Vorbedingungen im allgemeinen.

§ 1.

I Die Fähigkeit zum Richteramt und zu einem höheren Amte der inneren Verwaltung oder des Finanzdienstes erlangt, wer die Staatsprüfung für den höheren Justiz- und Verwaltungsdienst mit Erfolg abgelegt hat.

II Die Zulassung zur Staatsprüfung setzt die erfolgreiche Ablegung der Universitätsschlußprüfung und die Ableistung des Vorbereitungsdienstes voraus.

III Zu den Prüfungen werden nur Studierende zugelassen, welche die Staatsangehörigkeit eines deutschen Landes oder die unmittelbare deutsche Reichsangehörigkeit besitzen.

IV Sie müssen ein in Bayern anerkanntes Reifezeugnis eines deutschen humanistischen Gymnasiums, eines deutschen Realgymnasiums oder einer deutschen Oberrealschule besitzen. Absolventen der Oberrealschule können zu den Prüfungen nur zugelassen werden, wenn sie die zur Erlangung des Reifezeugnisses eines deutschen humanistischen Gymnasiums oder eines deutschen Realgymnasiums vorgeschriebene Ergänzungsprüfung mit Erfolg abgelegt haben.

1. Die grundlegenden Bestimmungen des GVG. (§§ 2—5, 10) sind im Teil III Nr. I abgedruckt.

2. Für die Fähigkeit zu einem höheren Amte der inneren Verwaltung oder des Finanzdienstes sind gesetzliche Bestimmungen nicht vorhanden, abgesehen von der Vorschrift in Art. 3 Abs. 1 VGHG. vom 8. August 1878, wonach die Ernennung zum Richter dieses Gerichtshofes Fähigkeit zum Richteramt voraussetzt. Finanzdienst ist selbstverständlich der bayerische Finanzdienst, nicht der Reichsdienst.

3. Die Fähigkeit zum Amt eines Staatsanwalts oder eines Notars und zur Rechtsanwaltschaft erwähnt § 1 nicht; die gesetzlichen Bestimmungen hierüber setzen vielmehr selbst die Fähigkeit zum Richteramte voraus: § 148 Abs. 2 GVG., Art. 9 NotG., § 1 RAO.

4. Die Stellen, die als höheres Amt der inneren Verwaltung oder des Finanzdienstes gelten, sind die Stellen der Besoldungsgruppen A X—XIII und B des Beamtenbesoldungsgesetzes vom 2. Juni 1920, in der Fassung vom 24. März 1923 (GVBl. 109) s. VO. § 47.

5. Wann die StPr. mit Erfolg abgelegt ist, bestimmt § 43 der VO.; wann die Universitätspr. erfolgreich abgelegt ist, bestimmen die §§ 11, 14 der VO.

6. Vorbedingungen für die Zulassung zur Universitätsschlußprüfung im übrigen VO. § 5. Daneben gilt MB. § 48; Zahlung der Prüfungsgebühr für die Staatsprüfung: MB. § 129 Abs. 4 mit § 48.

7. Wegen der anerkannten Reifezeugnisse s. VO. § 5 Abs. 1. Wegen der Ergänzungsprüfungen s. d. Schulordnung für die höheren Lehranstalten vom 30. Mai 1914 (GVBl. 133) § 25 mit den Vollzugsbestimmungen zur Schulordnung vom 30. Mai 1914 (KMBl. 379) Nr. 100—106. Wegen ausnahmsweiser Anerkennung nicht allgemein anerkannter Reifezeugnisse s. MB. § 14 Abs. 2.

8. Wegen Zulassung von Abweichungen von den Vorschriften des § 1 s. VO. § 55 S. 2.

II. Universitätsschlußprüfung.

1. Gegenstände der Prüfung.

§ 2.

I Die Universitätsschlußprüfung ist teils schriftlich, teils mündlich.

II Die Gegenstände der schriftlichen Universitätsschlußprüfung sind:

1. das deutsche bürgerliche Recht (das bürgerliche Gesetzbuch nebst den reichs- und landesrechtlichen Ergänzungen),
2. das Handels- und Wechselrecht,
3. das Zivilprozeßrecht,
4. das Strafrecht,

5. das Strafprozeßrecht,
6. das Staatsrecht und die Hauptgrundsätze des Völkerrechts,
7. das Verwaltungsrecht.

III Die Gegenstände der mündlichen Universitätsschlußprüfung sind außer den voraufgeführten:

1. die Geschichte des römischen und deutschen Rechts, soweit die Kenntnis ihrer Entwicklung zur Erfassung und Wertung des geltenden Rechts unerläßlich ist,
2. die Rechtsentwicklung in Bayern,
3. das katholische und protestantische Kirchenrecht,
4. die Volkswirtschaftslehre einschließlich der Volkswirtschaftspolitik,
5. die Finanzwissenschaft.

1. Die Abgrenzung des Prüfungsstoffes ist nun wieder so wie in der Bek. vom 1. Aug. 1912 geregelt, jedoch unter Ausscheidung des Stoffes der mündlichen und der schriftlichen Prüfung; während aber dort als Prüfungsgegenstand die römische Rechtsgeschichte und das römische Privatrecht sowie die deutsche Rechtsgeschichte und die Grundzüge des deutschen Privatrechts schlechthin als Prüfungsgegenstand bezeichnet sind, ist nun im Anschluß an die zuerst durch MB. vom 26. November 1919 (GVBl. 809) getroffene Regelung dieser Prüfungsgegenstand beschränkt auf die Geschichte des römischen und deutschen Rechts und auch insoweit auf das, was zur Erfassung und Wertung des geltenden Rechts unerläßlich ist. Eine weitere Einschränkung der Prüfung aus der Rechtsgeschichte enthält MB. § 37 Abs. 1 S. 4.

2. Das Urheberrecht dürfte unter dem bürgerlichen Recht inbegriffen sein; das Seerecht ist nicht Gegenstand der Prüfung; es war in der MB. vom 25. Oktober 1910 noch als Gegenstand des Studiums (schon nicht mehr als solcher der Prüfung) angeführt; es erscheint aber jetzt auch als solches nicht mehr. Das Scheckrecht wird im Handelsrecht inbegriffen sein; wohl auch das Recht der Gesellschaft mit beschränkter Haftung und das Genossenschaftsrecht. Das Konkursrecht wird unter dem Zivilprozeßrecht inbegriffen sein; ebenso das Reichsgesetz über die Zwangsversteigerung und Zwangsverwaltung. Aus dem ReichsGes. über die Angelegenheiten der freiwilligen Gerichtsbarkeit und aus der Grundbuchordnung werden in der mündlichen Prüfung ebenfalls Fragen zu erwarten sein, weil ohne ihre Kenntnis eine Reihe von Bestimmungen des bürgerlichen Rechts unverstanden bliebe.

3. Über den Umfang der Kenntnisse, der in den einzelnen

Fächern zu fordern ist, lassen sich bestimmte Sätze nicht aufstellen. Allgemeine Richtlinien geben MB. § 22 Abs. 2 und § 37.

4. Die in den früheren Prüfungsvorschriften (§ 36 der MB. vom 25. Oktober 1910) vorgesehene Zulassung von Fragen über besonders wichtige Vorkommnisse der allgemeinen deutschen Geschichte findet sich nicht mehr; diese Fragen sind nicht mehr zulässig.

2. Prüfungsorte und Prüfungsausschüsse.

§ 3.

I Die Universitätsschlußprüfung wird an den Landesuniversitäten abgehalten. Hiezu wird die erforderliche Anzahl von Prüfungsausschüssen gebildet.

II Für sämtliche Prüfungsausschüsse wird ein Beamter des höheren Justiz- oder Verwaltungsdienstes als gemeinsamer Vorsitzender und Leiter des Prüfungsgeschäftes bestellt.

III Zu prüfenden Mitgliedern können neben Universitätslehrern auch höhere Justiz- und Verwaltungsbeamte berufen werden.

IV Der Vorsitzende und die Mitglieder der Prüfungsausschüsse sowie die erforderlichen Stellvertreter werden vom Staatsministerium für Unterricht und Kultus im Benehmen mit den Staatsministerien der Justiz und des Innern ernannt.

1. Wegen der Zahl der in einem einzelnen Fall an der mündlichen Prüfung teilnehmenden Ausschußmitglieder und ihrer Auswahl s. MB. §§ 8 und 9; wegen der Bestimmung der Beurteiler und Mitbeurteiler (= Zensoren und Mitzensoren) der schriftlichen Prüfung s. MB. § 7.

2. Der nach Maßgabe des Abs. 2 bestellte Vorsitzende ist Vorsitzender aller Prüfungsausschüsse der drei Universitäten. Es können auch an einer Universität mehrere Prüfungsausschüsse gebildet werden (s. MB. § 34).

3. Wegen der Aufgaben des Vorsitzenden im einzelnen s. VO. § 4 Abs. 2, § 11, § 12 Abs. 2, § 13, § 18 Abs. 2; MB. § 7 Abs. 2, § 8, § 9, § 11 Abs. 3, § 16 Abs. 2, § 26 Abs. 1, § 31, § 32, § 35, § 40 Abs. 2, § 42 Abs. 3, § 43 Abs. 3, § 44 Abs. 1, § 45, § 47 Abs. 3.

4. Justiz- und Verwaltungsbeamte wurden zum ersten Male im Jahre 1920 zugezogen.

5. Wegen weiterer Vertretung des Vorsitzenden und seiner Stellvertreter s. MB. § 10 und § 26.

6. Ausschlußgründe für den Vorsitzenden und die Ausschußmitglieder setzt die MB. § 12 fest.

§ 4.

I Die Wahl des Prüfungsortes steht den Studierenden frei. II Bei übermäßigem Andrang an einem Prüfungsorte kann der Vorsitzende Studierende an einen anderen Prüfungsort verweisen.

1. Die Studenten brauchen an der Universität, an der sie die Prüfung ablegen, nicht immatrikuliert zu sein (MB. § 6).

2. Wegen der Vornahme der Verweisungen s. MB. § 16 Abs. 2.

3. Zulassung zur Prüfung.

§ 5.

Mit dem Gesuch um Zulassung zur Universitätsschlußprüfung sind einzureichen:

1. das in Bayern anerkannte Reifezeugnis eines deutschen humanistischen Gymnasiums oder Realgymnasiums oder einer deutschen Oberrealschule mit dem Zeugnis über die erfolgreiche Ablegung der Ergänzungsprüfung;
2. der Nachweis eines vierjährigen Studiums an deutschen Universitäten, wovon drei Jahre dem Rechtsstudium gewidmet sein müssen;
3. der Nachweis, daß der Studierende philosophische Vorlesungen im Umfang von 24 Halbjahres-Wochenstunden gehört hat;
4. der Nachweis, über die Führung des Studierenden;
5. eine kurze Beschreibung des Lebenslaufs des Studierenden;
6. der Nachweis der Staatsangehörigkeit eines deutschen Landes oder der unmittelbaren deutschen Reichsangehörigkeit.

1. Welche Reifezeugnisse in Bayern anerkannt sind, ergibt die Vereinbarung der Länder über die gegenseitige Anerkennung

der Reifezeugnisse der höheren Schulen vom 19. Dezember 1922, bekannt gemacht mit KMB. vom 12. Januar 1923 (KMBl. 2—6), ergänzt nach JnnMB. vom 31. März 1925 (ReichsMinBl. Nr. 18). Wegen der ausnahmsweisen Anerkennung sonstiger Zeugnisse s. MB. § 14 Abs. 2. Wegen der Ergänzungsprüfungen s. BO. § 1 Anm. 7.

2. Wegen des Begriffes der deutschen Universität s. MB. § 4. Wegen der Anrechnung des Studiums an Universitäten außerhalb des Deutschen Reichs s. Nr. III des Anhangs zu den Universitätssatzungen (Teil III Nr. II); hierbei ist aber § 2 Abs. 2 GBG. zu beachten.

3. Nach § 2 Abs. 2 GBG. würde es schon genügen, wenn von dem dreijährigen Rechtsstudium drei Halbjahre dem Studium auf einer deutschen Universität gewidmet würden. Da das GBG. ein dreijähriges, der Prüfung vorhergehendes Rechtsstudium fordert (§ 2 Abs. 2 GBG.) und andererseits der schriftliche Teil der Universitätsprüfung schon vor den Weihnachtsferien stattfindet (MB. § 5), wird es sich empfehlen, das Studium so einzurichten, daß ein dreijähriges Rechtsstudium ohne die Heranziehung des achten Semesters erreicht ist. Das Studium muß kein ununterbrochenes Rechtsstudium sein; das Jahr kann auch durch Zusammenfassung zweier sich nicht unmittelbar aneinander schließender Semester gewonnen werden. Es ist auch nicht mehr vorgeschrieben (anders § 12 der MB. vom 25. Oktober 1910), daß die Universitätsprüfung im unmittelbaren Anschluß an das Universitätsstudium abgelegt wird. Einschlägig ist hier, gemäß MB. § 1, auch § 27 der Universitätssatzungen, wonach einem Studierenden ein Halbjahr nur dann angerechnet wird, wenn er wenigstens eine ordentliche Vorlesung belegt hat. Hierbei sollen unter ordentlichen Vorlesungen solche hörgeldpflichtige Vorlesungen verstanden werden, die mindestens vierstündig in der Woche gelesen werden. Mehrere hörgeldpflichtige Vorlesungen, die in demselben Halbjahre zusammen mindestens vierstündig gelesen werden, sind hierbei einer ordentlichen Vorlesung gleichzuachten.

4. Welche Vorlesungen als rechtswissenschaftliche gelten, bestimmt MB. § 2; ob ein Semester als ein dem Rechtsstudium gewidmetes gilt, bestimmen Nr. IV—VI des Anhangs zu den Universitätssatzungen (Teil III Nr. II) mit § 27 der Universitätssatzungen (s. diesen oben Anm. 3).

5. Welche Vorlesungen als philosophische gelten, bestimmt MB. § 3. Die 24 Wochenstunden können sich aus ein-, zwei-, drei-, vier- und mehrstündigen Vorlesungen zusammensetzen; es ist auch nicht notwendig, daß in jedem Semester zusammen mindestens vier Wochenstunden erreicht werden. Wegen des philosophischen Studiums an den philosophisch-theologischen Hochschulen (den früher sog. Lyzeen) s. Nr. II des Anhangs zu den Universitätssatzungen (Teil III Nr. II).

6. Wegen der Art der Führung des Nachweises für die Voraussetzungen unter Nr. 2, 3 u. 4 s. MB. § 14 Abs. 3.

7. Wegen des Inhalts des Lebenslaufs s. MB. § 14 Abs. 4.

8. Wegen des Zeitpunkts für die Einreichung des Gesuchs s. MB. § 14 Abs. 1; wegen der Behandlung unvollständiger Gesuche und der Folgen verspäteter Einreichung s. MB. § 17.

9. Mit dem Zulassungsgesuch ist auch ein etwaiges Gesuch um Nachlaß der Gebühr zu verbinden (MB. § 47 Abs. 1). Wegen der Einzahlung der Gebühr und des Stempelbetrags mit dem Zulassungsgesuch s. MB. § 46 Abs. 3.

10. Wegen der Beigabe von Zeugnissen über den Besuch von Übungen und der Beigabe von für solche gefertigten Arbeiten s. MB. § 14 Abs. 5.

11. Wegen der Zurückgabe der mit dem Zulassungsgesuch eingereichten Belege s. MB. § 43 Abs. 3.

§ 6.

I Die Gesuche um Zulassung zur Universitätsschlußprüfung sind an den Zulassungsausschuß des Prüfungsortes zu richten. Der Zulassungsausschuß besteht aus dem Dekan und zwei von ihm berufenen Mitgliedern der juristischen Fakultät.

II Der Ausschuß hat die Gesuche zu verbescheiden und im Benehmen mit dem Vorsitzenden des Prüfungsausschusses die Studierenden zur Prüfung einzuberufen.

1. Nähere Bestimmungen über die Zulassung s. MB. §§ 14 ff.

2. Wegen der Verweisung an einen anderen Prüfungsort s. VO. § 4 Abs. 2.

4. Prüfung.

Die Universitätsprüfung gliedert sich in einen schriftlichen, näher in §§ 8—11, und einen mündlichen, näher in §§ 12—14 und 16 geregelten Teil; hierzu kann eine Nachprüfung nach Maßgabe des § 17 treten.

§ 7.

Die Universitätsschlußprüfung findet alljährlich einmal im Winterhalbjahre statt.

1. Wegen einer Ausnahme von § 7 für das Jahr 1925 s. MB. § 130.

§ 8.

I Das Staatsministerium für Unterricht und Kultus setzt im Benehmen mit den Staatsministerien der Justiz und des Innern für die schriftliche Prüfung die Aufgaben und die Arbeitszeiten gleichheitlich für die 3 Prüfungsorte fest.

II Die Aufgaben sind unter Aufsicht zu bearbeiten.

III Als Hilfsmittel dürfen nur Bücher gebraucht werden, deren Gebrauch ausdrücklich gestattet ist.

IV Die Arbeiten werden durch Mitglieder der Prüfungskommision beurteilt.

1. Nähere Bestimmungen über die Aufgaben und ihre Herstellung und die Arbeitszeiten treffen MB. §§ 21, 22 und 23. Wegen der Gegenstände der schriftlichen Prüfung s. VO. § 2 Abs. 2 und MB. § 21.

2. Wegen der Bestellung der Aufsichtsführenden s. MB. § 7 Abs. 2. Wegen näherer Anordnungen über die Aufsichtsführung s. MB. § 26.

3. Wegen der gestatteten Bücher s. MB. § 24.

4. Der Ausdruck Prüfungs„kommission" ist (anscheinend versehentlich) aus der früheren Fassung der VO. übernommen worden; gemeint ist, daß die Beurteilung durch Mitglieder eines Prüfungsausschusses erfolgt; s. im einzelnen MB. § 7 Abs. 1. Wegen des Verfahrens bei der Beurteilung der Aufgaben s. VO., § 10 und MB. §§ 28 ff. Bei Meinungsverschiedenheiten zwischen dem Beurteiler und Mitbeurteiler entscheidet der Vorsitzende der Prüfungsausschüsse (MB. § 31 Abs. 2).

5. Wegen der näheren Bestimmung des Zeitpunktes der schriftlichen Prüfung s. MB. § 5.

§ 9.

Ein Studierender, der bei dem Gebrauch eines nicht zugelassenen Hilfsmittels betroffen wird oder sich fremder Hilfe bedient, ist von der Fortsetzung der Prüfung auszuschließen.

1. Wegen der zugelassenen Hilfsmittel s. VO. § 8 Abs. 3. Fremde Hilfe ist Hilfe eines anderen Kandidaten wie solche an der Prüfung überhaupt nicht Beteiligter. „Betroffen" ist auch der, bei dem sich nachträglich der Gebrauch eines nicht zugelassenen Hilfsmittels ergibt.

2. Der bloße Versuch der in § 9 bezeichneten Handlungen zieht den Ausschluß nicht nach sich. Auch nicht Gewährung von Hilfe; verboten ist aber auch dieses (s. MB. § 26 Abs. 3).

3. Wegen des Verfahrens bei dem Ausschlusse von der Fortsetzung der Prüfung s. MB. § 26 Abs. 4 und § 29 Abs. 5 und 6. Wegen der Folgen der Ausschließung s. VO. § 15.

§ 10.

Die Arbeiten sind daraufhin zu beurteilen, ob die Aufgabe

sehr gut (I)
gut (II)
genügend (III)
mangelhaft (IV)
oder ungenügend (V)

bearbeitet worden ist.

1. Die frühere Benotung (MB. vom 25. Oktober 1910 § 50) enthielt nur vier Abstufungen; gegenüber dieser früheren Fassung ist neu eingeschoben die Note „mangelhaft IV"; die bisher letzte Note „nicht genügend" wurde zur Note „ungenügend V".

2. Wegen der für die Benotung maßgebenden Grundsätze s. MB. § 29; wegen der Festsetzung der Noten s. MB. § 31 Abs. 2.

3. Wegen Mitteilung des Ergebnisses der schriftlichen Prüfung s. MB. § 32.

4. Die Noten des § 10 sollen von den einzelnen Ausschußmitgliedern auch bei der Beurteilung der mündlichen Prüfung zugrunde gelegt werden.

§ 11.

I Ein Studierender, der zwei Aufgaben „ungenügend" bearbeitet hat, ist durch den Vorsitzenden von der mündlichen Prüfung zurückzuweisen; er hat die Prüfung nicht bestanden. Eine etwaige Rücktrittserklärung ist unwirksam.

II Zwei „mangelhafte" Arbeiten werden einer „ungenügenden" gleichgestellt.

1. Die Entscheidung über das Vorliegen der Voraussetzungen des § 11 obliegt dem Vorsitzenden der Prüfungsausschüsse (MB. § 31 Abs. 2).

2. § 11 schließt nicht aus, daß bei einem Studierenden, der nach dessen Bestimmungen zur mündlichen Prüfung zuzulassen ist, bei der Feststellung des Gesamtergebnisses nach VO. § 13 nur wegen des Ergebnisses der schriftlichen Prüfung die Prüfung als „nicht bestanden" gilt.

§ 12.

I Bei der mündlichen Prüfung wird der Studierende in der Regel eine und eine halbe Stunde geprüft.

II Der Vorsitzende kann bestimmen, daß mehrere Studierende gleichzeitig und ungetrennt oder gleichzeitig, aber getrennt geprüft werden. In dem ersten Falle ist die Prüfungszeit entsprechend zu bemessen.

1. Weitere Bestimmungen über die mündliche Prüfung s. MB. §§ 33 ff. Zahl der bei der mündlichen Prüfung Prüfenden s. MB. § 8. Eine schriftliche Vorladung zur schriftlichen Prüfung erfolgt nicht; anders ist das Verfahren bei der mündlichen Prüfung (MB. § 34 Abs. 2 und 3).

2. Wegen der Gegenstände der mündlichen Prüfung s. PO. § 2 Abs. 3.

3. Wegen des Zeitpunktes der mündlichen Prüfung s. MB. § 5.

4. Wegen der Bemessung der Prüfungszeit bei gleichzeitiger ungetrennter Prüfung mehrerer Studierender s. MB. § 36. Wegen der Verteilung der Prüfungszeit auf die einzelnen Fächer und der Verteilung des Prüfungsstoffes auf die einzelnen Prüfenden s. MB. § 9 Abs. 1 S. 2.

§ 13.

Unmittelbar nach der Beendigung der mündlichen Prüfung entscheidet der Prüfungsausschuß über das Gesamtergebnis der schriftlichen und mündlichen Prüfung mit Stimmenmehrheit. Bei Stimmengleichheit entscheidet die Stimme des Vorsitzenden.

1. Wegen des Verfahrens bei der Entscheidung des Prüfungsausschusses s. MB. §§ 39—41; die Abstimmung ist anders wie die mündliche Prüfung als solche nicht öffentlich (MB. § 39 Abs. 1).

2. Der Kandidat hat bestanden, wenn hierfür mindestens 4 Stimmen schlechthin oder 3 Stimmen mit Einschluß des Vorsitzenden sind. Für die Erklärung „mit Auszeichnung bestanden" ist Einstimmigkeit notwendig (MB. § 40 Abs. 3).

§ 14.

Als Gesamtergebnis der Prüfung ist festzustellen, daß der Studierende die Prüfung

„bestanden" oder

nicht „bestanden"

hat; wenn der Studierende hervorragende Kenntnisse bewiesen hat, kann erklärt werden, daß er die Prüfung „mit Auszeichnung bestanden" hat.

1. Wegen der Voraussetzungen für die Erteilung der verschiedenen Bewertungen s. MB. § 40.

§ 15.

Der Studierende kann spätestens im Laufe des dritten Tages vor Beginn der schriftlichen Prüfung oder vor dem Zeitpunkt, zu dem er zur mündlichen Prüfung einberufen ist, das Gesuch um Zulassung zur Prüfung zurücknehmen. Wer ohne triftigen Grund das Gesuch um Zulassung später zurücknimmt oder zur Prüfung nicht erscheint oder die Prüfung vorzeitig abbricht oder von Fortsetzung der Prüfung ausgeschlossen wird, ist einem Studierenden gleichzuachten, der die Prüfung nicht bestanden hat.

1. Zurücktreten kann der Studierende jedenfalls bis zum 3. Tag vor Beginn der mündlichen Prüfung einschließlich; er kann weiter auch später noch bis zum 3. Tag vor dem Tag der Einberufung zur mündlichen Prüfung zurücktreten; aber dieses nur dann, wenn er nicht schon nach dem Ergebnisse der schriftlichen Prüfung oder dem Verhalten hierbei (VO. § 15 Abs. 1 S. 2; § 11 Abs. 1 S. 2) als ein solcher gilt, der die Prüfung nicht bestanden hat; denn ein solcher gilt als durchgefallen und kann deshalb schon begrifflich nicht mehr zurücktreten. Die VO. kennt nur eine Zurücknahme des Zulassungsgesuchs schlechthin, nicht eine solche der bloßen Zulassung zur mündlichen Prüfung in dem Sinn, daß unter Fortdauer der Wirksamkeit des Ergebnisses der schriftlichen Prüfung bei der Prüfung des nächsten Jahres nur die mündliche Prüfung abzulegen wäre.

2. Nicht mehr zurücktreten kann auch, wer bei der schriftlichen Prüfung nur das in VO. § 11 bezeichnete Ergebnis erzielt hat (§ 11 Abs. 1 S. 2).

3. Die Bedeutung einer nach Maßgabe des S. 1 erfolgten, wirksamen rechtzeitigen Zurücknahme ist, daß der Kandidat nicht als solcher gilt, der die Prüfung nicht bestanden hat. Er kann sich aber selbstverständlich frühestens wieder an der nächsten Prüfung beteiligen. Die Fortsetzung des Studiums, sei es auch nur durch Belegen von Vorlesungen, ist nicht gefordert; VO. § 16 schlägt für ihn nicht ein.

4. Nicht bestanden hat die Prüfung der, bei dem die Voraussetzungen des § 11 oder des § 14 der VO. vorliegen.

5. Über den Eintritt der in S. 2 bestimmten Folgen ist eine formelle Entscheidung zu treffen (MB. § 20); s. ebendort wegen der Möglichkeit nachträglicher Entschuldigung.

6. Auch die rechtzeitige Zurücknahme des Gesuchs gibt keinen Anspruch auf Zurückzahlung der Prüfungsgebühr; ein solcher besteht nur nach Maßgabe von MB. § 49 Abs. 2. Wohl aber besteht ein Anspruch auf Zurückzahlung des Betrags für den Zeugnisstempel (MB. § 49 Abs. 1).

7. Wegen der Gesuche um Verlegung des Zeitpunktes der mündlichen Prüfung im einzelnen s. MB. § 35 Abs. 2.

8. Wegen des Verfahrens bei Verhinderung des Studierenden durch triftige Gründe (insbesondere Krankheit) an der schriftlichen Prüfung s. MB. § 30; desgleichen bei Erkrankung während der mündlichen Prüfung s. MB. § 38.

9. Wegen der Bedeutung des aus zwingenden Gründen erfolgten Rücktritts für die Einstellung in die Reihenfolge früher Geprüfter bei der Staatsprüfung s. VO. § 51.

§ 16.

Ein Studierender, der die Universitätsschlußprüfung nicht bestanden hat oder nach § 15 einem solchen gleichgeachtet ist, kann zur Wiederholung der Prüfung nur einmal und nur dann zugelassen werden, wenn er zwei weitere Halbjahre dem Studium der Rechtswissenschaft gewidmet hat.

1. Wann ein Halbjahr dem Rechtsstudium gewidmet ist, bemißt sich nach § 27 der Universitätssatzungen, s. hierwegen VO. § 5 A. 3 und 4.

2. Wiederholung der bestandenen Schlußprüfung, etwa um die „Auszeichnung" nach § 14 zu erlangen, ist nicht vorgesehen.

3. Wegen einer ausnahmsweisen drittmaligen Zulassung s. MB. § 41.

4. Übergangsbestimmungen für Studierende, welche die Prüfungen 1924/1925 oder 1925 nicht bestanden haben s. MB. § 130.

§ 17.

Wenn bei der Universitätsschlußprüfung nach dem Ablaufe der vorgeschriebenen Prüfungszeit das Ergebnis noch zweifelhaft sein sollte, kann der Vorsitzende ein Mitglied oder mehrere Mitglieder des Prüfungsausschusses auffordern, noch weitere Fragen an den Studierenden zu richten. Die Nachprüfung dauert höchstens eine Stunde, sie kann ausnahmsweise auf einen späteren Tag verlegt werden.

1. Keine Nachprüfung, wenn nur zweifelhaft ist, ob der Studierende die Prüfung mit Auszeichnung bestanden hat; es handelt sich hierbei um kein „Ergebnis" (s. VO. § 14).

§ 18.

I Der mündliche Teil der Prüfung ist öffentlich.

II Die Aufrechterhaltung der Ordnung im Prüfungssaal obliegt dem Vorsitzenden. Zuhörer, die seinen Anordnungen nicht nachkommen, kann er aus dem Prüfungssaal entfernen lassen. Aus triftigen Gründen kann er die Öffentlichkeit ausschließen.

1. Die Beratung und Beschlußfassung über die Abstimmung ist nicht öffentlich (MB. § 39).

§ 19.

Die Mitglieder der Prüfungsausschüsse erhalten für ihre Tätigkeit eine angemessene Vergütung.

§ 20.

I Die Studierenden haben eine Prüfungsgebühr zu entrichten.

II Bei nachgewiesener Dürftigkeit kann die Gebühr ganz oder teilweise erlassen werden.

1. Wegen der näheren Bestimmungen über die Entrichtung und den Erlaß der Prüfungsgebühr s. MB. §§ 46—48.

2. Zu der Prüfungsgebühr tritt noch der Betrag für den Stempel (MB. § 46 Abs. 2).

III. Vorbereitungsdienst.

1. Dauer; Voraussetzungen der Zulassung.

§ 21.

I Vor der Zulassung zur Staatsprüfung für den höheren Justiz- und Verwaltungsdienst ist ein Vorbereitungsdienst von drei Jahren abzuleisten.

II Zum Vorbereitungsdienst darf nur zugelassen werden, wer die Universitätsschlußprüfung in Bayern bestanden hat.

III Die Zulassung erfolgt durch den Vorstand der Behörde, bei welcher der Vorbereitungsdienst abgeleistet werden will. Die beteiligten Staatsministerien können sich für besondere Fälle die Zulassung vorbehalten.

1. Vgl. § 2 Abs. 3, 4, § 3 GVG. (Teil III Nr. I). Von der Möglichkeit, nach § 3 Abs. 1 GVG. zur Vorbereitung für den Justizdienst und zur Staatsprüfung auch den zuzulassen, der die erste Prüfung in einem anderen deutschen Lande bestanden hat, ist kein Gebrauch gemacht. MB. § 50 Abs. 1 fordert zwar, daß auch der VD. in Bayern abgeleistet werde; nach § 50 Abs. 2 darf jedoch mit Genehmigung des Justizministeriums der gerichtliche oder rechtsanwaltschaftliche VD. zum Teil in einem anderen deutschen Lande abgeleistet werden. Weitergehende Ausnahmen von der Regel des § 50 Abs. 1 könnten nur nach Maßgabe des § 55 S. 2 der VO. zugelassen werden.

2. Die Beschränkung des Abs. 3 der VO. vom 4. Juli 1899, wonach Frauen (d. h. weibliche Personen) zum Vorbereitungsdienst nicht zugelassen werden können, wurde bereits durch MB. vom 23. November 1922 (GVBl. 649) aufgehoben, so daß die weiblichen Personen nun den männlichen gleichgestellt sind. Ein Recht auf Zulassung haben sie aber ebensowenig, wie die männlichen. Doch würden Beschränkungen in der Zulassung zu Ungunsten der weiblichen Personen, wenn sie auch keine Rechtsverletzungen enthalten, eine Unbilligkeit in sich schließen und dem Zug unserer sozialen Entwicklung widersprechen. S. auch das Gesetz vom 11. Juli 1922 (Teil III Nr. I).

3. Wegen einer Belehrung beim Dienstantritt s. MB. §§ 57 und 66.

4. Zur Ergänzung des § 21 dient MB. § 50. Wegen des Inhalts der Zulassungsgesuche s. MB. § 55.

5. Gegen die Verweigerung der Zulassung ist Beschwerde zulässig (AG. GVG. Art. 73 mit 69); s. hierzu MB. § 66.

6. Wegen einer Verlängerung des Vorbereitungsdienstes s. VO. § 24 Abs. 2 und § 25 Abs. 3 S. 3.

2. Einteilung; Beeidigung.

§ 22.

I Der Vorbereitungsdienst kann bei einem Gericht oder bei einer Behörde der inneren Verwaltung begonnen werden.

II Der Vorbereitungsdienst bei den Gerichten dauert 18 Monate, bei den Behörden der inneren Verwaltung 12 Monate.

III Zum Schlusse sind 6 Monate bei einem Rechtsanwalte zuzubringen, der bei einem Landgericht oder Oberlandesgerichte zugelassen ist. Mit Genehmigung des Oberlandesgerichtspräsidenten kann der rechtsanwaltschaftliche Vorbereitungsdienst auch bei einem Rechtsanwalt abgeleistet werden, der bei einem Amtsgerichte zugelassen ist.

1. Wegen der Teilung des gerichtlichen Vorbereitungsdienstes in einen solchen bei dem Landgerichte und dem Amtsgerichte s. MB. § 68; wegen der Teilung des Vorbereitungsdienstes in einen solchen bei verschiedenen Verwaltungsbehörden s. MB. § 53.

2. Nach den früheren Bestimmungen war der Vorbereitungsdienst beim Amtsgerichte zu beginnen und beim Landgerichte fortzusetzen; daran schloß sich der Dienst bei der inneren Verwaltung; den Schluß bildete, wie jetzt, der Dienst beim Anwalt (VO. vom 4. Juli 1899 § 30). Die Neuregelung, wonach der Dienst auch bei einer Behörde der inneren Verwaltung und bei einem Landgerichte begonnen werden kann, findet sich zuerst in der MB. vom 17. Januar 1919 (GVBl. 18). Unterbrechung des gerichtlichen Vorbereitungsdienstes durch den bei einer Behörde der inneren Verwaltung (etwa Amtsgericht, Bezirksamt, Landgericht) ist unzulässig.

3. Daß der Anwalt auch am Sitze des Gerichts wohnt oder dort seine Geschäftsräume hat, ist nicht vorgeschrieben.

4. Durch Abs. 3 S. 2 ist eine zunächst durch MB. vom 19. November 1921 getroffene Ermächtigung in die VO. selbst übernommen worden. Wie diese Bek. ausdrücklich zum Ausdruck brachte, sind Rechtsanwälte gemeint, die nur bei einem Amtsgerichte zugelassen sind; zuständig ist der Natur der Sache nach der Präsident des Oberlandesgerichts, zu dessen Bezirk das Amtsgericht gehört. Die MB. vom 19. November 1921 erklärte, was für die Regel zu demselben Ergebnis führen wird (s. § 18 RAnwOrdn.), den Oberlandesgerichtspräsidenten für zuständig, in dessen Bezirk der Rechtsanwalt wohnt. Ableistung des Vorbereitungsdienstes bei einem nur beim Obersten Landesgerichte zugelassenen Rechtsanwalt ist nicht zulässig.

5. Wegen des freien Wahlrechts der Referendare unter den Gerichten, Verwaltungsbehörden und Rechtsanwälten s. MB. § 51.

§ 23.

I Der Vorbereitungsdienst beginnt mit dem Tage der Eidesleistung.

II Wer zum Vorbereitungsdienste zugelassen wird (Referendar), hat den Eid nach § 2 der Verordnung vom 3. Mai 1920 über die Vereidigung der öffentlichen Beamten (GVBl. S. 191) zu leisten; beim Eintritt in den gerichtlichen Vorbereitungsdienst ist außerdem in öffentlicher Sitzung der in Art. 61 des AG. z. GVG. für die Gerichtsschreiber vorgeschriebene Eid abzunehmen.

III Der Eid gilt für die ganze Dauer des Vorbereitungsdienstes.

1. Der Tag der Beeidigung wird in den Vorbereitungsdienst eingerechnet, abweichend § 187 BGB. Er endet also, wenn nicht eine Verlängerung zu erfolgen hat, mit dem Kalendertag des dritten Jahres, der dem Tag vor dem Tag des Diensteintritts entspricht.

2. Der Eid nach § 2 der auf Grund der Gesetze vom 6. November 1919 (GVBl. 783) und der VO. des Reichspräsidenten vom 14. August 1919 (RGBl. 1419) erlassenen VO. vom 3. Mai 1920 lautet: Ich schwöre Treue der Verfassung des Freistaates Bayern und der Reichsverfassung, Gehorsam den Gesetzen und gewissenhafte Erfüllung meiner Dienstpflichten.

3. Der Gerichtsschreiber hat nach Art. 61 Abs. 1 AG. GVG. den Eid dahin zu leisten, „die ihm obliegenden Amtspflichten nach den bestehenden Gesetzen und Verordnungen treu zu erfüllen, den dienstlichen Aufträgen seiner Vorgesetzten pünktlich nachzukommen und das Amtsgeheimnis sorgfältig zu bewahren."

4. Der früher von den Referendaren geforderte sog. Vereinseid (VO. vom 15. März 1850, RegBl. 241) war ihnen schon vor den freistaatlichen Verfassungen ebenso wie den Beamten erlassen. Dagegen gilt für sie als Staatsdienstaspiranten nach Art. 25 BeamtG. der Art. 16 daselbst, selbstverständlich mit den Einschränkungen, die er durch Art. 124 RVerf. erfahren hat.

5. Wegen der Form der Eidesabnahme s. MB. § 57 Abs. 1.

6. Wird der Vorbereitungsdienst bei einer Verwaltungsbehörde begonnen, so fällt der Gerichtsschreibereid zunächst weg; er wird erst beim Eintritt in den gerichtlichen Dienst geleistet.

7. Wegen Aufnahme der Beeidigung in die Zeugnisse s. MB. § 65 Abs. 2.

8. S. zu § 23 auch Art. 23 des BeamtG. (unten Teil III Nr. I 4).

3. Dienstaufsicht.

§ 24.

I Der Referendar steht während des Vorbereitungsdienstes bei einer Behörde unter der Dienstaufsicht des Vorstandes und während des Vorbereitungsdienstes bei dem Rechtsanwalt unter der Dienstaufsicht des Rechtsanwalts und des Präsidenten des Landgerichts, in dessen Bezirke der Rechtsanwalt wohnt. Der Rechtsanwalt ist befugt, dem Referendar Ermahnungen und Warnungen zu erteilen. In schwereren Fällen hat er dem Präsidenten des Landgerichts Kenntnis zu geben.

II Bei groben dienstlichen oder außerdienstlichen Verfehlungen kann das vorgesetzte Staatsministerium die zeitweilige oder dauernde Entlassung des Referendars aus dem Vorbereitungsdienst oder die Verlängerung des Vorbereitungsdienstes anordnen. Schon vorher kann der Vorstand der Behörde oder mit Zustimmung des Landgerichtspräsidenten der Rechtsanwalt die Fortsetzung des Vorbereitungsdienstes untersagen.

1. Wegen der Form der Erteilung der Ermahnungen und Warnungen s. MB. § 61. Sie sind keine Dienststrafen.

2. Neben § 24 gelten Art. 165 und 168 BeamtGes., die das Dienststrafrecht der Staatsdienstaspiranten regeln; s. diese Teil III Nr. I 4.

3. Wegen der Aufnahme von Warnungen und von Verfehlungen in die Austrittszeugnisse s. MB. § 65 Abs. 1.

4. Wegen Zurückverweisung von der Staatsprüfung bei nicht entsprechendem Verhalten s. VO. § 35 Abs. 2.

5. Wegen der Aufsicht der Oberbehörden s. MB. § 59.

6. Wegen der Führung der Dienstaufsicht über die Referendare, die den gerichtlichen oder rechtsanwaltschaftlichen Vorbereitungsdienst außerhalb Bayerns ableisten, s. MB. § 50 Abs. 2.

7. Die Referendare erhalten Tagegelder und Reisekostenersatz nach Maßgabe der allgemeinen Vorschriften und zwar in Stufe II (s. VO. über die Entschädigung der Beamten bei auswärtigen Dienstgeschäften vom 20. Mai 1922, GVBl. 297 § 1 Abs. 2 und Anlage zu § 3 dieser VO.). Wegen der sonstigen Zuwendungen s. Teil III Nr. XIII.

4. Urlaub und Dienstbefreiung.

§ 25.

I Der Referendar erhält auf Ansuchen für jedes Jahr des Vorbereitungsdienstes Urlaub nach den allgemeinen für die Staatsdienstanwärter erlassenen Vorschriften. Der Urlaub muß während des Vorbereitungsdienstes bei dem Amtsgerichte, Landgericht oder Rechtsanwalt in die Gerichtsferien fallen. Er wird auf die vorgeschriebene Dauer des Vorbereitungsdienstes angerechnet.

II Aus triftigen Gründen kann der Referendar bis zur Dauer einer Woche in jedem Jahre des Vorbereitungsdienstes ohne Anrechnung auf den Urlaub vom Dienste befreit werden.

III Urlaub und Dienstbefreiung erteilen der Vorstand der Behörde oder der Rechtsanwalt. In jedem Jahre des Vorbereitungsdienstes können während des Vorbereitungsdienstes bei dem Amtsgerichte, Landgericht oder Rechtsanwalte die Präsidenten der Oberlandesgerichte und während des Vorbereitungsdienstes bei den Verwaltungsbehörden die Regierungen, Kammern des Innern, aus triftigen Gründen Urlaub bis zur Dauer von insgesamt zehn Wochen bewilligen. Sie können hiebei, soweit der Urlaub die Dauer von drei Wochen überschreitet, die Verlängerung des Vorbereitungsdienstes zur Auflage machen.

IV Die Präsidenten der Oberlandesgerichte können aus triftigen Gründen auch außerhalb der Gerichtsferien Urlaub erteilen.

V Urlaub von mehr als zehn Wochen kann nur das vorgesetzte Staatsministerium bewilligen.

1. Wegen der Berechnung des Jahres des Vorbereitungsdienstes bei der Urlaubsgewährung s. MB. § 62.

2. Über den Urlaub bestimmt die MB. vom 3. April 1922 über den Urlaub der Staatsbeamten (GVBl. 219) folgendes:

„3. Die im Vorbereitungsdienste stehenden Personen im Sinne der Bek. vom 14. Februar 1922 (GVBl. 160)" — hierunter fallen die Referendare — „erhalten, soweit nicht außergewöhnliche Verhältnisse entgegenstehen, nach mindestens sechsmonatiger staatlicher Dienstzeit, wenn sie höhere wissenschaftliche Vorbildung besitzen, einen Erholungsurlaub von 17 Tagen ...

4. Sonn- und Feiertage und dienstfreie ganze und halbe Tage, die in den Urlaub fallen, ferner Reisetage sind in die zustehende Urlaubsdauer einzurechnen.

5. ... Die Nachholung eines in den Vorjahren nicht eingebrachten Urlaubs findet nicht statt."

Für das Rechnungsjahr 1925 wurde die Urlaubsdauer in Abänderung der Bek. vom 3. April 1922 besonders geregelt, jedoch blieb es „für die im Vorbereitungsdienst stehenden Personen" „mit höherer wissenschaftlicher Vorbildung" bei den 17 Tagen.

3. Ein Referendar darf je drei Wochen Urlaub am Ende des einen und am Anfange des nächsten Geschäftsjahres erhalten und so ununterbrochen Urlaub von sechs Wochen genießen. Jedoch muß der Urlaub ganz in die Gerichtsferien fallen. Tritt also ein Referendar am 10. August 1925 bei dem Amtsgericht ein, so kann er den ersten Urlaub in den letzten drei Wochen vor dem 10. August 1926 und von da an nochmals drei Wochen Urlaub einbringen. Wer am 15. Juli den VD. bei Gericht beginnt, muß seinen Urlaub in den nächsten zwei Monaten nehmen, weil bis zu den nächsten Gerichtsferien das erste Jahr seines VD. vorüber ist; s. jedoch auch Abs. 4 u. A. 2 Nr. 3.

4. Wegen der Verteilung des nach Abs. 3 S. 2 bewilligten außerordentlichen Urlaubs auf die verschiedenen Zweige des Vorbereitungsdienstes s. MB. § 63 Abs. 1.

5. Ist es dem Referendar unmöglich, Dienst zu leisten, insbesondere wegen Krankheit, so bedarf er hierzu selbstverständlich keines Urlaubs. Doch sind solche Unterbrechungen nur nach Maßgabe des § 34 der VO. auf den Vorbereitungsdienst anzurechnen; auch ist hiervon unverzüglich Anzeige zu erstatten (MB. § 60 Abs. 4).

6. Unterbrechungen des Vorbereitungsdienstes können erfolgen durch den ordentlichen Urlaub (VO. § 25 Abs. 1), durch den außerordentlichen Urlaub, erteilt durch den Oberlandesgerichtspräsidenten oder die Kammer des Innern der Regierung (VO. § 25 Abs. 3), durch ministeriellen Urlaub nach VO. § 25 Abs. 5, durch Dienstbefreiung (VO. § 25 Abs. 2), durch Krankheit oder sonstige unverschuldete Hindernisse (MB. § 64), endlich durch Unterbrechung mit ministerieller Genehmigung (MB. § 64). Unterbrechungen in diesem Sinne gestatten (anders als bei der Unterbrechung der Verjährung § 217 BGB.) Fortsetzung des Dienstes nach Beseitigung des Unterbrechungsgrundes unter Anrechnung des vorher geleisteten Dienstes; anders, wenn die Unterbrechung eine solche anderer Art ist (s. MB. § 64 S. 2). Die Frage, inwieweit trotz erfolgter Unterbrechungen die vorgeschriebene Dauer des Vorbereitungsdienstes (VO. § 21) erreicht ist, regelt § 34 der VO.

5. Zeugnis.

§ 26.

Tritt der Referendar aus dem Vorbereitungsdienste bei einer Behörde oder bei einem Rechtsanwalt aus, so ist ihm von dem Vorstande der Behörde oder von dem Rechtsanwalt ein Zeugnis über die Ableistung des Vorbereitungsdienstes auszustellen.

1. Wegen des Inhalts des Zeugnisses und des hiefür bestimmten Formblatts s. MB. § 65.

2. Das Zeugnis ist notwendig für die Zulassung zur Staatsprüfung s. VO. § 33.

3. Das Zeugnis ist gebührenfrei (Art. 3 Nr. 4 KostenG. vom 16. Februar 1921 GVBl. 134); s. Schmidt, Kosten- und Stempelgesetzgebung Art. 3 Anm. 11 S. 11.

IV. Staatsprüfung.

1. Staatsprüfungsausschuß.

Der Staatsprüfungsausschuß wurde (unter der Bezeichnung Staatsprüfungskommission) errichtet durch die MB. vom 14. Juli 1919 (GVBl. 375) mit MB. vom 25. November 1919 (GVBl. 835). Gegenüber der ursprünglichen Fassung bringt die Neuregelung im wesentlichen nur die Änderung, daß der Vorschlag der Beisitzer aus den Rechtsanwälten nun durch den Vorstand nicht mehr durch den Vorsitzenden der Anwaltskammern erfolgt, daß die Genehmigung von Gesuchen nun durch den Vorsitzenden des Ausschusses allein erfolgen kann und daß nun auch die Richter des Obersten Landesgerichts für verpflichtet erklärt werden, Entwürfe zu Prüfungsaufgaben zu fertigen.[1])

§ 27.

I Die Geschäfte der Staatsprüfung besorgt der Staatsprüfungsausschuß für den höheren Justiz- und Verwaltungsdienst.

II Er besteht aus dem Präsidenten des Obersten Landesgerichts, in seiner Verhinderung aus einem Senatspräsidenten dieses Gerichts als Vorsitzendem und einer Anzahl von Richtern des Obersten Landesgerichts und des Verwaltungsgerichtshofs, sowie von Rechtsanwälten als Beisitzern.

III Die Richter des Verwaltungsgerichtshofs bestimmt das Staatsministerium des Innern; die Stellvertreter des Vorsitzenden und die übrigen Beisitzer bestimmt das Staatsministerium der Justiz, die Rechtsanwälte auf Vorschlag der Vorstände der Anwaltskammern.

1. Im einzelnen erstreckt sich die Zuständigkeit des Staatsprüfungsausschusses auf: Die Entscheidung über die mündliche Prüfung (VO. § 28); die Festsetzung der Prüfungsaufgaben (VO. § 29 Abs. 1); die Beurteilung der Aufgaben (VO. § 30 Abs. 1); die Bestimmung des Beginns der Staatsprüfung und der Prüfungsnote und die Verweisung der Referendare an diese (VO. § 32 Abs. 2); die Entgegennahme der Gesuche um Zulassung zur Staatsprüfung (VO. § 33); die Entscheidung über die Zulassung (VO. § 35 Abs. 1); die Feststellung, daß Referendare, die sich Unredlichkeiten zuschulden kommen lassen, als durchgefallen gelten (VO. § 41 Abs. 4); die Festsetzung des Ergebnisses der schrift-

---

[1]) Diese Verpflichtung würde sich wohl auch schon aus Art. 68 AG. GVG. ergeben.

lichen Prüfung (VO. § 42 Abs. 1; MB. § 116); die Einstellung in die Reihenfolge früher Geprüfter (VO. § 51); die Bekanntmachung des Beginns der Prüfung und der einzelnen Prüfungstage, sowie die Bestimmung der Fristen für die Anmeldungen (MB. § 80); die Entgegennahme der vorläufigen Anmeldung zur Prüfung (MB. §§ 81 und 85); die Veröffentlichung der Prüfungsorte (MB. § 83); die Bestimmung oder die Veranlassung der Bestimmung der Prüfungsräume und die Verteilung oder die Veranlassung der Verteilung der Referendare auf sie (MB. § 84); die Bestimmung des Vortermins (MB. § 89); die Bestimmung, daß der Bearbeitung einer Aufgabe ein früherer Stand der Gesetzgebung zugrunde gelegt werden soll (MB. § 91 Abs. 3); die ausnahmsweise Zulassung von Hilfsmitteln und die Entscheidung über Zulassung solcher in Zweifelsfällen (MB. § 96); die Versendung der Aufgaben (MB. § 99); die Bestimmung des Beginns der Prüfungen an den einzelnen Tagen (MB. § 100); die Festsetzung der Prüfungsgebühr (MB. § 128 Abs. 1).

2. Die Senatspräsidenten des Obersten LG. sind stellvertretende Vorsitzende nicht ipso jure, sondern nur kraft Bestimmung durch das Justizministerium; „übrige" Beisitzer im Sinne des Abs. 2 ist zu verstehen im Gegensatz zu den als solche bestellten Richtern des Verwaltungsgerichtshofs; es soll nicht etwa der Stellvertreter des Vorsitzenden zugleich als Beisitzer gelten.

§ 28.

I Der Staatsprüfungsausschuß entscheidet in der Besetzung von 5 Mitgliedern, bei der mündlichen Prüfung in der Besetzung von 3 Mitgliedern einschließlich des Vorsitzenden.

II Die Beisitzer werden vom Vorsitzenden für den einzelnen Fall berufen; sie müssen je zur Hälfte dem Geschäftsbereiche der Staatsministerien der Justiz und des Innern angehören.

III Der Vorsitzende leitet die Geschäfte; will er einem Gesuche stattgeben, so kann er allein entscheiden.

1. Der Vorsitzende des StPrA. ist zuständig im allgemeinen zur Leitung der Prüfung und zur Stattgebung von Gesuchen (VO. § 28 Abs. 3); im einzelnen obliegt ihm: Die Einforderung von Prüfungsaufgaben (VO. § 29 Abs. 2); die Veranlassung der Beurteilung der Aufgaben (VO. § 30 Abs. 2); die Entgegennahme der Anmeldung zur mündlichen Prüfung und die Bestimmung ihres Beginns (VO. § 44); die Entgegennahme der abgetrennten Anhängeblätter der Umschlagbogen der Aufgaben (MB. § 108 Abs. 2); die Entgegennahme des Ergebnisses der mündlichen Prüfung (MB. § 122); die Ausfertigung und Veranlassung der Aushändigung der Prüfungszeugnisse (MB. § 125); die Verbescheidung der Gesuche um Nachlaß der Prüfungsgebühren (MB. § 129 Abs. 3).

§ 29.

I Der Staatsprüfungsausschuß setzt die Prüfungsaufgaben fest.

II Der Vorsitzende ist berechtigt, die Richter des Obersten Landesgerichts, die Oberlandesgerichte, den Verwaltungsgerichtshof, die Versicherungskammer, das Landesversicherungsamt, die Regierungen, Kammern des Innern, sowie die Landesfinanzämter um Entwürfe von Prüfungsaufgaben zu ersuchen. Die Staatsministerien behalten sich vor, selbst Aufgaben für die Staatsprüfung zu bestimmen oder dem Staatsprüfungsausschusse Rechtsgebiete zu bezeichnen, aus denen Aufgaben entnommen oder nicht entnommen werden sollen.

§ 30.

I Der Staatsprüfungsausschuß beurteilt die Arbeiten durch Unterausschüsse, die aus 3 Mitgliedern bestehen.

II Der Vorsitzende des Staatsprüfungsausschusses ist berechtigt, die in § 29 genannten Richter und Behörden um die Beurteilung von Prüfungsarbeiten zu ersuchen. Die Präsidenten der angegangenen Behörden bilden hiezu im Benehmen mit dem Vorsitzenden des Staatsprüfungsausschusses Unterausschüsse, bestehend aus 3 Richtern oder höheren Verwaltungsbeamten.

1. Wegen der Zusammensetzung der Unterausschüsse im übrigen und des Vorsitzes in ihnen s. MB. § 87. Die Mitglieder der Unterausschüsse brauchen nicht Mitglieder des Staatsprüfungsausschusses zu sein.

2. Wegen der Anfechtung der Entscheidungen der Unterausschüsse s. VO. § 31 Abs. 2.

3. Von den Beurteilungs(Zensur-)Ausschüssen des § 30 sind die Ausschüsse zur Abhaltung der schriftlichen Prüfungen, die Aufsichtsausschüsse, (VO. § 40) zu unterscheiden.

§ 31.

I Gegen die Entscheidungen des Staatsprüfungsausschusses, soweit sie sich nicht auf die Beurteilung der

Prüfungsarbeiten beziehen, ist Beschwerde an das Staatsministerium der Justiz zulässig, das im Benehmen mit dem Staatsministerium des Innern entscheidet.

II Die Entscheidungen der Unterausschüsse, sowie die Entscheidungen des Ausschusses für die mündliche Prüfung sind unanfechtbar.

1. Beispiele zu Abs. 1: Verweigerung der Zulassung, Zuweisung an einen anderen Prüfungsort, Einstellung in frühere Jahrgänge.

2. Aus der Unanfechtbarkeit der Entscheidungen der Unterausschüsse, des Ausschusses für die mündliche Prüfung und der Entscheidungen des Staatsprüfungsausschusses über die Beurteilung von Prüfungsaufgaben ergibt sich als das minus, daß auch eine Änderung von Amts wegen unzulässig ist. Die Abänderung durch die Ausschüsse selbst sei es von Amts wegen oder auf Gegenvorstellung der Beteiligten oder auf Anregung der Ministerien wird nicht unzulässig sein. Vorbehalten bleibt auch hier das Abänderungsrecht der Ministerien nach VO. § 55 S. 2.

3. Über die Beschwerde gegen Entscheidungen der Aufsichtsausschüsse (MB. § 86) ist nichts ausdrückliches bestimmt. Es dürfte Beschwerde an den StPrA. zulässig sein (§ 27 VO.).

2. Ort und Zeit der Prüfung.

§ 32.

I Die Staatsprüfung wird alljährlich einmal im Frühjahr an Orten abgelegt, die der Sitz eines Oberlandesgerichts oder einer Regierung sind.

II Der Staatsprüfungsausschuß bestimmt den Beginn der Staatsprüfung, bezeichnet die Prüfungsorte und verweist die Referendare an diese.

1. Wegen der Dauer der Prüfung s. VO. § 38.

2. Wegen der Bekanntmachung der Prüfungsorte und des Beginns der Prüfung und der einzelnen Prüfungstage s. MB. §§ 80 und 83.

3. Wegen der Berücksichtigung von Wünschen der Referendare, einem bestimmten Prüfungsort zugewiesen zu werden s. MB. § 82.

4. Wegen der Bestimmung der Prüfungsräume an den einzelnen Prüfungsorten s. MB. § 84.

5. Gegen die nach § 32 Abs. 2 ergehenden Entscheidungen ist Beschwerde zulässig (VO. § 31).

6. Wegen der mehrmaligen Abhaltung von Staatsprüfungen in einem Jahre in den Jahren 1925—1928 s. MB. § 132.

7. § 32 betrifft nur die schriftliche, nicht die mündliche Prüfung; wegen der Zeit und des Orts dieser s. VO. § 44.

3. Zulassung zur Prüfung.

§ 33.

Die Gesuche um Zulassung zur Prüfung sind beim Staatsprüfungsausschuß einzureichen; beizufügen sind:

1. das Zeugnis über die mit Erfolg abgelegte Universitätsschlußprüfung;
2. der Nachweis, daß der Referendar den Vorbereitungsdienst vorschriftsmäßig abgeleistet hat;
3. der Nachweis der Staatsangehörigkeit eines deutschen Landes oder der unmittelbaren Reichsangehörigkeit.

1. Dem Gesuch um Zulassung hat eine vorläufige Anmeldung vorauszugehen (s. MB. § 81).

2. Wegen des Zeugnisses über die Ablegung der Universitätsschlußprüfung s. MB. § 43. Wegen der Führung des Nachweises über die Ableistung des Vorbereitungsdienstes s. VO. § 26 mit MB. § 65.

3. Nähere Bestimmungen über den Inhalt des Zulassungsgesuches s. MB. § 85.

4. Wegen der Entscheidung über die Zulassung s. VO. § 35.

5. Wegen der Meldung zur mündlichen Prüfung s. VO. § 44 und MB. § 123 Abs. 2; wegen der Anmeldung zur Wiederholung der Prüfung s. MB. § 81 Abs. 1 S. 2.

§ 34.

I Die Zeit, während der ein Referendar wegen Krankheit oder wegen anderer unverschuldeter Hindernisse dem Vorbereitungsdienst entzogen war, ist bis zur Gesamtdauer von 10 Wochen in jedem Jahre des Vorbereitungsdienstes auf dessen Dauer anzurechnen.

II Unterbrechungen aus anderen Gründen oder von längerer Dauer können nur durch das zuständige Staatsministerium angerechnet werden.

1. Das Jahr des Vorbereitungsdienstes, für das § 34 eine Unterbrechung von 10 Wochen zuläßt, ist in entsprechender Anwendung des § 62 der MB. mit § 23 Abs. 1 der VO. vom Tage der Beeidigung an zu rechnen, dieser miteingerechnet.

2. Andere Gründe der Unterbrechung im Sinne des § 34 Abs. 2 sind z. B. Doktorarbeit, Auslandsreise, Stellvertretung eines Rechtsanwalts, wissenschaftliche Kurse.

3. Wegen des Zeitpunkts für die Stellung der Gesuche um Anrechnung von Unterbrechungen aus anderen Gründen und solcher von längerer Dauer und des Inhalts der Gesuche s. MB. § 63 Abs. 3. Die Vorlegung der Gesuche hat auf dem Dienstwege zu erfolgen (MB. § 66).

4. Soweit eine Unterbrechung nicht von der in Abs. 1 bezeichneten Art ist oder länger als 10 Wochen dauert und die ministerielle Genehmigung zur Anrechnung nicht vorliegt, ist der vorgeschriebene Vorbereitungsdienst nicht zurückgelegt und der Referendar von der Prüfung zurückzuweisen (VO. § 35 Abs. 2).

5. Selbstverständlich wird in den Vorbereitungsdienst auch die Zeit eines ordnungsgemäß nach VO. § 25 bewilligten Urlaubs eingerechnet, soweit nicht hierwegen eine Verlängerung des Vorbereitungsdienstes zur Auflage gemacht ist (s. VO. § 25 Abs. 1 S. 3, Abs. 3 S. 3); ferner wird eingerechnet die Zeit einer Dienstbefreiung (VO. § 25 Abs. 2). § 34 regelt nur die von selbst wirkenden Unterbrechungen (arg. MB. § 63 Abs. 2).

6. § 34 läßt nur Kürzungen des Vorbereitungsdienstes als solchen, also der drei Jahre schlechthin zu. Inwieweit Kürzungen der nach Maßgabe des § 22 der VO. auf die einzelnen Arten des Vorbereitungsdienstes zu verwendenden Teilzeiten zulässig sind, bemißt sich für Kürzungen, die durch außerordentlichen Urlaub veranlaßt sind, nach MB. § 63 Abs. 1, für solche, die durch Unterbrechungen nach § 34 Abs. 1 veranlaßt sind, nach MB. § 63 Abs. 2.

§ 35.

I Über die Zulassung entscheidet der Staatsprüfungsausschuß.

II Referendare, die sich über die vorschriftsmäßige Ableistung des Vorbereitungsdienstes, über entsprechende Leistungen in diesem und über ein tadelloses Verhalten nicht auszuweisen vermögen, sind unter Angabe der Gründe zurückzuweisen; die übrigen sind zur Prüfung einzuberufen.

1. Zurückzuweisen ist auch, wer einen der in § 33 Nr. 1 u. 3 der VO. bezeichneten Nachweise nicht beibringen kann.

2. Bei Verweigerung der Zulassung ist Beschwerde zulässig (VO. § 31 Abs. 1).

3. Wegen einer bedingten Zulassung s. MB. § 85 Abs. 4 S. 2.

4. Prüfung.

§ 36.

Die Prüfung ist schriftlich und in den in § 43 Abs. II bezeichneten Fällen auch mündlich.

§ 37.

I Die schriftliche Prüfung wird in zwei Abteilungen abgehalten.

II Prüfungsgegenstände der ersten Abteilung sind:

1. das bürgerliche Recht der Reichsgesetze und der bayerischen Landesgesetze einschließlich des Urheberrechts,
2. das Handels- und Wechselrecht,
3. das Konkursrecht,
4. das Zivilprozeßrecht einschließlich des Zwangsvollstreckungsverfahrens in das unbewegliche Vermögen,
5. die freiwillige Gerichtsbarkeit,
6. das Reichs- und Landesstrafrecht,
7. das Strafprozeßrecht.

III Prüfungsgegenstände der zweiten Abteilung sind:

1. das bayerische und das deutsche Staatsrecht,
2. das Kirchenrecht,
3. das Verwaltungsrecht,
4. die Sozialgesetzgebung,
5. die Volkswirtschaftslehre und die Staatsfinanzwirtschaft.

1. Die einzelnen Gesetze, die auf den in § 37 bezeichneten Gebieten Gegenstand der Prüfung sind, und der Umfang, in dem sie es sind, sind näher bezeichnet in § 91 der MB.; wieviel Aufgaben den einzelnen Fächern entnommen werden, ergibt § 98 der MB.

§ 38.

I Die schriftliche Prüfung dauert in jeder Abteilung fünf Tage.

II Zwischen der ersten und zweiten Abteilung müssen zwei Tage liegen.

III In jeder Abteilung werden neun Aufgaben gegeben.

IV Die Aufgaben sind für alle Prüfungsorte gleich.

V Die Aufgaben werden unter Aufsicht schriftlich bearbeitet.

VI Von den Aufgaben sind in jeder Abteilung je eine in neun Stunden, die übrigen in je vier Stunden zu bearbeiten. Die Aufgaben mit vierstündiger Arbeitsfrist können auch aus zwei Unteraufgaben mit je zweistündiger Arbeitsfrist bestehen.

1. An welchen Tagen die Prüfung auszusetzen ist, bestimmt der StPrA.; er bestimmt auch die einzelnen Prüfungstage (VO. § 27 Abs. 1) und macht sie bekannt (MB. § 80).

2. Die Aufsicht wird durch die Ausschüsse für die Abhaltung der schriftlichen Prüfung geführt (VO. § 40; MB. § 86).

3. Werden Unteraufgaben gestellt, so können es nur zwei sein; sie haben zur Bearbeitung unter sich ungefähr die gleiche Zeit zu beanspruchen; der Kandidat kann aber die Zeit, die er ihnen widmet, beliebig verteilen; eine gesonderte Ablieferung ist nicht vorgesehen.

4. Durch Abs. 6 ist der neunstündige sog. praktische Fall wieder eingeführt und die Arbeitszeit für die übrigen Aufgaben wieder auf 4 Stunden herabgesetzt; durch MB. vom 12. Februar 1919 (GVBl. 46) war an Stelle der neunstündigen eine siebenstündige Arbeit getreten und für die übrigen Arbeiten die Zeit auf je 4 Stunden festgesetzt worden; durch § 4 der MB. vom 28. April 1921 (GVBl. 310) waren schlechthin 5stündige Arbeiten eingeführt worden. Auch war durch die genannten Bekanntmachungen die Prüfung jeder Abteilung auf 9 und dann auf 10 Tage auseinandergelegt worden, während jetzt wieder die Prüfung auf 5 Tage zusammengedrängt ist.

5. In den Jahren 1925—1927 dauert die Prüfung wie bisher noch in jeder Abteilung 10 Tage, an denen je eine fünfstündige Aufgabe gegeben wird. Neunstündige Arbeiten sind also bis dahin noch nicht zu erwarten (MB. § 133 Abs. 1).

§ 39.

Der Gebrauch von Hilfsmitteln ist nur in beschränktem Umfange nach Maßgabe der Vollzugsvorschriften gestattet.

1. Die näheren Bestimmungen über die Zulassung von Hilfsmitteln enthält MB. §§ 92—97; die Folgen der Benützung unerlaubter Hilfsmittel bestimmt § 41 Abs. 4 der VO.

2. Die benützten Hilfsmittel brauchen in den Bearbeitungen nicht angegeben zu werden.

§ 40.

I Zur Abhaltung der schriftlichen Prüfung werden an jedem Prüfungsort Ausschüsse gebildet. Sie bestehen in der Regel aus drei Mitgliedern.

II Den Vorsitz führt das rangälteste Mitglied.

III Die Mitglieder der Ausschüsse bestimmt für die erste Abteilung der schriftlichen Prüfung der Oberlandesgerichtspräsident, für die zweite Abteilung der Regierungspräsident.

1. Verschieden von den Aufsichtsausschüssen des § 40 sind die Beurteilungsausschüsse nach VO. § 30.

2. Wegen weiterer Bestimmungen über die Zusammensetzung der Aufsichtsausschüsse s. MB. §§ 86 und 88. Wegen der Tagegelder für Ausschußmitglieder s. MB. § 127.

3. Dem Vorsitzenden des Aufsichtsausschusses obliegt auch die Abhaltung des sog. Vortermins (MB. § 89).

§ 41.

I Jede schriftliche Prüfungsarbeit ist mit einer der Noten 1, 2, 3, 4, 5, 6 oder 7 zu bewerten.

II Die Note 1 ist nur für ausgezeichnete Leistungen zu erteilen. Mit der Note 2 sind sehr gute, mit der Note 3 gute, mit der Note 5 mittelmäßige und mit der Note 7 ungenügende Leistungen zu würdigen. Leistungen, die zwischen „gut" und „mittelmäßig" liegen, sind mit der Note 4, Leistungen, die zwischen „mittelmäßig" und „ungenügend" liegen, mit der Note 6 zu bewerten.

III Hat ein Referendar eine Aufgabe nicht bearbeitet, so ist ihm die Note 7 zu erteilen. Ist jedoch ein Referendar durch plötzliche Erkrankung oder ein sonstiges unabwendbares Ereignis an der Bearbeitung von nicht mehr als zwei Aufgaben in einer Abteilung gehindert gewesen, so werden die Noten für die nichtbearbeiteten Aufgaben in der Weise festgesetzt, daß der Durchschnitt der Noten der bearbeiteten Aufgaben der Abteilung zugrunde gelegt wird. Hat ein Referendar aus gleichem Anlaß in einer Abteilung mehr als zwei Aufgaben, aber nicht mehr als fünf Aufgaben nicht bearbeitet, so kann der Staatsprüfungsausschuß auf Antrag bestimmen, wie viele und welche Arbeiten der Referendar bei der nächsten Staatsprüfung nochmals zu bearbeiten hat. Das endgültige Ergebnis der Staatsprüfung wird in diesem Falle aus der ersten und zweiten Prüfung zusammengestellt. Konnte ein Referendar aus dem gleichen Grunde mehr als fünf Aufgaben nicht bearbeiten, so kann er die Prüfung in dieser Abteilung wiederholen. Die Aufgaben mit neunstündiger Arbeitsfrist sind doppelt zu zählen.

IV Hat ein Referendar bei der Bearbeitung einer Aufgabe sich fremder Hilfe oder unerlaubter Hilfsmittel (§ 39) bedient, so ist diese Aufgabe mit der Note 7 zu würdigen. Haben Referendare zusammengearbeitet oder hat ein Referendar einen andern unterstützt, so ist beiden Referendaren für diese Aufgabe die Note 7 zu erteilen. Auch kann der Staatsprüfungsausschuß bestimmen, daß solche Referendare so anzusehen sind, als ob sie die Prüfung nicht mit Erfolg abgelegt hätten.

1. Stil und Darstellung werden nicht mehr mit einer eigenen Note (Nebennote) gewürdigt; die Reihenfolge bei gleicher Notensumme regelt nun VO. § 42 Abs. 4.

2. Abs. 3 enthält eine aus § 7 der Bek. vom 14. Juli 1919 (GVBl. 371) übernommene, ursprünglich nur für Kriegsteilnehmer eingeführte Vergünstigung.

3. Als nichtbearbeitet gelten auch Aufgaben, deren Bearbeitung der Referendar begonnen hat, falls er rechtzeitig erklärt, daß die eingelieferte unvollständige Arbeit nicht als bearbeitet gelten solle, und die Erkrankung nachweist.

4. Auch die plötzliche Erkrankung muß eine unabwendbare gewesen sein. Kein unabwendbares Ereignis dürfte vorliegen, wenn ein rechtgläubiger Israelit am Samstag die Arbeit verweigert.

5. Zu unterscheiden sind 3 Fälle: 1. Der Referendar konnte in einer oder in beiden Abteilungen 1 oder 2 Aufgaben nicht bearbeiten: Er erhält für diese die Durchschnittsnote der Abteilung. 2. Der Referendar konnte in einer oder in beiden Abteilungen 3, 4 oder 5 Aufgaben nicht bearbeiten: Die Arbeiten werden mit 7 bewertet. Auf Antrag kann aber der StPrA. die Nachholung der Arbeiten oder eines Teiles bei der nächsten StPr. bestimmen. Er bestimmt auch, welche Arbeiten der neuen Prüfung zu bearbeiten sind. Ordnet er nur die Nachholung eines Teiles an, so wird für die nicht nachgeholten die Durchschnittsnote der sämtlichen Noten der Abteilung anzusetzen sein (nicht etwa für sie die Bewertung mit 7 bleiben). 3. Der Referendar konnte in einer Abteilung 6, 7, 8, 9 oder 10 Aufgaben nicht bearbeiten; die Arbeiten werden mit 7 bewertet, der Referendar kann aber die Prüfung mit Beschränkung auf diese Abteilung wiederholen. Neben allen den Befugnissen nach § 41 Abs. 3 bleibt aber das Wiederholungsrecht nach § 51 Abs. 2 Nr. 2 der VO.

6. Ergibt die Durchschnittsberechnung Bruchteile, so wird bei Brüchen bis zu ½ einschließlich die bessere, andernfalls die schlechtere Note zu geben sein; sind zwei Aufgaben nicht bearbeitet, so wird die Berechnung einheitlich vorzunehmen und für die eine Aufgabe die bessere, für die andere die schlechtere Note zu geben

sein. Beispiele: a) Eine Aufgabe ist nicht bearbeitet: Noten: 5, 2, 2, 3, 2, 5, 3, —, 3, 3; Note für die fehlende Aufgabe: 28 : 9 = $3^1/_9$ = 3. b) 2 Aufgaben sind nicht bearbeitet: Noten: 5, 2, 4, 3, —, 5, 3, —, 3, 3. Notensumme: 28; Durchschnitt für beide Aufgaben: 28 : 8 · 2 = 7; also Note: für eine Aufgabe 3, für die andere 4; nicht aber: Durchschnitt für eine Aufgabe 28 : 8 = $3^1/_2$ also Note für jede Aufgabe: 3. Oder Noten: 6, 2, 4, 3, —, 5, 3, —, 3, 3; Notensumme: 29; Durchschnitt für beide Aufgaben: 29 : 8 · 2 = $7^1/_4$; also Note für die eine Aufgabe 3, für die andere 4; nicht aber: Durchschnitt für eine Aufgabe: 29 : 8 = $3^5/_8$; also Note für jede Aufgabe: 4..

7. Wegen der bei unverschuldeter Verhinderung möglichen Voreinstellung in die Reihenfolge der Geprüften s. VO. § 51.

8. Wegen des formellen Verfahrens bei der Bewertung der Aufgaben s. MB. §§ 110—116.

9. Wegen der Feststellung der Vorgänge des Abs. 3 in der Niederschrift, desgl. wegen der Führung des Nachweises der Verhinderung s. MB. § 109 Abs. 4.

§ 42.

I Der Staatsprüfungsausschuß setzt das Ergebnis der schriftlichen Prüfung fest.

II Die für die schriftlichen Prüfungsarbeiten beider Abteilungen erteilten Noten werden zusammengezählt (Gesamtnotensumme).

III Die für die Bearbeitung der Aufgaben mit neunstündiger Arbeitsfrist erteilten Noten werden doppelt gerechnet.

IV Die Reihenfolge der Geprüften wird durch die Gesamtnotensumme bestimmt. Sie richtet sich bei gleicher Gesamtnotensumme nach der Summe der Noten für die beiden Aufgaben mit neunstündiger Arbeitsfrist.

1. Ergänzend tritt zu § 42 MB. § 116.

2. Wegen Einstellung in die Reihenfolge früher Geprüfter s. VO. § 51.

§ 43.

I Beträgt die Gesamtnotensumme nicht mehr als 90, so ist die Staatsprüfung mit Erfolg im Sinne des § 1 abgelegt.

II Beträgt die Gesamtnotensumme mehr als 90, aber nicht mehr als 100, so ist die Staatsprüfung mit Erfolg im Sinne des § 1 nur abgelegt, wenn der Referendar sich einer mündlichen Prüfung mit Erfolg unterzieht. Das gleiche gilt, wenn für vier schriftliche Prüfungsarbeiten einer Abteilung, für sechs schriftliche Prüfungsarbeiten der beiden Abteilungen oder für die Bearbeitungen der beiden Aufgaben mit neunstündiger Arbeitsfrist die Note 7 erteilt wurde, die Gesamtnotensumme aber nicht mehr als 90 beträgt. Je zwei mit der Note 6 gewürdigte schriftliche Prüfungsarbeiten werden einer mit der Note 7 gewürdigten gleich geachtet. Auch hiebei ist die für die Bearbeitung einer Aufgabe mit neunstündiger Arbeitsfrist erteilte Note doppelt zu rechnen.

III Beträgt die Gesamtnotensumme mehr als 100, so ist die Staatsprüfung nicht mit Erfolg abgelegt.

IV Die Prüfung ist „ausgezeichnet" abgelegt, wenn die Gesamtnotensumme nicht mehr als 36 beträgt. Sie ist bis zur Gesamtnotensumme 53 einschließlich als „sehr gut" und bis zur Gesamtnotensumme 70 als „gut" abgelegt zu erklären. Diese Bewertungen sind in die Prüfungszeugnisse aufzunehmen.

1. Nicht bestanden hat der Referendar die Prüfung: 1. Wenn seine Gesamtnotensumme mehr als 90 beträgt; 2. wenn 4 Aufgaben einer Abteilung mit 7 bewertet wurden; 3. wenn 6 Aufgaben beider Abteilungen mit 7 bewertet wurden; 4. wenn die beiden neunstündigen Arbeiten mit 7 bewertet wurden. Hierbei stehen in den Fällen 2 und 3 zwei mit 6 bewertete Aufgaben einer mit 7 bewerteten gleich und werden in den Fällen 1—3 die Noten der neunstündigen Aufgaben doppelt gerechnet. Wird jedoch in dem Falle 1 die Notensumme 100, in den Fällen 2—4 die Notensumme 90 nicht überschritten, so hat der Referendar die Möglichkeit, im Wege der mündlichen Prüfung die Prüfung nachträglich zu bestehen.

2. Wegen der Zeugnisse über das Prüfungsergebnis s. MB. § 125.

3. Wegen einer Anstellungsmöglichkeit für Referendare mit einer Notensumme bis 100 s. VO. § 47.

§ 44.

I Die Referendare, die sich der mündlichen Prüfung zu unterziehen haben, können sich nach dem Empfange der Mitteilung von dem Ergebnisse der schriftlichen Prüfung bis spätestens 31. Dezember des auf die schriftliche Prüfung folgenden Kalenderjahres beim Vorsitzenden des Staatsprüfungsausschusses zur mündlichen Prüfung melden.

II Auf die Meldung bestimmt der Vorsitzende Tag und Stunde der Prüfung; die Prüfung findet in München statt.

III Referendare, welche ohne triftige Gründe sich nicht rechtzeitig gemeldet haben oder ohne hinreichende Entschuldigung zur Prüfung nicht erscheinen oder während der Prüfung zurücktreten, haben die Prüfung nicht bestanden.

1. Wegen der Zeit der Prüfung und der Reihenfolge der zu Prüfenden s. MB. § 117; wegen des Verfahrens bei Hinderungsgründen s. MB. § 123.

2. Wer sich der mündlichen Prüfung unterziehen will, kann sich vorsorglich, für den Fall, daß er diese nicht besteht, auch zur Wiederholung der Prüfung vorläufig anmelden (MB. § 81 Abs. 1 S. 2) und das Gesuch um Zulassung stellen (MB. § 85 Abs. 1 S. 2).

3. Wegen des weiteren Verfahrens, wenn eine Prüfung nach Abs. 3 als nicht bestanden gilt, s. MB. § 122.

4. Wegen der Tagegelder und der Reisekosten der Mitglieder des Prüfungsausschusses s. MB. § 127.

§ 45.

In der mündlichen, nichtöffentlichen Prüfung wird jeder Referendar eine Stunde einzeln geprüft.

1. Die Prüfung ist durch den Staatsprüfungsausschuß in der Besetzung mit drei Mitgliedern, bestehend aus dem Vorsitzenden (VO. § 27 Abs. 2) und zwei für den einzelnen Fall vom Vorsitzenden berufenen Beisitzern (VO. § 28), abzuhalten.

2. Wegen des Prüfungsstoffes s. MB. § 118.

§ 46.

I Unmittelbar nach der Beendigung der mündlichen Prüfung entscheidet der Ausschuß über ihr Ergebnis mit Stimmenmehrheit.

II Die Entscheidung lautet, daß der Geprüfte die mündliche Prüfung bestanden oder nicht bestanden hat.

1. Wegen der leitenden Grundsätze für die Abstimmung s. MB. § 119; wegen der Form der Abstimmung s. MB. § 120; wegen der Eröffnung des Ergebnisses derselben s. MB. § 121 und § 125 Abs. 2; wegen der Beurkundung der Prüfung s. MB. § 124.

2. Die Entscheidung des Ausschusses ist unanfechtbar s. VO. § 31 Abs. 2.

§ 47.

Wer die Staatsprüfung für den höheren Justiz- und Verwaltungsdienst nicht mit Erfolg abgelegt, aber noch die Gesamtnotensumme 100 erlangt hat, kann nach den Bestimmungen der Staatsministerien in einer der in Betracht kommenden Stellen der Besoldungsgruppen VI mit IX des Beamtenbesoldungsgesetzes vom 2. Juni 1920 in der Fassung vom 24. März 1923 (GVBl. S. 109) zum Staatsdienste berufen werden.

1. Die Frage, ob die Prüfung nicht mit Erfolg abgelegt ist, beantwortet sich nach VO. § 43.

2. Für Referendare, die die Prüfung mit Erfolg abgelegt haben, besteht die Möglichkeit des § 48 nicht, auch nicht für solche, die erst die Nachprüfung mit Erfolg abgelegt haben; doch ist VO. § 55 zu beachten.

3. S. hiezu die Bek. vom 9. Dezember 1919 (s. Teil III Nr. VI) § 27.

§ 48.

Ein Referendar, der die Staatsprüfung nicht mit Erfolg abgelegt hat oder einem solchen gleichzuachten ist oder ohne triftigen Grund nach dem Beginne der schriftlichen Prüfung von dieser zurückgetreten ist, kann zur Wiederholung der Prüfung nur noch einmal bei einer der beiden nächsten Staatsprüfungen und nur dann zugelassen werden, wenn er seit Bekanntgabe des Prüfungsergebnisses den Vorbereitungsdienst bei einem Gericht oder einer Verwaltungsbehörde während mindestens 6 Monaten fortgesetzt hat.

1. Unter Referendaren, die die Prüfung nicht mit Erfolg abgelegt haben, sind, wie die Vergleichung mit § 49 ergibt, nur solche zu verstehen, deren Notensumme 100 übersteigt. Hat sich der Referendar der mündlichen Prüfung unterzogen und diese nicht bestanden, so fällt er unter § 48.

2. Fälle, in denen der Referendar so anzusehen ist, als habe er die Prüfung nicht mit Erfolg abgelegt, s. VO. § 41 Abs. 4 und § 44 Abs. 3. Ausbleiben im Vortermin (MB. § 89) oder bei Beginn oder im Laufe der Prüfung hat für sich allein nicht die Folgen des § 48.

3. Wiederholung ist nach § 48 nur zulässig, wenn sie in der nächsten oder übernächsten Prüfung erfolgt und wenn außerdem zwischen der Bekanntmachung des Ergebnisses der ersten Prüfung und der zweiten Prüfung ein mindestens 6monatiger Vorbereitungsdienst liegt. Es wird auch Ableistung der 6 Monate teils bei einem Gerichte, teils bei einer Verwaltungsbehörde möglich sein; die weitere Zwischenzeit zwischen der ersten und der Wiederholungsprüfung kann der Referendar beliebig verwenden.

4. Wegen der Anmeldung zur Wiederholung der Prüfung s. MB. § 81.

5. In den Jahren 1925—1929 ist Wiederholung auch ohne Fortsetzung des Vorbereitungsdienstes zulässig (MB. § 138).

§ 49.

Ein Referendar, der die Prüfung mit Erfolg oder zwar nicht mit Erfolg abgelegt hat, aber keine höhere Notensumme als 100 erhalten hat, kann die Prüfung nur noch einmal bei einer der beiden nächsten Staatsprüfungen wiederholen. Der Geprüfte hat die Wahl, welches der Prüfungsergebnisse er gelten lassen will.

1. Unter § 48, nicht unter § 49 fallen auch Referendare, die die mündliche Prüfung abgelegt, sie aber nicht bestanden haben.

2. Eine weitere Vorbereitungspraxis ist für die Referendare, die die Prüfung nach § 49 wiederholen, nicht gefordert (vgl. die andere Fassung des § 48).

3. Ein Verzicht auf das frühere Prüfungsergebnis (s. § 55 Abs. 2 der VO. vom 4. Juli 1899 / 1. August 1912) ist nicht mehr gefordert.

4. Eine Wiederholung nur einer der beiden Abteilungen der Prüfung oder nur einzelner Aufgaben ist, abgesehen von den Fällen des § 41 Abs. 3 der VO., nicht möglich.

5. Wegen der Anmeldung zur Wiederholung der Prüfung s. MB. § 81.

§ 50.

I Bei der Einreichung des Gesuchs um Zulassung zur Staatsprüfung ist eine Gebühr zu entrichten.

II Bei nachgewiesener Dürftigkeit kann die Gebühr ganz oder teilweise erlassen werden.

1. Wegen der näheren Bestimmungen über die Höhe, die Entrichtung und den etwaigen Nachlaß der Prüfungsgebühren s. MB. §§ 128 und 129.

2. Ein Nachlaß des Stempels ist nicht möglich (s. Schmidt, Kosten- und Stempelgesetzgebung, StempelG. Art. 3 Bem. 1).

5. Einstellung unter früher Geprüfte.

§ 51.

I In die Reihenfolge früher Geprüfter kann vom Staatsprüfungsausschuß nach Maßgabe des Ergebnisses der Prüfung auf Ansuchen eingestellt werden,

1. wer durch Krankheit oder andere unverschuldete zwingende Ursachen an der rechtzeitigen Ablegung oder an der Vollendung der Universitätsschlußprüfung oder der Staatsprüfung gehindert war,
2. wer in dem schriftlichen Teil der Staatsprüfung durch Krankheit oder ein anderes unabwendbares Ereignis an der Bearbeitung von mehr als zwei Aufgaben in einer Abteilung gehindert war und deshalb die Prüfung ganz oder teilweise wiederholt hat; die Bearbeitung der schriftlichen Prüfungsaufgaben mit neunstündiger Arbeitsfrist ist auch hiebei doppelt zu zählen.

II Das Gesuch ist binnen zwei Monaten nach dem Empfang des Prüfungszeugnisses einzureichen. Krankheit ist durch amtsärztliches Zeugnis nachzuweisen.

1. Wegen Feststellung der Reihenfolge der Geprüften s. VO. § 42 Abs. 4.

2. Auch die Krankheit muß eine unverschuldete und eine die Ablegung oder Vollendung der Prüfung hindernde sein.

3. Rechtzeitige Ablegung der Universitätsprüfung ist Ablegung vier Jahre nach Erteilung des Reifezeugnisses eines Gymnasiums oder einer Oberrealschule (s. VO. § 5 Nr. 1 und 2); rechtzeitige Ablegung der Staatsprüfung ist Ablegung drei Jahre nach Bestehen der Universitätsschlußprüfung (s. VO. § 21 Abs. 1 und 2).

4. Wer bloß 2 Aufgaben infolge eines unabwendbaren Ereignisses nicht vollendet, kann auch auf Grund des Abs. 1 Nr. 1 Voreinstellung nicht verlangen; denn im Hinblick auf § 41 Abs. 3 S. 1 gilt die Prüfung als vollendet.

5. Zur Wiederholung der ganzen Prüfung mit der Aussicht auf Voreinstellung ist nach Abs. 1 Nr. 2 im Hinblick auf die Möglichkeit des Abs. 3 des § 41 VO. auch befugt, wer an sich die Befugnis hätte, weil er 3, 4 oder 5 Aufgaben einer Abteilung nicht bearbeitet hat, einen Teil der Aufgaben zu wiederholen, oder sich, weil er mehr als 5 Aufgaben nicht bearbeiten konnte, auf die Wiederholung einer Abteilung beschränken könnte. War der Referendar nur an der Bearbeitung einer oder zwei Aufgaben in einer oder beiden Abteilungen verhindert, so kann er die Prüfung nur mit Verlust der Aussicht auf Voreinstellung wiederholen.

6. Die Voraussetzungen unter Nr. 1 und 2 können nebeneinander und wiederholt gegeben sein und eine Vorrückung um mehrere Jahre begründen.

7. Der Nachweis durch das amtsärztliche Zeugnis kann auch nach Fristablauf erfolgen. Das Gesuch ist bei dem StrPrA. zu stellen.

8. Die Einreihung in den früheren Jahrgang erfolgt „nach Maßgabe des Prüfungsergebnisses", d. h. nach den Grundsätzen in VO. § 42 Abs. 4. S. zur Frage, was als früherer Jahrgang gilt, auch MB. § 132 Abs. 2.

9. Gegen die Verweigerung und die Art der Einstellung ist Beschwerde zulässig (VO. § 31).

V. Titel.

§ 52.

I Die Studierenden, welche die Universitätsschlußprüfung mit Erfolg abgelegt haben, führen den Titel „Referendar".

II Die Referendare, welche die Staatsprüfung mit Erfolg abgelegt haben, führen den Titel „Assessor". Die Staatsministerien können für die Anwärter ihres Geschäftsbereichs Zusatzbezeichnungen z. B. „Gerichtsassessor", „Regierungsassessor" vorschreiben.

1. Die Zusatzbezeichnungen sind geregelt durch a) die JMB. vom 23. Dezember 1920 (JMBl. 1921, 5), die bestimmt: Die Assessoren, welche in die Liste der Bewerber um Anstellung in den höheren Justizstaatsdienst eingetragen sind, führen für die Dauer dieser Eintragung den Titel „Gerichtsassessor", sofern sie nicht zur Rechtsanwaltschaft zugelassen sind. Gerichtsassessoren, die zur Übernahme von Notariatsverwesungen allgemein zugelassen sind, führen den Titel „Notariatsassessor"; b) Die JMB. vom 13. Januar 1921 (JMBl. 8), die bestimmt: Die Assessoren, welche als Staatsdienstanwärter für den höheren Strafanstalts- und Gefängnisdienst aufgenommen und einer Strafanstalt oder einem Gerichtsgefängnisse zur Dienstleistung zugewiesen sind, führen für die Dauer dieser Verwendung den Titel „Strafanstaltsassessor" oder „Gefängnisassessor" c) Die InnMB. vom 27. Dezember 1920 (GVBl. 503), die bestimmt: Die Assessoren, die als Staatsdienstanwärter für den höheren Dienst der inneren Staatsverwaltung aufgenommen und einem der Verwaltungsministerien, einer Regierung, Kammer des Innern, einem Bezirksamt, einer sonstigen öffentlichen Behörde zur Dienstleistung zugewiesen oder zur Verwendung im Dienste des Reichs oder einer sonstigen öffentlichen Stelle oder Behörde beurlaubt sind, führen während

der Dauer dieses Dienstverhältnisses den Titel „Regierungsassessor".

VI. Schluß- und Übergangsbestimmungen.

§ 53.

I Für die Universitätsschlußprüfung am Schluß des Wintersemesters 1924/25 und die Staatsprüfung im Frühjahr 1925 gelten die bisherigen Vorschriften.

II Für die künftigen Prüfungen gelten vorbehaltlich der Übergangsvorschriften die Bestimmungen dieser Verordnung.

1. Die Übergangsvorschriften sind enthalten in §§ 130 bis 138 MB.

§ 54.

Mit dem Inkrafttreten dieser Verordnung werden aufgehoben alle früheren Verordnungen und Bekanntmachungen über die Vorbedingungen für den höheren Justiz- und Verwaltungsdienst, über das Rechtsstudium und die juristischen Prüfungen der Kriegsteilnehmer, über die Errichtung einer Staatsprüfungskommission für den höheren Justiz- und Verwaltungsdienst, über die Staatsprüfung für den höheren Justiz- und Verwaltungsdienst, über die Gebühren für die juristischen Prüfungen, endlich über die Titelfrage der Rechtspraktikanten.

§ 55.

Die Staatsministerien der Justiz, des Innern und für Unterricht und Kultus haben den Vollzug dieser Verordnung und erlassen die erforderlichen Übergangsvorschriften. Sie werden ermächtigt, aus besonders wichtigen Gründen Abweichungen von den Vorschriften der Verordnung zu genehmigen.

1. Die allgemeine Vollzugs- und Übergangsvorschrift erging mit Bek. vom 1. April 1925; sie folgt unten als Teil II.

2. Das Recht der Ministerien nach S. 2 findet hinsichtlich der Befähigung zum Richteramt seine Grenze an den hiefür geltenden gesetzlichen Bestimmungen. Im übrigen sind Ausnahmen allgemeiner Art und solche für bestimmte Einzelfälle zulässig.

3. Wegen der Gesuche zu S. 2 s. MB. § 139.

II. Teil.

Bekanntmachung der Staatsministerien der Justiz, des Innern und für Unterricht und Kultus über die Vorbedingungen für den höheren Justiz- und Verwaltungsdienst v. 1. April 1925 (GVBl. 110).

Auf Grund des § 55 der Verordnung vom 1. April 1925 über die Vorbedingungen für den höheren Justiz- und Verwaltungsdienst werden folgende Vollzugsvorschriften erlassen:

I. Vorbereitung für die Universitätsschlußprüfung.

§ 1.

I Für das Universitätsstudium gelten die Satzungen (samt Anhang) für die Studierenden an den bayerischen Universitäten, soweit nicht in dieser Bekanntmachung anders bestimmt ist.

II Die Studierenden sollen ihren juristischen Studiengang nach den Studienplänen einrichten, welche die beteiligten Fakultäten an den 3 Landesuniversitäten aufgestellt haben.

III Zur Förderung ihres Studiums sollen sich die Studierenden einen Einblick in die praktische Tätigkeit der Gerichte verschaffen; (vgl. Ministerialbekanntmachung vom 7. Juli 1920 über den Anschauungsunterricht für Studierende der Rechte bei den Gerichten, JMBl. S. 168, KMBl. S. 341).

1. Die Satzungen für die Studierenden an den Bayerischen Universitäten sind bekannt gemacht mit KMB. vom 24. April 1923 (KMBl. 44), geändert durch KMB. vom 29. April 1924 (KMBl. 93) und vom 11. April 1925 (InnMBl. 58). Der Anhang ist unten Tl. III Nr. II abgedruckt.

2. Die Studienpläne sind unten Teil III Nr. III abgedruckt.

3. Die MBek. vom 7. Juli 1920 ist im Teil III unter Nr. IV abgedruckt.

§ 2.

I Als rechtswissenschaftliche Vorlesungen gelten nicht nur die juristischen Vorlesungen im engeren Sinne, sondern auch die Vorlesungen über Nationalökonomie, Finanzwissenschaft und Statistik.

II Die Vorlesungen über Statistik und über Rechtsphilosophie dürfen als juristische oder als philosophische Vorlesungen gezählt werden.

1. Die Bedeutung des § 2 liegt in der Ausführung des § 5 Nr. 2 der VO.

§ 3.

Als philosophische Vorlesungen gelten, gleichviel ob sie hörgeldpflichtig abgehalten werden oder nicht,

1. die Vorlesungen aus dem Lehrkreis der beiden Sektionen der philosophischen Fakultäten,
2. die Vorlesungen der staatswirtschaftlichen Fakultäten mit Ausnahme der Vorlesungen über Nationalökonomie und Finanzwissenschaft,
3. die Vorlesungen, die in anderen Fakultäten für Hörer aller Fakultäten gelesen werden,
4. die Vorlesungen in der allgemeinen und in der wirtschaftswissenschaftlichen Abteilung der technischen Hochschulen und die ordentlichen Vorlesungen an den staatlich genehmigten Handelshochschulen, auch wenn sie nach ihrem Gegenstand nicht zum Lehrkreis der philosophischen Fakultät gehören,
5. die Vorlesungen über Kriminalpolitik, Kriminalpsychologie, gerichtliche Medizin, Psychiatrie, Gefängniskunde, Sozialpolitik, Sozialwissenschaft, Fürsorge- und Pressewesen.

1. Die Bedeutung des § 3 liegt in der Ergänzung des § 5 Nr. 3 der VO.

2. Die Bestimmungen des § 3 und des § 2 Abs. 2 schließen sich im wesentlichen an an die durch MB. vom 26. November 1919 (GVBl. 809) getroffene Regelung mit der beachtenswerten Änderung, daß nicht mehr ordentliche Vorlesungen gefordert

werden, sondern auch hörgeldfreie genügen. Aus VO. § 5 Nr. 3 folgt, daß es gleichgültig ist, ob die Vorlesungen ein-, zwei-, drei-, vier- oder mehr als vierstündige Vorlesungen sind.

§ 4.

Als deutsche Universitäten im Sinne des § 5 Nr. 2 der Verordnung gelten die Universitäten des deutschen Reichs.

II. Universitätsschlußprüfung.

1. Prüfungsorte und Prüfungsausschüsse.

§ 5.

Der schriftliche Teil der Prüfung findet unmittelbar vor den Weihnachtsferien statt. Der mündliche Teil wird im Februar und März jeden Jahres abgehalten.[1]

1. Wegen der näheren Bestimmung des Zeitpunkts s. MB. § 15.

§ 6.

Die Studierenden können sich der Universitätsschlußprüfung auch an einer Universität unterziehen, an der sie nicht immatrikuliert sind.

§ 7.

I Das Staatsministerium für Unterricht und Kultus bestimmt aus den Mitgliedern der Prüfungsausschüsse für jede schriftliche Aufgabe die Beurteiler und Mitbeurteiler.

II Die Aufsichtführenden für die schriftliche Prüfung bestimmt der Vorsitzende.

§ 8.

An der mündlichen Prüfung nehmen außer dem Vorsitzenden in der Regel 5 Mitglieder teil.

§ 9.

I Der Vorsitzende beruft die Mitglieder des Ausschusses zur Teilnahme an der Prüfung der einzelnen Studierenden nach seinem Ermessen, jedoch in der Weise, daß für jeden Prüfungsgegenstand ein geeignetes prüfendes Mitglied teilnimmt, und daß die Mitglieder im allgemeinen ziemlich gleichmäßig in Anspruch genommen werden. Er weist für die mündlichen Prüfungen die Prüfungsgegenstände den einzelnen Mitgliedern zu, bestimmt die Reihenfolge, in der sie zu prüfen haben, und verfügt, wie lang jedes Mitglied zu prüfen hat.

II Der Vorsitzende ist berechtigt, bei der mündlichen Prüfung selbst Fragen zu stellen.

1. Wegen weiterer Bestimmungen über die Prüfungsgegenstände der einzelnen Mitglieder s. MB. § 11.

§ 10.

Der Vorsitzende und seine Stellvertreter werden im Falle der Verhinderung durch den Dekan der juristischen Fakultät und bei dessen Verhinderung durch das dienstälteste Mitglied des Ausschusses vertreten.

§ 11.

I Die Ausschußmitglieder sind, soweit sie Universitätslehrer sind, zunächst zur Prüfung aus denjenigen Fächern berufen, für welche sie Lehraufträge haben, soweit sie nicht Universitätslehrer sind, zur Prüfung aus denjenigen Fächern, welche ihnen besonders übertragen sind. Sie sind verpflichtet, auf Anordnung des Vorsitzenden auch die Prüfung aus einem anderen Fache zu übernehmen.

II Jedes Mitglied kann gelegentlich auch Fragen aus den ihm nicht zugeteilten Prüfungsgegenständen stellen.

III Die Mitglieder haben auf Einladung des Vorsitzenden zu den Prüfungen pünktlich zu erscheinen. Wenn sie durch Krankheit, besonders dringende und unaufschiebliche Berufsgeschäfte oder andere zwingende Gründe am Erscheinen verhindert sind, teilen sie dies dem Vorsitzenden sofort mit. Von einer längeren Abwesenheit vom Prüfungsorte haben sie dem Vorsitzenden Anzeige zu erstatten.

§ 12.

Der Vorsitzende oder ein Mitglied eines Ausschusses darf sich an der Prüfung eines Studierenden nicht beteiligen, der mit ihm in gerader Linie verwandt, verschwägert oder durch Annahme an Kindesstatt verbunden, in der Seitenlinie bis zum dritten Grade verwandt oder bis zum zweiten Grade verschwägert ist, auch wenn die Ehe, durch welche die Schwägerschaft begründet ist, nicht mehr besteht.

§ 13.

Die mit der Prüfung verbundenen Schreib- und Botengeschäfte werden von dem Personal der Universitäten besorgt, soweit der Vorsitzende nicht anders bestimmt.

2. Zulassung zur Prüfung.

§ 14.

I Das Zulassungsgesuch ist spätestens bis zum 15. November bei dem Zulassungsausschuß einzureichen.

II Reifezeugnisse, die in Bayern nicht allgemein anerkannt sind, dürfen als Nachweise nur mit Genehmigung des Staatsministeriums für Unterricht und Kultus zugelassen werden. Die Genehmigung wird nur ausnahmsweise und nur dann erteilt, wenn das Zeugnis einem Reifezeugnisse der entsprechenden bayerischen Lehranstalt gleichwertig ist.

III Die unter Nr. 2 bis 4 des § 5 der Verordnung bezeichneten Nachweise werden durch das Universitätsabgangszeugnis erbracht. Für den Nachweis des 4 jährigen Universitätsstudiums genügt es, wenn der Studierende für das 8. Semester immatrikuliert ist.

IV In der Beschreibung des Lebenslaufs sind auch der Name, der Stand und die Staatsangehörigkeit der Eltern des Studierenden anzugeben.

V Dem Zulassungsgesuche können auch die dem Studierenden über den Besuch von Übungen ausgestellten Zeugnisse und die von ihm für diese Übungen verfaßten schriftlichen Arbeiten beigefügt werden, sofern sie mit einer Bewertung durch den Universitätslehrer oder seinen Assistenten versehen sind.

1. Wegen der Zulassungsgesuche im allgemeinen s. VO. §§ 5 und 6.

2. Wegen der in Bayern allgemein anerkannten Reifezeugnisse s. VO. § 5 A. 1; hiezu s. weiter die KMB. vom 2. Dezember 1921, gegenseitige Anerkennung von Reifezeugnissen der österreichischen Mittelschulen und der deutschen höheren Lehranstalten betr. (KMBl. 342).

3. Wegen der Folgen der verspäteten Einreichung des Zulassungsgesuchs s. MB. § 17.

4. Nach § 34 Abs. 2 der Universitätssatzungen wird den Studierenden auf besonderes Verlangen auch Fleiß und Leistung in Vorlesungen und Übungen bescheinigt.

5. Abs. 3 steht im Einklang mit Nr. VI des Anhangs zu den Universitätssatzungen (Teil III Nr. II).

§ 15.

I Das Staatsministerium für Unterricht und Kultus bestimmt, wann die schriftliche Prüfung stattfindet und wann die beurteilten Arbeiten dem Vorsitzenden einzusenden sind.

II Den Zeitpunkt der mündlichen Prüfung bestimmt der Vorsitzende.

1. Bei der Bestimmung des Zeitpunktes sind das Unterrichtsministerium und der Vorsitzende durch VO. § 7 und MB. § 5 beschränkt.

2. Wegen der Form der Bekanntgabe des Zeitpunktes der schriftlichen Prüfung s. MB. § 19.

§ 16.

I Der Zulassungsausschuß hat bis 20. November dem Staatsministerium für Unterricht und Kultus zu berichten, wie viele Zulassungsgesuche eingelaufen sind.

II Das Staatsministerium für Unterricht und Kultus benachrichtigt den Vorsitzenden. Hält dieser die Verweisung von Studierenden an einen anderen Prüfungsort (§ 4 Abs. II der Verordnung) für notwendig, so trifft er die hiewegen erforderlichen Anordnungen.

III Der Zulassungsausschuß hat unterdessen die Gesuche und ihre Belege zu prüfen und, wenn den Vorschriften genügt ist, die Zulassung zur Prüfung zu beschließen. Die Zulassung wird durch Anschlag am schwarzen Brette der Universität bekannt gemacht.

§ 17.

I Studierende, die das Zulassungsgesuch verspätet oder nicht mit den vorgeschriebenen Belegen (§ 5 der Verordnung, § 14 dieser Vorschriften) einreichen und trotz der Aufforderung zur Ergänzung die Belege nicht sofort vorlegen, sind zur Prüfung nicht zuzulassen. Die Abweisung ist unter Angabe der Gründe schriftlich mitzuteilen.

II Gegen die Abweisung ist Beschwerde zum Staatsministerium für Unterricht und Kultus zulässig.

§ 18.

Der Zulassungsausschuß hat über die Behandlung der Zulassungsgesuche eine kurze fortlaufende Niederschrift aufzunehmen, der ein alphabetisches Verzeichnis der zugelassenen Studierenden beizugeben ist.

§ 19.

I Der Zeitpunkt der schriftlichen Prüfung ist den Studierenden durch Anschlag am schwarzen Brett unter Hinweis auf § 15 der Verordnung bekanntzugeben.

II Diese Bekanntgabe gilt als Vorladung zur schriftlichen Prüfung.

§ 20.

Die Verfügung nach § 15 Satz 2 der Verordnung trifft der Vorsitzende; sie wird wieder aufgehoben, wenn der Studierende sich nachträglich genügend entschuldigt.

3. Schriftliche Prüfung.

§ 21.

Den Studierenden werden in der Regel vier Aufgaben aus den in § 2 Abs. II der Verordnung bestimmten Gegenständen in der Form kurzer Rechtsfälle vorgelegt. Fragen theoretischen Inhalts können angeschlossen werden.

1. Wegen der schriftlichen Prüfung im allgemeinen s. VO. §§ 8–11.

§ 22.

I Die juristischen Fakultäten der drei Landesuniversitäten oder einzelne ihrer Mitglieder haben auf Ersuchen des Staatsministeriums für Unterricht und Kultus Prüfungsaufgaben für bestimmte Gegenstände vorzuschlagen.

II Hiebei sollen sie angemessene kleinere und einfachere Aufgaben mit Betonung der theoretischen Seite des Gegenstandes wählen; Rechtsfälle, die in einer Übung schriftlich bearbeitet oder besprochen worden sind, dürfen nicht vorgeschlagen werden. Wenn Rechtsfälle aus einem Werk entnommen sind, so ist das Werk anzuführen.

III Jeder Aufgabe ist eine kurze Lösung beizufügen. Aufgaben, die verschiedene rechtliche Beurteilungen und demgemäß verschiedene Lösungen zulassen, ist die nach Ansicht des Verfassers richtige Lösung beizufügen.

IV Das Staatsministerium für Unterricht und Kultus übersendet die erforderliche Anzahl von Abdrucken der festgesetzten Aufgaben für die einzelnen Prüfungsorte verschlossen dem Vorsitzenden der Prüfungsausschüsse. Dieser gibt die Aufgaben an die Zulassungsausschüsse weiter. Der Leiter der schriftlichen Prüfung (§ 26) öffnet an den zur Bearbeitung der einzelnen Aufgaben bestimmten Tagen den Verschluß in Gegenwart der Studierenden und verteilt die Aufgaben.

§ 23.

I Den Studierenden wird in der Regel eine Aufgabe mit 4stündiger Arbeitszeit vorgelegt. An Stelle der einen Aufgabe können auch zwei kleinere treten.

II Nach dem Ablaufe der festgesetzten Zeit sind die Bearbeitungen an den Aufsichtführenden abzuliefern, auch wenn sie unvollendet sind.

III Die Studierenden dürfen erst nach der Ablieferung ihrer Bearbeitungen aus dem Prüfungsraum entlassen werden.

IV Die Studierenden haben auf der ersten Seite eines jeden Bogens der Bearbeitungen ihren Vornamen und ihren Familiennamen und auf der ersten Seite des ersten Bogens die Zahl der abgelieferten Bogen anzugeben. Die Richtigkeit der Zahl wird von dem Aufsichtführenden bestätigt, der zugleich die Zeit der Ablieferung auf der Bearbeitung vermerkt.

V Die Bearbeitungen müssen mit gut leserlicher Schrift geschrieben sein. Die Anwendung von Kurzschrift ist untersagt. Für Papier, Federn u. dgl. haben die Studierenden selbst zu sorgen.

VI Über den Verlauf der Prüfung wird eine kurze Niederschrift aufgenommen.

§ 24.

Als Hilfsmittel sind nur Gesetzestexte zulässig. Diese werden den Studierenden für jede Arbeit besonders zur Verfügung gestellt.

§ 25.

I Die Sitzordnung für die ganze Prüfung wird durch das Los bestimmt. Das Ergebnis wird in der Niederschrift angegeben.

II Vor der Ziehung des Loses werden den Studierenden die §§ 8 Abs. III, 9 der Verordnung und die §§ 23, 24, 26 Abs. III und IV dieser Bekanntmachung vorgelesen.

§ 26.

I Der Vorsitzende kann die örtliche Leitung und Prüfung einem Mitglied des Prüfungsausschusses übertragen; er kann insbesondere nähere Anordnungen wegen der Aufsichtführung treffen.

II Sind zur Unterbringung der Studierenden mehrere Räume nötig, so muß in jedem Raume ständig ein Aufsichtführender anwesend sein. Sind in einem Raume mehr als dreißig Studierende vereinigt, so sollen ständig zwei Aufsichtführende anwesend sein.

III Die Aufsichtführenden haben mit größter Strenge darüber zu wachen, daß die Studierenden von der Übergabe der Aufgaben an bis zur Ablieferung der Arbeiten weder miteinander noch mit Dritten in Verkehr treten.

IV Trifft der Aufsichtführende einen Studierenden bei dem Gebrauch eines nicht zugelassenen Hilfsmittels oder bei der Benützung fremder Hilfe, so hat er seine Wahrnehmung in der Niederschrift zu beurkunden. Die Beschlußfassung im Sinne des § 9 der Verordnung steht dem Prüfungsausschuß in der Besetzung von drei Mitgliedern zu.

§ 27.

I Der örtliche Leiter der Prüfung übersendet die Arbeiten unmittelbar nach ihrer Ablieferung den vom Staatsministerium für Unterricht und Kultus bestimmten Beurteilern mit einer Sitzordnung der Studierenden.

II Sind in der Niederschrift Wahrnehmungen des Aufsichtführenden beurkundet, die von Einfluß auf die Beurteilung sein können, so ist auch ein Auszug aus der Niederschrift beizufügen.

§ 28.

Jeder Beurteiler und Mitbeurteiler hat die Aufgabe kurz schriftlich zu bearbeiten und seine Lösung den beurteilten Arbeiten beizulegen.

§ 29.

I Bei der Beurteilung dürfen nur die Noten

sehr gut (I)
gut (II)
genügend (III)
mangelhaft (IV)
ungenügend (V)

verwendet werden. Andere Bewertungen (Zwischennoten) sind unzulässig.

II Bei der Beurteilung soll nicht zu großes Gewicht darauf gelegt werden, ob die Art der Lösung mit der als richtig angenommenen Lösung übereinstimmt, sondern hauptsächlich darauf gesehen werden, ob der Studierende bei der Bearbeitung der Aufgabe allgemeines juristisches Verständnis, entsprechende theoretische Kenntnisse und Gewandtheit in der Darstellung seiner Gedanken gezeigt hat. Persönliche Verhältnisse des Studierenden, die auf das Prüfungsergebnis einwirken, dürfen nicht berücksichtigt werden.

III Hat ein Studierender die Bearbeitung einer Aufgabe nicht vollendet, so soll die Bearbeitung deswegen allein noch nicht für „ungenügend" erklärt werden; vielmehr ist unter Berücksichtigung der Bearbeitungszeit sowie der

Größe des bearbeiteten Teiles der Aufgabe und des Wertes der Arbeit zu prüfen, ob nicht die Bearbeitung eine bessere Beurteilung verdient.

IV Hat ein Studierender eine Aufgabe nicht bearbeitet, so ist ihm hiefür die Note „ungenügend" zu erteilen.

V Ergibt sich bei der Beurteilung der Verdacht, daß ein Studierender ein nicht zugelassenes Hilfsmittel gebraucht oder sich fremder Hilfe bedient hat, so ist dies unter Angabe der den Verdacht begründenden Umstände auf der Bearbeitung zu vermerken.

VI Die Beschlußfassung im Sinne des § 9 der Verordnung steht dem Prüfungsausschusse in der Besetzung mit 3 Mitgliedern zu

1. Wegen des Verfahrens bei Nichtbearbeitung einer Aufgabe aus triftigen Gründen s. MB. § 30.

§ 30.

War ein Studierender durch Krankheit oder andere triftige Gründe verhindert, die schriftliche Prüfung abzulegen, oder hat er aus einem solchen Grunde sich an der Bearbeitung der einen oder der anderen Aufgabe nicht beteiligen können, so kann der Vorsitzende dem Studierenden die nachträgliche Ablegung der Prüfung oder die nachträgliche Bearbeitung einzelner Aufgaben gestatten und die hiezu nötigen Aufgaben im Benehmen mit dem Dekane der juristischen Fakultät feststellen.

§ 31.

I Die beurteilten Arbeiten sind bis zu dem vom Staatsministerium für Unterricht und Kultus bestimmten Zeitpunkte (§ 15 Abs. I) dem Vorsitzenden zu übersenden.

II Der Vorsitzende setzt die Noten für die Arbeiten fest, welche die beiden Beurteiler verschieden bewertet haben; er trifft die in § 11 Abs. I der Verordnung vorgesehene Entscheidung und teilt sie den Zulassungsausschüssen mit; diese benachrichtigen die zurückgewiesenen Studierenden.

III Die Prüfungsarbeiten werden den Mitgliedern des zuständigen Prüfungsausschusses zugänglich gemacht.

§ 32.

Der Vorsitzende teilt den Studierenden auf Verlangen das Ergebnis der schriftlichen Prüfung mit.

4. Mündliche Prüfung.

§ 33.

Der Dekan der juristischen Fakultät hat unter Ausscheidung der zurückgewiesenen und sonst weggefallenen Studierenden eine alphabetische Liste der für die mündliche Prüfung in Betracht kommenden Studierenden unter Angabe von Geburtstag und Geburtsort aufzustellen.

§ 34.

I Der Dekan stellt — wenn zwei örtliche Prüfungsausschüsse gebildet sind, für beide — durch das Los die Reihenfolge fest, in der die Studierenden die mündliche Prüfung abzulegen haben. Das Ergebnis der Auslosung ist listenmäßig festzulegen.

II Der Dekan fordert durch Anschlag am schwarzen Brette der Universität die Studierenden auf, zu einem bestimmten Zeitpunkte vor ihm zu erscheinen, um die Mitteilung über Tag und Stunde der Prüfung entgegenzuzunehmen.

III Die Mitteilung vor dem Dekane gilt als Vorladung zur mündlichen Prüfung.

IV Studierende, die vor dem Dekane nicht erschienen sind, werden schriftlich gegen Rückschein zur mündlichen Prüfung vorgeladen.

V Bei der Vorladung nach Abs. III und IV ist auf § 15 der Verordnung hinzuweisen.

§ 35.

I Die gemäß § 34 Abs. I erstellten Listen sind alsbald dem Vorsitzenden der Prüfungsausschüsse zu übersenden.

II Gesuche um Verlegung der mündlichen Prüfung können nur aus triftigen Gründen gestellt werden; sie sind dem Vorsitzenden zur Entscheidung vorzulegen.

1. Gesuche um Verlegung der mündlichen Prüfung können z. B. veranlaßt sein durch einen Trauerfall oder eine Erkrankung; eine Verlegung der gemeinsam stattfindenden schriftlichen Prüfung kann selbstverständlich nicht erfolgen. Solchen Falls schafft MB. § 30 Abhilfe.

§ 36.

Werden gemäß § 12 Abs. II der Verordnung gleichzeitig zwei Studierende geprüft, so beträgt die Prüfungszeit zwei und eine halbe Stunde, bei drei Studierenden drei Stunden.

1. § 36 hat nur den Fall im Auge, daß die gleichzeitige Prüfung mehrerer ungetrennt erfolgt; erfolgt sie getrennt, so ist die Prüfungszeit auch bei gleichzeitiger Prüfung in der Regel 1½ Stunden; das ergibt sich aus VO. § 12 Abs. 2.

§ 37.

I Bei der mündlichen Prüfung ist insbesondere zu erforschen, ob sich der Studierende die nötige juristische Bildung angeeignet hat. Es ist zwar die vollständige Kenntnis des den Prüfungsgegenstand bildenden Stoffes zu fordern; doch ist auf einseitige Theorien und untergeordnete Fragen nicht einzugehen, sondern darauf zu sehen, ob sich der Studierende Fertigkeit im juristischen Denken erworben hat und einer freieren Behandlung des Prüfungsstoffes fähig ist. Auf bloßes Gedächtniswerk ist kein Gewicht zu legen. In der römischen und deutschen Rechtsgeschichte sind Fragen, die nur geschichtliche Einzelheiten zum Gegenstand haben, zu unterlassen.

II Zeigt ein Studierender auf einem Gebiete offenbare Unkenntnis, so ist ein anderes Gebiet zu wählen.

III Ist der Studiengang ungeordnet und lückenhaft, so ist bei der Prüfung mit besonderer Genauigkeit und Strenge zu verfahren.

IV Die Ausschußmitglieder müssen sich auf Grund der ganzen Prüfung ein Urteil über das Gesamtergebnis bilden können.

1. Die Bestimmung des Abs. 1 S. 4 wurde zuerst durch die MB. vom 26. November 1919 (GVBl. 809) getroffen.

2. Die Bestimmung des § 36 Abs. 3 der Bek. vom 25. Oktober 1910, wonach die Kandidaten auch Fragen aus der allgemeinen Deutschen Geschichte zu gewärtigen haben, ist nicht mehr übernommen.

§ 38.

Wird ein Studierender während der Prüfung von einem Unwohlsein befallen und wünscht er deshalb, daß die Prüfung abgebrochen werde, so hat der Prüfungsausschuß zu beurteilen, ob sich auf Grund der von dem Studierenden bis dahin gegebenen Antworten ein sicheres Urteil bilden läßt oder nicht. Im ersten Falle wird über das Ergebnis Beschluß gefaßt; im anderen Falle wird, sofern es tunlich ist, dem Studierenden ein möglichst naher Zeitpunkt zur erneuten Ablegung der Prüfung bestimmt.

§ 39.

I Die Beratung und die Beschlußfassung über das Gesamtergebnis der Prüfung (§ 13 der Verordnung) erfolgen nicht öffentlich. Die Reihenfolge bei der Abstimmung richtet sich nach dem Dienstalter; das jüngste Mitglied stimmt zuerst, der Vorsitzende zuletzt.

II Bei der Beratung ist über das Ergebnis der schriftlichen Prüfung zu berichten.

III Die mündliche Prüfung soll von jedem Ausschußmitgliede soweit als möglich mit einer der in § 10 der Verordnung aufgeführten Noten bewertet werden. Hiebei ist das Ergebnis der Prüfung aus den sämtlichen Gegenständen, nicht nur das Ergebnis der Prüfung aus dem dem einzelnen Mitgliede zugewiesenen Fache zu würdigen.

IV Über das Gesamtergebnis der Prüfung ist nach dem Gesamteindrucke der schriftlichen und mündlichen Prüfung gemäß § 14 der Verordnung zu beschließen.

V Die einzelnen Abstimmungen sind in der Niederschrift zu beurkunden.

§ 40.

I Der Beschluß, daß ein Studierender die Prüfung bestanden hat, soll nur dann gefaßt werden, wenn der Prüfungsausschuß die Überzeugung gewonnen hat, daß der Studierende für seinen künftigen Beruf theoretisch gründlich gebildet und geschult ist. Bezüglich derjenigen Studierenden, von denen anzunehmen ist, daß sie sich nicht in allen Prüfungsgegenständen entsprechend vorbereitet haben, ist daher in der Regel zu erklären, daß sie die Prüfung nicht bestanden haben.

II Wenn das Ergebnis zweifelhaft ist, macht der Vorsitzende von der ihm nach § 17 der Verordnung zustehenden Befugnis Gebrauch.

III Daß ein Studierender die Prüfung „mit Auszeichnung" bestanden hat, soll nur dann erklärt werden, wenn Einstimmigkeit darüber besteht, daß sein Wissen die Anforderungen, die an einen Studierenden in der Regel gestellt werden können, erheblich übersteigt.

IV Persönliche Verhältnisse des Studierenden, die auf das Prüfungsergebnis eingewirkt haben können, dürfen nicht berücksichtigt werden.

§ 41.

I Hat ein Studierender die Universitätsschlußprüfung auch bei der zweitmaligen Ablegung nicht bestanden, so faßt der Prüfungsausschuß sofort darüber Beschluß, ob für den Fall, daß der Studierende um die Zulassung zur drittmaligen Ablegung nachsuchen sollte, die Zulassung empfohlen werden kann.

II Der Beschluß wird in die Niederschrift aufgenommen und dem Studierenden bei der Verkündung des Prüfungsergebnisses durch den Vorsitzenden bekanntgemacht.

1. Eine entsprechende Beschlußfassung ist für den Fall des Nichtbestehens schon der schriftlichen Prüfung (VO. § 11) nicht vorgesehen.

5. Abschluß der Prüfung.

§ 42.

I Über den Gang der schriftlichen und mündlichen Prüfung, sowie über die dabei gepflogenen Verhandlungen und gefaßten Beschlüsse werden gesonderte Niederschriften aufgenommen.

II In den Niederschriften werden alle wichtigeren Vorkommnisse (vgl. §§ 9, 13, 14, 15, 17, 18 der Verordnung §§ 9 Abs. I, 10, 11 Abs. III Satz 2, 12, 20, 23, 25, 26 Abs. III und IV, 34 Abs. I, 37 Abs. III, 39 Abs. III und IV, 41 dieser Vorschriften) beurkundet.

III Die Niederschrift über die schriftliche Prüfung wird von dem Leiter der Prüfung und den Aufsichtführenden, die Niederschrift über die mündliche Universitätsschlußprüfung von dem Vorsitzenden und den prüfenden Mitgliedern unterschrieben.

§ 43.

I Den Studierenden, welche die Universitätsschlußprüfung bestanden haben, wird unmittelbar nach der Beschlußfassung über das Ergebnis der Prüfung ein Zeugnis nach Anlage I ausgestellt.

II Das Zeugnis enthält die Erklärung, daß der Studierende die Prüfung bestanden oder mit Auszeichnung bestanden hat.

III Der Vorsitzende unterzeichnet das Zeugnis und übergibt es sogleich dem Studierenden. Die mit dem Zulassungsgesuch eingereichten Zeugnisse und die etwa vorgelegten Arbeiten werden dem Studierenden zurückgegeben.

§ 44.

I Der Vorsitzende trägt denjenigen Studierenden, welche die Universitätsschlußprüfung nicht bestanden haben, sowie den Studierenden, die nach § 15 der Verordnung diesen gleichzuachten sind, in das letzte Universitätsabgangszeugnis einen entsprechenden Vermerk ein.

II Ein alphabetisches Verzeichnis dieser Studierenden wird den juristischen Fakultäten der 3 Landesuniversitäten übersendet.

§ 45.

Der Vorsitzende berichtet nach Beendigung jeder Prüfung über deren Verlauf und Ergebnis dem Staatsministerium für Unterricht und Kultus nach dessen näherer Weisung und stellt über die Einnahmen und Ausgaben Rechnung.

§ 46.

I Die Prüfungsgebühr setzt das Staatsministerium für Unterricht und Kultus fest.

II Der Zeugnisstempel bemißt sich nach dem Stempelgesetz.

III Die Gebühr und der Stempelbetrag sind bei der Einreichung des Zulassungsgesuches an die Universität einzuzahlen.

1. Die Prüfungsgebühr ist nicht allgemein festgesetzt. Die Festsetzung erfolgt nur für die einzelne Jahresprüfung.

2. Der Zeugnisstempel beträgt nach Nr. 31 des Tarifs zum Stempelges. in der Fassung vom 16. Februar 1921 (GBBl. 182) mit MB. v. 25. Nov. 1925 (GBBl. 265) 4 RM. Die durch die Bek. v. 4 Jan. 1924 (GBBl. 7) erfolgte Ermäßigung der Zeugnisgebühren auf $^1/_{10}$ wurde durch Bek. vom 16. Februar 1924 (GBBl. 132) mit Wirkung vom 1. April 1924 an wieder aufgehoben.

§ 47.

I Ein etwaiges Gesuch um Nachlaß der Gebühr ist mit dem Zulassungsgesuche zu stellen.

II Die Dürftigkeit ist nach Maßgabe der Bestimmungen der Universitätssatzung über den Hörgelderlaß nachzuweisen.

III Die Gesuche verbescheidet der Vorsitzende vor dem Beginne der schriftlichen Prüfung.

1. Abs. 1 schließt selbstverständlich nicht aus, daß in Ausnahmefällen ein Gesuch um Nachlaß auch später eingereicht wird.

2. Einschlägig ist § 80 der Universitätssatzungen, der bestimmt:

„Die Dürftigkeit wird durch ein von der zuständigen Behörde in gehöriger Form ausgestelltes Vermögenszeugnis nachgewiesen.

Das Zeugnis muß enthalten:

1. Namen und Geburtsort des Studierenden,
2. Wohnort und Beruf der Eltern und die Angabe, ob Vater und Mutter noch leben,
3. Zahl, Alter und Stellung der lebenden Geschwister, sowie die Angabe, ob sie versorgt sind oder nicht,
4. das Vermögen der Eltern und das selbständige Vermögen des Studierenden, soweit es amtlich zu ermitteln oder sonst bekannt ist,
5. das Einkommen der Eltern und dessen Quellen,
6. den Betrag und die Gattung der Steuern, die der Studierende oder seine Eltern zu entrichten haben,
7. die Schulden des Studierenden oder seiner Eltern,
8. die Quellen und Hilfsmittel, durch die der Studierende sich bisher erhalten und seine Studienkosten bestritten hat, sowie sein aus diesen Quellen fließendes Einkommen, insbesondere Unterstützungen aus öffentlichen und Privatmitteln.

Im Falle wiederholter Bewerbung genügt eine Bescheinigung der zuständigen Behörde darüber, daß eine Änderung in den Vermögensverhältnissen nicht eingetreten ist."

Der Würdigkeit ist, anders wie nach § 79 der Universitätssatzungen, hier nicht ausdrücklich eine Bedeutung eingeräumt; doch kann sie selbstverständlich auch hier berücksichtigt werden.

3. Gesuche um Stundung der Gebühr sind nicht vorgesehen; auch nicht solche um Nachlaß oder Stundung des Stempels.

§ 48.

Ein Studierender, der die Gebühr nicht bezahlt hat und dem sie auch nicht nachgelassen wurde, darf an der Prüfung nicht teilnehmen.

1. Die Nichtentrichtung des Stempelbetrags (§ 46 Abs. 2) zieht die Wirkungen des § 48 nicht nach sich; doch ist selbstverständlich dessen zwangsweise Beitreibung möglich (s. Art. 50 des Stempelges. vom 16. Februar 1921, GVBl. 182).

§ 49.

I Der Betrag für den Zeugnisstempel wird zurückgezahlt, wenn ein Prüfungszeugnis nicht ausgestellt wird.

II Die Prüfungsgebühr wird nur den Studierenden zurückgezahlt, welche nachweisen, daß sie durch triftige Gründe an der Ablegung der Prüfung gehindert wurden.

III. Vorbereitungsdienst.

1. Allgemeine Vorschriften.

§ 50.

I Der Vorbereitungsdienst ist in Bayern abzuleisten.

II Das Staatsministerium der Justiz kann genehmigen, daß der gerichtliche oder rechtsanwaltschaftliche Vorbereitungsdienst in einem anderen zum Deutschen Reiche gehörigen Lande abgeleistet wird. Die Dienstaufsicht führt in diesem Falle der Präsident des Landgerichts München I.

III Der Vorbereitungsdienst ist alsbald nach Ablegung der Universitätsschlußprüfung anzutreten.

1. Verspäteter Antritt kann Anlaß zur Versagung der Zulassung zum VD. geben. (Der Vorbereitungsdienst darf auch nur aus besonderen Gründen unterbrochen werden; s. MB. § 64.

2. Eine Vorschrift, daß die Staatsprüfung alsbald nach Beendigung des Vorbereitungsdienstes abzulegen ist, besteht nicht. Unangemessene Zwischenräume werden jedoch den StPrA. veranlassen, die Zulassung zu versagen (VO. § 35); denn ein Recht auf Zulassung besteht nicht.

3. Wegen der Gesuche gemäß Abs. 2 s. MB. § 66.

§ 51.

Die Wahl des Gerichts, der Verwaltungsbehörde und des Rechtsanwalts ist den Referendaren überlassen. Sie haben aber keinen Anspruch darauf, zum Vorbereitungsdienste da, wo sie ihn ableisten wollen, zugelassen zu werden.

1. Versagungsgründe für die Zulassung ergeben sich aus MB. §§ 54, 56; Verlust des freien Wahlrechts tritt ein nach MB. § 55 Abs. 2.

§ 52.

Der bei einem Amtsgerichte, bei einem Landgericht oder bei einem Rechtsanwalte begonnene Vorbereitungsdienst darf, abgesehen von der Bestimmung des § 68 Abs. II, bei einem anderen Amtsgerichte, Landgericht oder Rechtsanwalte nur aus triftigen Gründen mit Genehmigung des Präsidenten des Oberlandesgerichts fortgesetzt werden, in dessen Bezirke der Vorbereitungsdienst fortgesetzt werden will.

1. Wegen der Form der Gesuchstellung s. MB. § 66.

2. Wegen der Unterbrechung des VD. schlechthin s. MB. § 64.

§ 53.

I Der Vorbereitungsdienst bei den Verwaltungsbehörden ist entweder ganz bei einem Bezirksamt oder in je 6 aufeinanderfolgenden Monaten bei zwei Bezirksämtern abzuleisten. Er kann auch zur einen Hälfte bei einem Bezirksamte, zur anderen bei einem Stadtrat einer kreisunmittelbaren Stadt oder einer Polizeidirektion abgeleistet werden. Der Vorbereitungsdienst bei einem Stadtrat oder einer Polizeidirektion kann vor oder nach dem bezirksamtlichen Vorbereitungsdienst abgeleistet werden.

II Der bei einer Verwaltungsbehörde begonnene Vorbereitungsdienst muß, soweit nicht im Abs. I anders bestimmt ist, bei dieser Behörde vollendet werden.

III Die Regierung, Kammer des Innern, in deren Bezirke der Vorbereitungsdienst fortgesetzt werden will, kann aus triftigen Gründen eine andere Einteilung des Vorbereitungsdienstes oder einen Wechsel der Behörde genehmigen.

1. Wegen einer Unterbrechung des VD. schlechthin s. MV. § 64.

2. Form der Gesuchstellung s. MV. § 66.

3. Die Verteilung auf zwei Bezirksämter kann sich z. B. empfehlen, wenn das eine so überwiegend ländliche Bevölkerung hat, daß sich dort zu wenig Einblick in die Handhabung der Gewerbepolizei und der sozialen Gesetzgebung bietet.

§ 54.

I Die Zahl der Referendare darf bei den Gerichten die der Richter, bei den Verwaltungsbehörden die doppelte Zahl der rechtskundigen Beamten nicht übersteigen.

II Bei jedem Bezirksamte müssen, wenn nicht die Regierung, Kammer des Innern, aus besonderen Gründen anders verfügt, mindestens zwei Referendare zum Vorbereitungsdienste zugelassen werden.

III Meldet sich eine größere Zahl zum Vorbereitungsdienste für den gleichen Zeitraum, so haben jene den Vorzug, denen triftigere Gründe zur Seite stehen. Würde die im Abs. I festgesetzte Zahl überschritten werden, so ist, wenn die Möglichkeit genügender Ausbildung besteht, an das vorgesetzte Staatsministerium auf dem Dienstwege zu berichten.

IV Für einzelne Gerichte oder Verwaltungsbehörden kann die Zahl der Referendare von den zuständigen Staatsministerien besonders bestimmt werden.

1. Rechtskundige Beamte (Abs. 1) sind bei den Bezirksämtern außer den Bezirksamtmännern und dem Oberamtmann wohl auch Assessoren, soweit sie zur Geschäftsaushilfe dort verwendet werden, nicht aber, soweit sie nach § 1 Abs. 2 VO. vom 13. April 1910 (GVBl. 169; unten Teil III Nr. IX) zur Dienstleistung zugeteilt sind. Mögen sie auch Beamte i. S. des Art. 1 des BeamtG. sein (§ 6 a. a. O.), so befinden sie sich doch zu

ihrer eigenen Ausbildung bei dem Bezirksamt und sind ebensowenig Beamte i. S. des Abs. 1, wie ihre dem Stadtrat einer unmittelbaren Stadt zugewiesenen Kollegen.

2. Mit Rücksicht auf Abs. 3 Satz 1 empfiehlt es sich, in dem Zulassungsgesuch die Gründe für die Wahl der Behörde (Wohnsitz usw.) anzugeben. Der Vorstand wird die Zulassung zunächst nur widerruflich bewilligen, um Bewerber mit triftigeren Gründen vorzugsweise berücksichtigen zu können.

§ 55.

I In den Gesuchen um Zulassung zum Vorbereitungsdienste bei den Gerichten und Verwaltungsbehörden sind anzugeben Beginn und Ende der erbetenen Zulassungsdauer, die Gründe für die Wahl des Gerichts oder der Verwaltungsbehörde, der Wohnsitz des Referendars und der seiner Eltern.

II Bei mehreren Gerichten und Verwaltungsbehörden Zulassungsgesuche für den gleichen Zeitraum einzureichen, ist verboten.

III Die Zulassungsgesuche sind stets mit tunlichster Beschleunigung zu verbescheiden.

IV Referendare, welche das Verbot des Abs. II nicht beachten oder in Zulassungsgesuchen die bereits anderweitig erfolgte Zulassung verschweigen, verlieren das Recht auf Wahl der Gerichte oder der Verwaltungsbehörden (§ 51) und, wenn sie bereits bei einem Gericht oder bei einer Verwaltungsbehörde eingetreten sind, das Recht auf Fortsetzung des Vorbereitungsdienstes daselbst. Sie werden nach dem Ermessen des Oberlandesgerichtspräsidenten oder der Regierung, Kammer des Innern, in deren Bezirke sie ihren Wohnsitz haben, einem Gerichte oder einer Verwaltungsbehörde des Bezirkes zugeteilt.

§ 56.

I Bei einem Rechtsanwalte darf in der Regel nur ein Referendar im Vorbereitungsdienste sein.

II Zwei oder drei Referendare dürfen bei einem Rechtsanwalte, der bei einem Landgerichte zugelassen ist, nur mit Genehmigung des Präsidenten des Landgerichts und bei einem Rechtsanwalte, der bei mehreren Landgerichten, bei einem Oberlandesgericht oder bei einem solchen und bei einem Landgerichte zugelassen ist, nur mit Genehmigung des Präsidenten des Oberlandesgerichts gleichzeitig Vorbereitungsdienst leisten. Die Genehmigung wird nur erteilt, wenn eine genügende Ausbildung möglich ist. Das Gutachten des Vorstandes der Anwaltskammer ist vorher einzuholen.

1. Vorschriften für den Inhalt der Zulassungsgesuche bei Rechtsanwälten bestehen nicht; es ist hiefür ein schriftliches Zulassungsgesuch überhaupt nicht vorgeschrieben.

2. Um die Genehmigung gemäß Abs. 2 kann sowohl der Rechtsanwalt als auch der Referendar nachsuchen; Gesuch des letzteren: MB. § 66.

3. Wegen der Rechtsanwälte, bei denen der Vorbereitungsdienst abgeleistet werden kann, s. VO. § 22 Abs. 3.

§ 57.

I Vor der Abnahme des Eides (§ 23 Abs. II der Verordnung) ist der Referendar über die Dienstpflichten und über die Bedeutung des Eides zu belehren. Über die Eidesleistung ist eine Niederschrift aufzunehmen.

II Die Referendare sind bei ihrem Eintritt in den Vorbereitungsdienst auf die Vorschriften der Verordnung und der gegenwärtigen Bekanntmachung mit dem ausdrücklichen Bemerken hinzuweisen, daß sie sich auf Unkenntnis dieser Vorschriften nicht berufen können.

1. Eine weitere Formvorschrift über die Abnahme des Eides enthält nur VO. § 23 Abs. 2 und zwar insofern, als für den Gerichtsschreibereid, nicht aber für die Vereidigung schlechthin, Abnahme in öffentlicher Sitzung vorgeschrieben ist. An sonstigen Vorschriften kommt RVerf. Art. 177 in Betracht, aus der zu folgern ist, daß auch der Eid der Referendare rechtswirksam auch in der Weise erfolgen kann, daß der Schwörende unter Weglassung der religiösen Eidesformel erklärt: „Ich schwöre! Im übrigen entscheidet über die Eidesabnahme das Ermessen des Abnehmenden. Es liegt nahe, die Bestimmungen des § 3 der VO. vom 3. Mai 1920 (GVBl. 191) entsprechend anzuwenden, wonach die Abnahme, soweit nicht etwas anderes bestimmt wird, durch den Vorstand der Behörde erfolgt und die Vereidigung durch Nachsprechen der Eidesformel unter Aufhebung der rechten Hand erfolgt und die Niederschrift von dem Vereidigten und

dem zu Vereidigenden zu unterzeichnen ist. Da die Abnahme des Gerichtsschreibereids in öffentlicher Sitzung erfolgt, ergibt sich für ihn, daß die Abnahme durch den Richter, bei einem Kollegium durch den Vorsitzenden erfolgt; diesen Falls gelten für die Niederschrift die für die Sitzungsniederschrift geltenden Verfahrensvorschriften, also je nachdem die der ZPO. oder die der StPO. Eine Unterzeichnung entfällt diesen Falls. Erfolgt die Beeidigung beim Eintritt in den gerichtlichen Dienst, also in Verbindung mit der Ablegung des Gerichtsschreibereids, so werden die hiefür geltenden Formen auch für die Beeidigung schlechthin anzuwenden sein. Der Vorstand kann sich, soweit ihm die Beeidigung obliegt, durch seine Vertreter in den Vorstandsgeschäften auch bei der Beeidigung vertreten lassen. Auch Abnahme durch einen ersuchten Vorstand oder einen ersuchten Richter (also den Amtsrichter, unter entsprechender Anwendung des § 157 GVG.) oder bei Verwaltungsbehörden durch eine ersuchte Verwaltungsbehörde ist nicht ausgeschlossen. Die Anwendung einer religiösen Beteuerungsformel ist, vorbehaltlich des Art. 177 RVerf., nicht ausgeschlossen.

2. Wegen eines weiteren Punktes, über den die Referendare zu belehren sind, s. MB. § 66.

§ 58.

I Die Referendare sind in allen Zweigen des Dienstes zu unterweisen. Ihre wissenschaftliche Ausbildung soll durch die Lösung schwierigerer Aufgaben des praktischen Dienstes vertieft und erweitert werden. Es ist darauf hinzuwirken, daß ihre Arbeiten praktisch verwendbar werden.

II Sie sind während des Vorbereitungsdienstes in angemessenem Wechsel den mit der Bearbeitung der verschiedenen Gegenstände des Dienstes betrauten Beamten zuzuteilen.

III Der Beamte, dem der Referendar jeweils zugewiesen ist, hat ihn mit geeigneten Arbeiten zu beschäftigen und unter entsprechender Belehrung auf deren rechtzeitige sachgemäße Erledigung zu bringen. Er hat dem Referendar die Richtpunkte zu geben, die im öffentlichen Auftreten, im Verkehre mit der Bevölkerung und mit den Behörden aus Gründen des Taktes, zur Vermeidung zweckloser Reibungen und zur Vereinfachung der Geschäfte einzuhalten sind.

IV Bei der Zuteilung der Arbeiten ist auf deren Ausbildungswert besondere Rücksicht zu nehmen. Arbeiten, die zur Anwendung des theoretischen Wissens oder zur Erweiterung der praktischen Kenntnisse keine Gelegenheit bieten, sind dem Referendar nicht zuzuweisen.

V Die Zuteilung von bloßem Schreibwerk ist verboten.

1. Nähere Bestimmungen über die Verwendung der Referendare gibt für den VD. bei den Gerichten MB. §§ 69, 70 und 73, bei den Verwaltungsbehörden MB. S. 74.

2. Wegen der Zuteilung im amtsgerichtlichen Dienst s. MB. § 72, im landgerichtlichen Dienst MB. § 73, im Dienst bei den Verwaltungsbehörden MB. S. 74 Abs. 1.

3. Wegen des Verhältnisses des Richters, dem der Referendar im landgerichtlichen Vorbereitungsdienst zugeteilt ist, zu dem Vorsitzenden s. MB. § 73 Abs. 2.

4. Eine nähere Regelung der Verwendung bei bloßem Schreibwerk gibt für den gerichtlichen Dienst MB. § 70 Abs. 2, für den Dienst bei den Verwaltungsbehörden MB. § 74 Abs. 3.

5. Eine besondere Förderung erfährt die Ausbildung der Referendare durch die von der MB. vorgesehenen praktischen Übungen; sie kennt 4 Arten von Übungen: 1. die allgemeinen praktischen Übungen im gerichtlichen (landgerichtlichen und amtsgerichtlichen) Vorbereitungsdienst (MB. § 71), 2. die besonderen praktischen Übungen im Grundbuchwesen und auf dem Gebiet der Immobiliarvollstreckung im amtsgerichtlichen Vorbereitungsdienst (MB. § 72 Abs. 2), 3. die allgemeinen praktischen Übungen im Vorbereitungsdienst bei den Verwaltungsbehörden (MB. §§ 75, 76), 4. die praktischen Übungen auf dem Gebiet des Grundbuchrechts und der Immobiliarvollstreckung für die im rechtsanwaltschaftlichen Vorbereitungsdienst stehenden Referendare (MB. § 79).

§ 59.

Die sachgemäße Ausbildung der Referendare während des Vorbereitungsdienstes bei den Amtsgerichten und Landgerichten ist von den Präsidenten der Oberlandesgerichte, diejenige während des Vorbereitungsdienstes bei den Verwaltungsbehörden von den Regierungen, Kammern des Innern, sorgfältig und streng zu überwachen. Insbesondere ist darauf zu achten, daß die in den §§ 71, 72 Abs. II, 75, 79 vorgeschriebenen Übungen und Unterweisungen zweckentsprechend abgehalten werden.

§ 60.

I Die Referendare haben die Amtsstunden einzuhalten.

II Sie können hievon entbunden werden, wenn die Geschäftsverhältnisse und der Stand der ihnen übertragenen Arbeiten es gestatten.

III An Sonntagen und allgemeinen Feiertagen sollen sie zur Dienstleistung nicht herangezogen werden.

IV Werden sie durch Erkrankung oder sonstige triftige Gründe an der Dienstleistung gehindert, so haben sie unverzüglich Anzeige zu erstatten.

1. Die Entbindung von der Einhaltung der Amtsstunden erfolgt, vorbehaltlich einer anderweiten Regelung durch den Vorstand, durch den Beamten, dem der Referendar zugewiesen ist (MB. § 58 Abs. 3). Die Entbindung kann auch stillschweigend erfolgen.

2. Wer durch Krankheit oder sonstige triftige Gründe an der Dienstleistung verhindert ist, bedarf keines Urlaubs; doch muß es eine Krankheit sein, die wirklich die Dienstleistung hindert; ebenso muß der sonstige Grund ein wirkliches absolutes Hindernis sein, ferner ein unverschuldetes (es muß ein „triftiges" sein). Wegen der Anrechnung solcher Unterbrechungen auf den Vorbereitungsdienst s. VO. § 34.

3. Neben der Anzeige nach Abs. 4, die an den Vorstand zu richten ist, kann der Referendar zu weiteren Schritten verpflichtet sein, wenn er an einer aufgetragenen Verteidigung oder Vertretung durch Erkrankung oder sonstwie verhindert ist.

4. Vorlage eines ärztlichen Zeugnisses bei Erkrankungen ist nicht gefordert. Unter Umständen (s. VO. § 51 Abs. 2) empfiehlt sich aber dessen Beschaffung.

5. Das ausdrückliche Verbot des § 80 der MB. vom 25. Oktober 1910, während des Vorbereitungsdienstes bei den Gerichten oder Verwaltungsbehörden bei einem Rechtsanwalt tätig zu sein oder die Vertretung von Parteien außerhalb der Fälle des § 116 ZPO. und des § 144 Abs. 2 StPO. zu übernehmen, erscheint in der nunmehrigen Fassung der Vorschriften nicht mehr. Selbstverständlich kann der Vorstand der Behörde Mißbräuchen auf Grund der ihm zustehenden Dienstaufsicht (VO. § 24) entgegentreten; auch die Vorschriften über die Einhaltung der Amtsstunden (MB. § 60) wirken einschränkend. S. hiezu auch Art. 18 Abs. 1 des BeamtG. (unten Teil III Nr. I, 4).

§ 61.

Ermahnungen oder Warnungen werden mündlich oder schriftlich erteilt.

1. Wegen der Zuständigkeit zur Erteilung von Ermahnungen und Warnungen s. VO. § 24.

2. Wegen des Verfahrens bei schwereren dienstlichen Verfehlungen s. VO. § 24 Abs. 2.

§ 62.

Das Jahr des Vorbereitungsdienstes, für das dem Referendar Urlaub bewilligt werden darf, wird vom Tage des Eintritts in den Vorbereitungsdienst an gerechnet.

1. § 62 ist eine Ausnahme von den allgemeinen Bestimmungen (Nr. 5 der MB. vom 3. April 1922, GBBl. 219), nach denen als Urlaubsjahr das Rechnungsjahr (1. April—31. März) gelten soll.

2. Wegen der Urlaubsbewilligung im allgemeinen s. BO. § 25.

§ 63.

I Die Präsidenten der Oberlandesgerichte und die Regierungen, Kammern des Innern, können die Unterbrechung, die der Vorbereitungsdienst durch einen nach § 25 Abs. III Satz 2 der Verordnung bewilligten Urlaub erleidet, im gegenseitigen Benehmen auf den Vorbereitungsdienst bei den Gerichten, auf jenen bei den Verwaltungsbehörden und auf den rechtsanwaltschaftlichen Vorbereitungsdienst bei der Anrechnung des Urlaubs angemessen verteilen.

II Das Gleiche gilt für die Anrechnung von Unterbrechungen des Vorbereitungsdienstes nach § 34 Abs. I der Verordnung.

III Um Anrechnung einer Unterbrechung des Vorbereitungsdienstes nach § 34 Abs. II der Verordnung ist alsbald nach ihrer Beendigung und, wenn ihre Dauer von vornherein bestimmt ist, schon vor ihrem Eintritte nachzusuchen. Der Grund der Unterbrechung ist nachzuweisen.

1. Der regelmäßige Urlaub wird ohne weiteres auf den Dienst bei der Behörde angerechnet, bei der ihn der Referendar genossen hat (BO. § 25). Ein außerordentlicher Urlaub nach BO. § 25 Abs. 3 S. 2 kann ebenso angerechnet werden; soweit er drei Wochen überschreitet, kann jedoch der BD. verlängert werden, bei einem Urlaub von zehn Wochen also um sieben Wochen, doch muß die Verlängerung nicht soviel betragen. Der Referendar beginnt und beendigt dann den Dienst bei der nächsten Stelle entsprechend später und wird schließlich mit dem ganzen BD. später fertig, so daß er unter Umständen die StPr. erst ein Jahr später ablegen könnte. Abs. 1 schafft nun einen Ausgleich zwischen den Nachteilen für die Ausbildung, wenn die Unterbrechung ganz auf den Abschnitt des BD. angerechnet würde, in den sie gefallen ist, und den Nachteilen einer Verlängerung. Abs. 1 gestattet deshalb, den Dienst bei der folgenden oder den folgenden Stellen zu kürzen zugunsten einer Verlängerung des durch den Urlaub zunächst betroffenen Abschnitts.

2. Soll eine Unterbrechung nach Abs. 1 oder 2 nur auf den Dienst bei Gerichten angerechnet und verteilt werden und liegen Amtsgericht und Landgericht im Bezirke verschiedener Oberlandesgerichte, so verteilen sie beide Präsidenten gemeinsam. Das Gleiche gilt bei einer Verteilung, die sich auf den Dienst bei zwei Verwaltungsbehörden in verschiedenen Regierungsbezirken beschränkt.

3. Verlängerung ist nicht vorgesehen in den Fällen des Abs. 2, nämlich den nach VO. § 34 Abs. 1 anzurechnenden Unterbrechungen bis zu 10 Wochen. Um der allseitigen Ausbildung willen verhütet Abs. 2, daß die Kürzung durch die Unterbrechung ausschließlich den Dienst trifft, in den sie fällt.

4. Treffen die Voraussetzungen des § 25 Abs. 3 S. 2 und des § 34 Abs. 1 der VO. zusammen, so kann unter Umständen eine Verteilung von 20 Wochen notwendig werden.

5. Wegen der formellen Behandlung der Gesuche nach Abs. 3 s. MB. § 66.

6. Zur Ausführung des § 63 (früher § 89 der MB. vom 25. Oktober 1910) haben die Staatsministerien der Justiz und des Innern die aut. Entschl. Nr. 920 vom 19. Januar 1911 erlassen:

„I. Unterbrechungen des VD. durch außerordentlichen Urlaub oder durch militärische Übungen, Krankheit oder andere unverschuldete Hindernisse (§ 33 Abs. 3 S. 2, § 37 Abs. 1 der VO. vom 18. Oktober 1910; nun §§ 25 Abs. 3 S. 2 und 34 Abs. 1 der VO. v. 1. April 1925) sind, wenn sie in einem Jahre des VD. die Dauer von acht Wochen nicht übersteigen, auf die Teile des VD. anzurechnen, in die sie fallen; eine Verteilung auf andere Abschnitte des noch abzuleistenden VD. und eine Verlängerung des VD. finden nicht statt.

II. Übersteigt der in einem Jahre des VD. gemäß § 33 Abs. 3 Satz 2 der VO. vom 18. Oktober 1910 (nun § 25 Abs. 3 S. 2 der VO. vom 1. April 1925) bewilligte außerordentliche Urlaub die Dauer von acht Wochen, so ist zunächst zu prüfen, ob die Ausbildung des Rechtspraktikanten eine Verlängerung des VD. erfordert und ob der Rechtspraktikant im Falle einer Verlängerung des VD. diesen noch vor dem Beginne der Staatsprüfung des Jahres vollenden kann, in dem er die Prüfung bei regelmäßigem Verlaufe des VD. abzulegen hätte. Treffen diese Voraussetzungen zu, so ist der durch die Unterbrechung am meisten verkürzte Abschnitt des VD. angemessen zu verlängern. Erfordert die Ausbildung des Rechtspraktikanten keine Verlängerung seines VD. oder würde der Rechtspraktikant bei einer Verlängerung des VD. sich der Staatsprüfung in dem Jahre, in dem er sie außerdem abzulegen hätte, nicht unterziehen können, so ist die Unterbrechung auf die einzelnen Abschnitte des VD. möglichst gleichmäßig zu verteilen.

III. Wird der VD. durch militärische Übungen, Krankheit oder andere unverschuldete Hindernisse unterbrochen (§ 37 Abs. 1 der VO. vom 18. Oktober 1910, nun § 34 Abs. 1 der VO. vom 1. April 1925), so kann eine Verlängerung des VD. auch dann nicht zur Auflage gemacht werden, wenn die Unterbrechung länger als acht Wochen in einem Jahre des VD. dauert. Dagegen kann in diesem Falle die Unterbrechung auf die verschiedenen Abschnitte des noch abzuleistenden VD. verteilt werden. Die Verteilung soll aber nur dann erfolgen, wenn die Ausbildung des Rechtspraktikanten in wichtigen Dienstzweigen des VD., der durch die Unterbrechung am meisten in Mitleidenschaft gezogen ist, besonders zurückgeblieben ist.

IV. Für die Verteilung sollen die Dauer der einzelnen Abschnitte des VD. und der Grad, in dem der Rechtspraktikant in den wichtigsten Dienstzweigen der einzelnen Abschnitte des VD. bereits ausgebildet ist, maßgebend sein. Insbesondere ist zu berücksichtigen, daß der VD. für das Justizfach zwei Jahre, der für das Verwaltungsfach ein Jahr dauert. Der amtsgerichtliche und der rechtsanwaltschaftliche VD. sind, wenn irgend möglich, mit Unterbrechungen weniger zu belasten als der VD. bei dem Landgerichte. ....

V. Ist einem Rechtspraktikanten während seines VD. schon einmal Urlaub von mehr als acht Wochen bewilligt worden, so ist ihm in der Regel ein weiterer außerordentlicher Urlaub während des VD. nicht mehr zu bewilligen.

VI. Über die Anrechnung eines Urlaubs von mehr als 3 Wochen, über die Verteilung der Unterbrechung des VD. auf dessen einzelne Abschnitte und über eine allenfallsige Verlängerung des VD. ist bei der Bewilligung des Urlaubs gleichzeitig zu bestimmen.

VII. Über die Anrechnung und Verteilung von Unterbrechungen des VD. nach § 37 Abs. 1 der VO. vom 18. Oktober 1910 (nun § 34 Abs. 1 der VO. vom 1. April 1925) ist alsbald nach Beendigung der Unterbrechung und, wenn ihre Dauer von vorneherein bestimmt ist, schon vor oder doch alsbald nach ihrem Eintritte zu bestimmen.

VIII. Eine Unterbrechung, deren Verteilung auf die für die Vorbereitung im Justiz- und im Verwaltungsfache bestimmten Abschnitte des VD. geboten erscheint, ist durch gemeinschaftliche Entschließung des Präsidenten des Oberlandesgerichts und der Regierung, Kammer des Innern, anzurechnen, in deren Bezirken der VD. zur Zeit des Eintritts der Unterbrechung abgeleistet wird und nachher fortgesetzt werden will."

§ 64.

Aus anderen Gründen als wegen Krankheit oder sonstiger unverschuldeter Hindernisse darf der Vorbereitungsdienst nur mit Genehmigung der zuständigen Staatsministerien unterbrochen werden. Wird er ohne Genehmigung unterbrochen, so darf er nicht fortgesetzt werden.

1. Fortsetzung ist bei ungenehmigter Unterbrechung aber mit nachträglicher ministerieller Genehmigung möglich; wegen des Verfahrens s. MB. § 66.

2. Der Vorbereitungsdienst ist auch alsbald nach der Ablegung der Universitätsschlußprüfung anzutreten (MB. § 50 Abs. 3).

3. Verschieden von der Unterbrechung des Vorbereitungsdienstes als solchen ist die Unterbrechung bei einer bestimmten Behörde oder einem bestimmten Rechtsanwalt unter Übertritt zu einer anderen Behörde oder einem anderen Rechtsanwalt; s. hiewegen MB. §§ 52 u. 53.

§ 65.

I Die Zeugnisse nach § 26 der Verordnung sind nach Muster der Anlage II auszustellen; sie haben auch ein kurzes Urteil über die Leistungen und über das dienstliche und außerdienstliche Verhalten des Referendars zu enthalten. Schriftlich erteilte Warnungen sind unter knapper Angabe der Verfehlung zu vermerken; im übrigen ist eine außerdienstliche Verfehlung dann anzugeben, wenn sie für die spätere Beurteilung der Persönlichkeit von Bedeutung ist.

II In dem Zeugnis über den Vorbereitungsdienst beim Amtsgericht ist anzugeben, an welchem Tage der für die Gerichtsschreiber vorgeschriebene Eid geleistet wurde; die Ableistung des weiter in § 23 Abs. II der Verordnung vorgeschriebenen Eides ist im ersten Zeugnis festzustellen.

1. Worüber das Zeugnis Angaben zu enthalten hat, bestimmt im allgemeinen die Anlage II; hiezu treten ergänzend die Bestimmungen des § 65. Mahnungen (MB. § 61) sind nur im Rahmen des § 65 Abs. 1 S. 2 Halbs. 2 aufzunehmen.

2. Bestätigt das Zeugnis keine entsprechenden Leistungen oder kein tadelloses Verhalten, so hat seinerzeit die Zurückweisung von der Staatsprüfung zu erfolgen (VO. § 35 Abs. 2).

3. Wird der gerichtliche Vorbereitungsdienst beim Landgericht begonnen, so ist sinngemäß die Leistung des Gerichtsschreibereides in dem Zeugnis über den bei diesem geleisteten Vorbereitungsdienst zu bestätigen.

§ 66.

Gesuche, die den Vorbereitungsdienst betreffen, sind auf dem Dienstwege vorzulegen. Die Referendare sind hierüber bei ihrem Eintritt in den Vorbereitungsdienst zu belehren.

1. Dienstweg: Es sind nicht zwei Eingaben zu machen, das an die entscheidende Behörde gerichtete eigentliche Gesuch und daneben eine Eingabe an die zunächst vorgesetzte (Nr. 5 der autogr. Entschl. Nr. 27626 vom 19. Juli 1905). Darnach hat z. B. ein Referendar, der bei einem Amtsgericht im VD. um einen Urlaub außerhalb der Gerichtsferien einkommen will, nur ein einziges Gesuch an den Amtsgerichtsvorstand einzureichen, das die Bitte um Urlaub enthält.

2. Referendare bei einem Rechtsanwalt reichen ihre Gesuche bei dem Landgerichtspräsidenten ein.

§ 67.

Ein Referendar, der eine Ehe eingehen will, hat sein Vorhaben der Behörde, bei der er den Vorbereitungsdienst ableistet, und wenn er bei einem Rechtsanwalt im Vorbereitungsdienste steht, dem Präsidenten des Landgerichts rechtzeitig anzuzeigen. Hiebei hat er den Vor- und Zunamen, den Wohnort der Braut, deren Stand und den ihrer Eltern anzugeben. Auch die erfolgte Eheschließung ist anzuzeigen.

1. Einer dienstlichen Bewilligung nach § 1315 BGB. bedarf es nicht. Die Anzeige soll nur eine dienstliche Würdigung ermöglichen, damit nicht etwa später bei der Anstellung Schwierigkeiten erwachsen.

2. „Rechtzeitig“: Vor der Eheschließung muß noch die dienstliche Würdigung möglich sein.

3. S. zu § 67 auch Art. 17 des BeamtenGes. (unten Teil III Nr. I 4).

2. Der Vorbereitungsdienst bei den Gerichten.

§ 68.

I Der Vorbereitungsdienst bei den Gerichten (§ 22 Abs. II der Verordnung) ist in der Dauer von 12 Monaten bei einem Amtsgericht und in der Dauer von 6 Monaten bei einem Landgericht abzuleisten.

II Von dem amtsgerichtlichen Vorbereitungsdienste sind mindestens 3 Monate bei einem Amtsgericht abzuleisten, bei dem ein Schöffengericht besteht.

1. Begonnen werden kann der gerichtliche Vorbereitungsdienst sowohl beim Amtsgericht wie beim Landgericht.

2. Nach den bisherigen Vorschriften (§ 30 der VO. vom 4. Juli 1899/1. August 1912) waren beim Landgerichte und beim Amtsgerichte je neun Monate abzuleisten; die Überleitung in die neuen Vorschriften gibt MB. § 131.

3. Der Vorbereitungsdienst bei einem Amtsgericht mit einem Schöffengericht kann auch bei dem Schöffengericht München-Land abgeleistet werden, das dem Amtsgerichte Starnberg angegliedert ist, seinen Sitz aber in München hat. Die Zulassung zum VD. beim Schöffengericht München-Land erfolgt im Einverständnis mit dem Vorstand des Amtsgerichts Starnberg durch den Präsidenten des Landgerichts München II, der auch die Dienstaufsicht führt und die Zeugnisse über die Ableistung dieses Vorbereitungsabschnitts ausstellt (JME. vom 24. Juni 1925 Nr. 21 995).

§ 69.

I Die Referendare sind vor allem im richterlichen Dienst auszubilden.

II Zur Beratung und Fertigung von Urteilen, Beschlüssen und Verfügungen aller Art sind sie in ausgedehntem Maße heranzuziehen.

III Zu Verteidigern und zu Vertretern von Parteien in bürgerlichen Rechtsstreiten sind sie so oft als möglich zu bestellen.

1. Wegen der Bestellung zu Verteidigern und Parteivertretern während des rechtsanwaltschaftlichen Vorbereitungsdienstes s. MB. § 78. Während des Vorbereitungsdienstes bei den Verwaltungsbehörden sind sie hierzu von den Gerichten nicht zu bestellen; denn sie sind dann für den Verwaltungsdienst bestimmt (s. MB. § 74 A. 2).

2. Zu den Vorschriften des § 69 tritt ergänzend MB. § 58. Daraus („alle Zweige") ergibt sich, daß ihre Ausbildung auch in der Justizverwaltung (Gefängniswesen) zu erfolgen hat.

§ 70.

I Die Referendare sind auch im Gerichtsschreibereidienst, insbesondere im Rechnungswesen zu unterweisen. Zu den Verrichtungen des Gerichtsschreibers dürfen sie nur zum

Zwecke ihrer Ausbildung, nicht zur Entlastung der Gerichtsschreiberei herangezogen werden. In der Aufnahme von Anträgen ist ein schätzenswertes Ausbildungsmittel zu erblicken.

II Mit der Führung von Protokollen über Hauptverhandlungen sind die Referendare nur zu befassen, soweit es erforderlich ist, um sie mit den einschlägigen Vorschriften vertraut zu machen. Die Führung von Protokollen über Verhandlungen vor einem beauftragten oder ersuchten Richter ist ihnen nur ausnahmsweise in Sachen, die ihnen zur Bearbeitung überwiesen sind oder in denen die Verhandlung für den jungen Juristen ein besonderes Interesse bietet, zu übertragen.

1. Eine Zuteilung bloß zur Gerichtsschreiberei (ohne gleichzeitige Zuteilung an einen Richter) wird nicht dem Sinn der der Vorschrift entsprechen; s. MB. § 73 Abs. 1 und § 72 Abs. 1.

2. Hauptverhandlungen: Gemeint sind wohl auch Zivilsitzungen.

§ 71.

I Befinden sich an einem Gerichte zwei oder mehr Referendare im Vorbereitungsdienste, so sind für sie wöchentlich mindestens einmal praktische Übungen gemeinsam oder gruppenweise abzuhalten. Die Referendare sind zur Teilnahme an den Übungen verpflichtet.

II Die Übungen sollen hauptsächlich in der schriftlichen Lösung lehrreicher Rechtsfälle bestehen. Die Aufgaben sind teils in einer ihrem Umfang und ihrer Schwierigkeit angemessenen Frist teils ohne Bestimmung einer solchen zu bearbeiten. Die Arbeiten sind zu würdigen und unter Erörterung der Gesetzesstellen, die in Frage kommen, in den Übungsstunden zu besprechen. Zur Schulung des mündlichen Vortrags soll den Referendaren im Wechsel die Berichterstattung über die Lösung der Aufgaben aufgegeben werden. Einzelne Übungen sind in der Weise abzuhalten, daß bürgerliche Rechtsstreite und Strafprozesse in ihrer Entwicklung und Erledigung unter Verteilung der Rollen der Parteien und des Gerichts auf mehrere Referendare vorgeführt werden.

III Jede Übung soll etwa zwei Stunden dauern.

IV Ein Richter, den der Vorstand des Gerichts bestimmt, leitet die Übungen. Er ist in seiner ordentlichen Dienstaufgabe angemessen zu entlasten. Mehr als zwanzig Teilnehmer sollen einem Übungsleiter nicht zugeteilt werden.

1. Wie hiezu die JMB. vom 18. März 1924 (JMBl. 25), die in Nr. I folgendes hier Einschlägige bestimmt: Besonders wichtig ist, daß auch die Rechtspraktikanten die Vorschriften (nämlich über die Vereinfachung des dienstlichen Verkehrs: Bek. vom 28. April 1901, JMBl. 363; JMB. vom 19. Juli 1905, JMBl. 1914, 25; Bek. vom 9. September 1907, JMBl. 237 und Bek. vom gleichen Tage, JMBl. 242) rechtzeitig kennen und anwenden lernen. Es empfiehlt sich, daß die Leiter der Übungen (§§ 97 u. 98 der Bek. vom 25. Oktober 1910, JMBl. 791; (jetzt an deren Stelle §§ 71 und 72 der Bek. vom 1. April 1925) sie zu Beginn der Übungen durchsprechen und durch Beispiele veranschaulichen. Das ist schon um deswillen zweckmäßig, weil eine ersprießliche Tätigkeit der Rechtspraktikanten insbesondere in der freiwilligen Gerichtsbarkeit nur denkbar ist, wenn sie die Formen des dienstlichen Verkehrs beherrschen.

Die Übungen sollen auch dazu dienen, die Rechtspraktikanten an eine sprachlich einwandfreie, knappe und klare Darstellung zu gewöhnen. Bei der Besprechung der schriftlichen Aufgaben werden sie auf Mängel des Stils und der Formgebung besonders aufmerksam zu machen sein. Wertvoll ist es, wenn zuweilen Aufgaben gestellt werden, die in der Form eines Urteils zu lösen sind. Sie geben Anlaß, die Bek. vom 9. September 1907, die Abfassung der Urteile betr., zu besprechen und zu erläutern.

Wo keine Übungen eingerichtet sind, haben der Gerichtsvorstand und der Beamte, dem der Rechtspraktikant zur Beaufsichtigung zugewiesen ist, darauf hinzuwirken, daß sich der Rechtspraktikant an kurze, einfache und allgemein verständliche Darstellung gewöhnt und daß ihm die Formen des schriftlichen Dienstverkehrs geläufig werden.

2. Wegen besonderer Übungen auf dem Gebiet des Grundbuchwesens und der Immobiliarvollstreckung s. MB. 72 Abs. 2.

§ 72.

I Bei den Amtsgerichten sind die Referendare in der Regel 3 Monate im bürgerlichen Recht und im Zivilprozeß, 4 Monate im Strafrecht und Strafprozeß — davon 3 an einem Amtsgerichte mit Schöffengericht —, während der übrigen Zeit in der freiwilligen Gerichtsbarkeit, vor allem im Grundbuchwesen, ferner im Zwangsvollstreckungs- und Konkursrecht auszubilden.

II Befinden sich an einem Amtsgerichte zwei oder mehrere Referendare im Vorbereitungsdienste, so sind sie, abgesehen von den in § 71 vorgeschriebenen Übungen, im Grundbuchwesen und auf dem Gebiete der Zwangsvollstreckung in das unbewegliche Vermögen unter Heranziehung praktischer Fälle in gemeinsamen Übungen durch einen auf diesen Gebieten besonders erfahrenen Richter zu unterweisen.

1. Wegen der Teilnahme der im anwaltschaftlichen Vorbereitungsdienst stehenden Referendare an diesen Übungen s. MB. § 79 Abs. 4.

2. Die Vorschrift der MB. § 71 Abs. 1 S. 2, § 75 Abs. 1 S. 3 und § 79 Abs. 3 S. 1, daß die Referendare, für die die Übungen bestimmt sind, auch zur Teilnahme verpflichtet sind, findet sinngemäß auch auf die Übungen des § 72 Abs. 2 Anwendung.

3. S. weiter § 71 A. 1.

§ 73.

I Bei den Landgerichten sind die Referendare in der Regel 2 Monate einer Strafkammer, 4 Monate einer Zivilkammer oder einer Kammer für Handelssachen zuzuteilen.

II Vor dem Richter, dem der Referendar zugewiesen ist (§ 58 Abs. II), steht dem Vorsitzenden der Kammer, welcher der Referendar zugeteilt ist, die Bestimmung über dessen Beschäftigung zu.

III Die Referendare haben insbesondere den geheimen Sitzungen und den Beratungen beizuwohnen und in den ihnen zur Bearbeitung übertragenen Angelegenheiten Vortrag zu erstatten. Sie sind zu veranlassen, auch in anderen Sachen ihre Ansicht in freier Rede zu begründen.

IV In Rechtsstreiten, die zur Entscheidung noch nicht reif sind, ist den Referendaren die vorbereitende Sichtung des Prozeßstoffs und gutachtliche Äußerung darüber, wie nach dem jeweiligen Stande der Sache zu entscheiden wäre, aufzutragen.

1. Die Zuteilung kann auch zuerst an eine Zivilkammer oder an eine Kammer für Handelssachen erfolgen; es kann auch die

Zuteilung an eine Kammer für Zivilsachen und an eine Kammer für Handelssachen, im ganzen bis zu 4 Monaten, erfolgen. Gleichzeitige Zuteilung an mehrere Kammern gleicher oder verschiedener Art ist ausgeschlossen.

2. Zu § 73 Abs. 3 schlägt GVG. § 193 ein, wonach die bei demselben Gericht zu ihrer juristischen Ausbildung beschäftigten Personen bei der Beratung und Abstimmung zugegen sein dürfen, soweit der Vorsitzende deren Anwesenheit gestattet.

3. Der Vorbereitungsdienst bei den Verwaltungsbehörden.

§ 74.

I Bei den Verwaltungsbehörden sind die Referendare zunächst in den Geschäftsgang, sodann in die Aufgaben der Verwaltung in der Art einzuführen, daß sie jeden Geschäftszweig genügend kennen lernen. Insbesondere ist das Verständnis für wirtschaftliche, technische und hygienische Fragen zu wecken.

II Zur Fertigung von Beschlüssen und Verfügungen aller Art, zur Aufnahme von Anträgen, zur mündlichen Verhandlung mit den Parteien, zur Erteilung von Auskünften auf Anfragen sind die Referendare in ausgedehntem Maße heranzuziehen. Auch sollen ihnen bereits abgeschlossene, für ihre Ausbildung geeignete Akten zum Studium und zur Fertigung der Bescheide ausgehändigt werden. Der Beamte, dem der Referendar zugewiesen ist (§ 58 Abs. II), hat diese Arbeiten zu prüfen und zu besprechen.

III Die Führung von Niederschriften darf ihnen nur in Angelegenheiten übertragen werden, die für ihre Ausbildung von Wert sind.

IV Gewerbe- oder Kaufmannsgerichten dürfen sie nicht länger als auf höchstens zwei Monate zugeteilt werden.

1. Ergänzend tritt zu § 74 MB. § 58.

2. Pflichtverteidigungen (und Aufträge nach § 116 ZPO.) brauchen die Referendare während des Verwaltungsdienstes nicht zu übernehmen, dürfen es aber mit Erlaubnis des Amtsvorstandes (autogr. JME. Nr. 27890 vom 1. August 1912; autogr. InnME. Nr. 1005 a 58 vom 6. August 1912).

§ 75.

I Befinden sich an einem Bezirksamte zwei oder mehr Referendare im Vorbereitungsdienste, so sind für sie wöchentlich mindestens einmal praktische Übungen gemeinsam oder gruppenweise abzuhalten. Jede Übung soll etwa zwei Stunden dauern. Die Referendare sind zur Teilnahme an den Übungen verpflichtet. Die Übungen sind in der Regel von den Nebenbeamten abzuhalten. An den Sitzen der Regierungen können diese die Leitung der Übungen auch anderen, ihnen unterstellten Verwaltungsbeamten übertragen.

II Sind bei den Stadträten der kreisunmittelbaren Städte, bei denen sich zwei oder mehr Referendare im Vorbereitungsdienste befinden, Übungen im gleichen Umfange nicht eingerichtet, so haben die Referendare an den Übungen bei den Bezirksämtern (Abs. I) teilzunehmen. Werden solche nicht abgehalten, so bestimmt die Regierung, Kammer des Innern, ob Übungen abzuhalten und wie sie einzurichten sind.

III Die Regierungen, Kammern des Innern, können für mehrere Verwaltungsbehörden eines Ortes oder benachbarter Orte an Stelle der einzelnen Übungen gemeinschaftliche Übungen einrichten und die Referendare dieser Behörden zur Teilnahme verpflichten.

IV Die Referendare bei den Polizeidirektionen haben nach Anordnung der Regierungen, Kammern des Innern, an Übungen teilzunehmen.

§ 76.

Die Übungen haben sich auf das ganze Gebiet der Verwaltung einschließlich des Kirchenrechts und der Sozialgesetzgebung zu erstrecken. Sie sollen hauptsächlich in der schriftlichen Lösung lehrreicher Rechtsfälle bestehen. Jedoch sind theoretische Aufgaben aus dem Gebiete der Gesetzgebung, der Volkswirtschaftslehre, und der Staatsfinanzwirtschaft nicht auszuschließen. Die Aufgaben sind teils in einer ihrem Umfang und ihrer Schwierigkeit angemessenen Frist teils ohne Bestimmung einer solchen zu bearbeiten. Die Arbeiten sind zu würdigen und unter

Erörterung der einschlägigen Vorschriften in den Übungsstunden zu besprechen. Zur Schulung des mündlichen Vortrags soll den Referendaren im Wechsel die Berichterstattung über die Lösung der Aufgaben übertragen werden.

4. Der rechtsanwaltschaftliche Vorbereitungsdienst.

§ 77.

I Der Referendar hat seinen Eintritt in den Vorbereitungsdienst bei dem Rechtsanwalte dem Präsidenten des Landgerichts, in München dem Präsidenten des Landgerichts München I, und dem Vorstande der Anwaltskammer unverzüglich und unter Bestätigung des Rechtsanwalts schriftlich anzuzeigen.

II Die Zeit, während der ein Referendar unangemeldet bei einem Rechtsanwalte beschäftigt war, wird auf die vorgeschriebene Dauer des rechtsanwaltschaftlichen Vorbereitungsdienstes nicht angerechnet.

1. Bei welchen Rechtsanwälten der Vorbereitungsdienst abgeleistet werden kann, bestimmt VO. § 22 Abs. 3.

2. Wegen der Zahl der gleichzeitig bei einem Rechtsanwalt im Vorbereitungsdienst stehenden Referendare s. MB. § 56.

3. Wegen des Verfahrens, wenn der anwaltschaftliche Vorbereitungsdienst bei Einreichung des Zulassungsgesuches noch nicht vollständig abgeleistet ist, s. MB. § 85 Abs. 4.

4. Erheblich ist hierher auch § 40 der RAnwOrdn., wonach der Rechtsanwalt verpflichtet ist, den im Vorbereitungsdienst bei ihm beschäftigten Rechtskundigen Anleitung und Gelegenheit zu praktischen Arbeiten zu geben. Unter praktischen Arbeiten werden nicht solche schlechthin im Gegensatz zu rein theoretischen Arbeiten zu verstehen sein, sondern nur Arbeiten, wie sie sich im Verlauf der gerade anfallenden Tätigkeit des Anwalts ergeben (s. Friedländer RAnwOrdn. § 40 Anm. 2). Die Frage, ob der Rechtsanwalt Referendare zum Vorbereitungsdienst überhaupt anzunehmen hat, ist nicht ausdrücklich geregelt. Aus § 2 Abs. 3 GVG. wird aber diese Pflicht abzuleiten sein (s. Friedländer a. a. O. Anm. 4); diese Pflicht kann durch Verordnungen nicht näher geregelt werden, weil die Rechtsanwälte keiner Dienstgewalt der Regierung unterstehen und eine besondere gesetzliche Ermächtigung zur Regelung fehlt. Die Erfüllung der durch § 40 begründeten Pflicht und die Pflicht zur Annahme zum Vorbereitungsdienst sind vom Vorstand der

Anwaltskammer nach § 49 Abs. 1 Nr. 1 RAnwOrdn. zu überwachen; bei Nichterfüllung oder nicht ordnungsmäßiger Erfüllung kann ehrengerichtliches Verfahren nach §§ 62 ff. a. a. O. Platz greifen.

§ 78.

Auch während des Vorbereitungsdienstes bei dem Rechtsanwalte sollen die Referendare von den Gerichten zu Verteidigern und zu Vertretern von Parteien in bürgerlichen Rechtsstreiten bestellt werden.

1. Können Geschäfte im Sinne des § 78 zeitlich mit den Anwaltsgeschäften nicht bewältigt werden, so hat der Referendar seinem Anwalt und dem Richter, der ihn bestellt hat, unverzüglich Kenntnis zu geben. Zumeist werden Richter oder Anwalt ihn von dem einen oder anderen Geschäfte befreien können oder es wird sich eine Vertagung erwirken lassen. Gelingt kein solcher Ausweg, so wird sich der Referendar für das Geschäft entscheiden, das ihm zuerst übertragen wurde, und seine Verhinderung für das andere rechtzeitig anzeigen.

Verteidigungen und Vertretungen, die der Anwalt nicht führen dürfte, weil er sonst in derselben Sache beiden Parteien dienen würde, sind auch seinem Referendar nicht zu übertragen und ihm selbst dann wieder abzunehmen, wenn der Anwalt den Auftrag der anderen Partei erst nach der Bestellung des Referendars erhalten hat.

2. Wegen der Bestellung zu Parteivertretern während des gerichtlichen Vorbereitungsdienstes s. MB. § 69 Abs. 3.

3. Nach § 25 der RAnwOrdn. kann die Stellvertretung eines an der Ausübung seines Berufs zeitweise verhinderten Rechtsanwalts auch einem Rechtskundigen übertragen werden, der mindestens ein Jahr und drei Monate im Vorbereitungsdienst beschäftigt worden ist; die Bestellung darf nur durch Anordnung der Landesjustizverwaltung erfolgen. Die Bestellung erfolgt in Bayern hinsichtlich der Stellvertretung beim Obersten Landesgericht durch den Präsidenten dieses Gerichts hinsichtlich der Stellvertretung bei den übrigen Gerichten durch den Präsidenten des Oberlandesgerichts, in dessen Bezirk der Rechtsanwalt seinen Wohnsitz hat (JMB. vom 16. Mai 1919, JMBl. 200). Auf die Stellvertreter finden §§ 157 Abs. 1 und 2 ZPO. keine Anwendung; sie finden auch nicht Anwendung auf die im Justizdienst beschäftigten Rechtskundigen, welche mindestens ein Jahr und drei Monate im Vorbereitungsdienst beschäftigt worden sind, wenn sie einen Rechtsanwalt, ohne als dessen Stellvertreter bestellt zu sein, in Fällen vertreten, in denen eine Vertretung durch einen Rechtsanwalt nicht geboten ist, oder wenn sie unter Beistand des Rechtsanwalts die Ausführung der Parteirechte übernehmen.

§ 79.

I Befinden sich am Sitz eines Landgerichts drei oder mehr Referendare im rechtsanwaltschaftlichen Vorbereitungsdienste, so sind für sie bei dem Amtsgerichte zehn bis zwölf gemeinsame praktische Übungen abzuhalten, die sich mit Fragen des Grundbuchrechts und der Zwangsvollstreckung in das unbewegliche Vermögen befassen. Jede Übung soll etwa zwei Stunden dauern. Die Übungen leiten Richter des Amtsgerichts oder des Landgerichts. Die Übungsleiter bestimmt der Präsident des Landgerichts. Sie werden in ihrer ordentlichen Dienstaufgabe angemessen entlastet. Mehr als zwanzig Teilnehmer sollen einem Übungsleiter nicht zugeteilt werden.

II Die Übungen haben der fortgeschrittenen Ausbildung der Referendare Rechnung zu tragen. Hauptsächlich sind Aufgaben zur häuslichen Bearbeitung zu geben, in denen schwierigere Rechtsfälle aus den bezeichneten Gebieten behandelt werden. Die Arbeiten sind in den Übungsstunden zu besprechen.

III Die Referendare, die im rechtsanwaltschaftlichen Vorbereitungsdienste stehen, sind zur Teilnahme an den Übungen und zur Bearbeitung der Aufgaben verpflichtet. Andere Referendare kann der Präsident des Landgerichts mit Zustimmung des Vorstandes ihrer Behörde zu den Übungen zulassen.

IV Finden die Übungen nicht statt, weil die Zahl der Teilnehmer (Abs. I) zu gering wäre, so ist den Referendaren, die im rechtsanwaltschaftlichen Vorbereitungsdienste stehen, die Teilnahme an den Unterweisungen zu gestatten, die nach § 72 Abs. II bei den Amtsgerichten abgehalten werden.

IV. Staatsprüfung.

1. Zulassung.

§ 80.

Der Beginn der Prüfung sowie die einzelnen Prüfungstage werden vom Staatsprüfungsausschuß im bayerischen Staatsanzeiger unter Bestimmung der Fristen für die vorläufige und endgültige Anmeldung bekannt gemacht.

1. Wegen der Bestimmung des Beginns der Prüfung s. VO. § 32.

§ 81.

I Wer sich der Prüfung unterziehen will, hat sich zunächst in der vom Staatsprüfungsausschusse bestimmten Frist vorläufig anzumelden. Wer die Prüfung wiederholen will (§§ 48, 49 der Verordnung), hat sich ebenfalls anzumelden und zwar auch dann, wenn er die Prüfung nur für den Fall wiederholen will, daß er die mündliche Prüfung nicht besteht.

II Bei der Anmeldung sind der Name und Wohnsitz des Referendars, ferner der Stand und Wohnsitz der Eltern, sowie die Behörden und die Rechtsanwälte anzugeben, bei denen der Vorbereitungsdienst abgeleistet wurde und zurzeit der Anmeldung abgeleistet wird.

1. Die vorläufige Anmeldung — zu unterscheiden von dem Zulassungsgesuche — bietet dem Staatsprüfungsausschuß die Grundlage für die Bestimmung der Prüfungsorte und die Verteilung der zu Prüfenden auf sie (VO. § 32 Abs. 2).

2. Wegen des Zeitraums für die Anmeldung zur mündlichen Prüfung s. VO. § 44.

§ 82.

Der Referendar darf bei der vorläufigen Anmeldung den Prüfungsort, an dem er die Prüfung ablegen will, unter Angabe des Grundes bezeichnen. Er hat aber keinen Anspruch darauf, die Prüfung an dem gewählten Prüfungsort abzulegen.

§ 83.

Die Prüfungsorte werden im bayerischen Staatsanzeiger veröffentlicht.

1. Wegen der Bestimmung der Prüfungsorte s. VO. § 32

§ 84.

I Der Staatsprüfungsausschuß bestimmt in München die Prüfungsräume und verteilt auf sie die Referendare durch das Los; er kann aus besonderen Gründen einzelne Referendare von der Auslosung ausnehmen.

II In Prüfungsorten außerhalb Münchens besorgt dies der Oberlandesgerichtspräsident oder Regierungspräsident auf Ersuchen des Staatsprüfungsausschusses.

§ 85.

I Die Gesuche um Zulassung zur Prüfung sind in der vom Staatsprüfungsausschusse bestimmten Frist bei diesem einzureichen. Dies gilt auch dann, wenn der Referendar die Prüfung für den Fall wiederholen will, daß er die mündliche Prüfung nicht besteht.

II In dem Gesuche sind Ort und Zeit der Geburt, das Glaubensbekenntnis, der Familienstand, der Wohnort und die Wohnung des Referendars sowie Namen, Stand und Wohnort der Eltern anzugeben.

III Mit dem Gesuche sind die in § 33 der Verordnung bezeichneten Nachweise einzureichen. Der unter Nr. 2 des § 33 bezeichnete Nachweis wird durch die nach § 26 der Verordnung und § 65 dieser Vorschriften ausgestellten Zeugnisse geführt. Wurde eine Abweichung von der Verordnung zugelassen, so ist die hierüber ergangene Entschließung beizulegen.

IV Referendare, deren rechtsanwaltschaftlicher Vorbereitungsdienst noch nicht beendet ist, haben ein Zeugnis über die bisherige Ableistung des Vorbereitungsdienstes bei dem Rechtsanwalte beizufügen. Sie sind nur unter der Bedingung zur Prüfung zuzulassen, daß sie vor deren Beginn noch ein Zeugnis über die vorschriftsmäßige Vollendung des Vorbereitungsdienstes vorlegen.

1. Anzugeben ist auch der Familienstand des Referendars, d. h. ob er ledig, verheiratet oder verwitwet ist.

2. Mit dem Gesuche um Zulassung zur Wiederholung ist im Falle des § 48 der VO. der Nachweis über die Fortsetzung des Vorbereitungsdienstes vorzulegen (VO. § 33 Nr. 2).

3. Wegen der Gesichtspunkte für die Verbescheidung der Zulassungsgesuche s. VO. § 35.

4. Mit der Einreichung des Gesuchs ist die Prüfungsgebühr zu entrichten (VO. § 50). Mit dem Zulassungsgesuch ist auch ein etwaiges Gesuch um Nachlaß der Prüfungsgebühr zu verbinden (MB. § 129).

2. Prüfungsausschüsse.

§ 86.

Die Ausschüsse für die Abhaltung der schriftlichen Prüfung bestehen für die erste Abteilung aus Justizbeamten, für die zweite Abteilung aus Verwaltungsbeamten. Die Justizbeamten werden in der Regel den Mitgliedern der Oberlandesgerichte, der Landgerichte oder der Staatsanwaltschaften, die Verwaltungsbeamten in der Regel den Mitgliedern der Regierungen entnommen.

1. § 86 mit § 88 betrifft die Aufsichtsausschüsse im Gegensatz zu den Beurteilungsausschüssen des § 87.

2. Weitere Bestimmungen über die „Aufsichtsausschüsse" des § 86 s. VO. § 40.

§ 87.

I Die Unterausschüsse für die Beurteilung der schriftlichen Prüfungsarbeiten (§ 30 der Verordnung) bestehen für die erste Abteilung in der Regel aus einem Senatspräsidenten des Obersten Landesgerichts und zwei Räten dieses Gerichts oder aus einem Senatspräsidenten eines Oberlandesgerichts und zwei Oberlandesgerichtsräten, für die zweite Abteilung aus 3 höheren Beamten der inneren Verwaltung oder Finanzverwaltung.

II Den Vorsitz führt das rangälteste Mitglied.

1. § 87 mit § 88 befaßt sich mit den Beurteilungsausschüssen im Gegensatz zu den Aufsichtsausschüssen des § 86.

2. Die Entscheidungen der Unterausschüsse sind unanfechtbar; s. VO. § 31 Abs. 2.

§ 88.

Das zur Besorgung der Schreibgeschäfte und des Botendienstes nötige Personal bestimmt für die erste Abteilung der Präsident des Oberlandesgerichts, für die zweite Abteilung der Regierungspräsident.

1. Wegen der Führung einer Niederschrift durch das jüngste Mitglied der Unterausschüsse s. MB. § 112.

3. Schriftliche Prüfung.

§ 89.

Die Referendare haben am letzten Werktag vor dem Beginn der Prüfung in einem vom Staatsprüfungsausschusse bestimmten Zeitpunkte vor dem Vorsitzenden des nach § 40 der Verordnung gebildeten Ausschusses im Prüfungsraum zu erscheinen. Hiebei sind ihnen die Vorschriften der §§ 39, 41 Abs. IV der Verordnung und der §§ 92, 93, 94, 95, 97, 100 Abs. I und II, 101 Abs. I und II, 102, 103 Abs. III und IV, 104, 106, 107, 113, 114, 117, 118, 123 dieser Vorschriften bekanntzugeben.

1. Wegen des Beginns der Prüfung s. MB. § 80.

2. Daß auch die Mitglieder des Aufsichtsausschusses anwesend sind, ist nicht mehr vorgeschrieben.

§ 90.

Über die Abhaltung der schriftlichen Prüfung werden Niederschriften geführt und von den Mitgliedern des Prüfungsausschusses und von dem Schriftführer unterschrieben.

1. Es wird keine fortlaufende Niederschrift (Protokoll), sondern für jeden Tag eine selbständige geführt.

2. In der Niederschrift ist insbesondere die Benützung eines unerlaubten Hilfsmittels festzustellen (MB. § 97 Abs. 6); ferner der tägliche Beginn der Arbeitszeit (MB. § 100 Abs. 3); die Zuweisung eines nicht durch das Los bestimmten Platzes an einen Referendar (MB. § 101); die Hinausschiebung der Beendigung der Arbeitszeit (MB. § 104 Abs. 6); die Benützung fremder Hilfe, das Zusammenarbeiten, die gegenseitige Unterstützung und jeder Versuch hierzu (MB. § 107 Abs. 2); das Ausbleiben eines Referendars (MB. § 109 Abs. 4); Wahrnehmungen, die auf die Beurteilung der Aufgaben von Einfluß sein können (MB. § 109 Abs. 5).

Wegen der Aufnahme einer gesonderten Niederschrift über die tägliche Auslosung der Arbeitsplätze s. MB. § 101.

3. Wegen der Bestellung des Schriftführers s. MB. § 88.

§ 91.

I Aufgaben werden nur gestellt:

a) in der ersten Abteilung aus folgenden Gesetzen samt den dazu gehörigen Einführungs- und Ausführungsgesetzen:

1. dem Bürgerlichen Gesetzbuch,
2. der Zivilprozeßordnung,
3. dem Handelsgesetzbuch,
4. der Wechselordnung,
5. dem Gerichtsverfassungsgesetz,

6. der Konkursordnung,
7. der Grundbuchordnung,
8. dem Gesetz über die freiwillige Gerichtsbarkeit,
9. dem Zwangsversteigerungsgesetz,
10. dem Gesetz betr. Anfechtung von Rechtshandlungen außerhalb des Konkurses,
11. dem Haftpflichtgesetz,
12. dem Gesetz über religiöse Kindererziehung,
13. dem Jugendwohlfahrtsgesetz,
14. dem Jugendgerichtsgesetz,
15. dem Genossenschaftsgesetz,
16. dem Gesetz betr. die Gesellschaften mit beschränkter Haftung,
17. dem Personenstandsgesetz,
18. dem Gesetz betr. das Nachlaßwesen,
19. dem Strafgesetzbuch,
20. der Strafprozeßordnung,
21. dem Polizeistrafgesetzbuch.

b) in der zweiten Abteilung aus:

1. dem Reichs- und Landesstaatsrecht,
2. dem Gemeinderecht mit dem Gemeindefinanzrecht (einschließlich des Rechtes der Bezirke und Kreise),
3. dem Staatsbeamtenrecht,
4. dem Verwaltungsprozeßrecht,
5. dem Polizeirecht,
6. dem Baurecht,
7. dem Vereins-, Versammlungs- und Presserecht,
8. dem Forst- und Jagdrecht,
9. dem Gesundheits- und Veterinärrecht,
10. dem Wasser- und Fischereirecht,
11. dem landwirtschaftlichen Kulturrecht,
12. dem Gewerberecht,
13. dem Arbeitsrecht,
14. dem öffentlichen Reichs- und Landesversicherungsrecht,
15. dem Zwangsenteignungsrecht,
16. dem Kirchenrecht,
17. dem Volksschulrecht,

18. dem öffentlichen Fürsorgerecht,
19. dem Jugendwohlfahrtsrecht,
20. dem Wege- und Verkehrsrecht,
21. dem Geld-, Kredit- und Bankrecht,
22. dem Friedensvertrag von Versailles (nach seiner wirtschaftlichen Seite) und seinem Vollzug,
23. dem Reichseinkommen-, Besitz- und Verkehrssteuerrecht,
24. dem bayerischen Landessteuerrecht.

II Die unter Abs. I b Nr. 1 bis 20 aufgeführten Rechtsgebiete umfassen die einschlägigen Gesetze, Verordnungen und die wichtigeren Vollzugsbestimmungen.

III Maßgebend ist in jeder Abteilung der Stand der Gesetzgebung zur Zeit der Prüfung, soweit der Staatsprüfungsausschuß bei einer einzelnen Aufgabe nicht anders bestimmt.

1. § 91 dient der Ausführung des § 37 der VO.

2. Wegen der Verteilung der Aufgaben auf die in § 91 aufgeführten Rechtsgebiete s. MB. § 98.

3. Einführungs- und Ausführungsgesetze i. S. des Abs. 1 a sind nur die ausdrücklich als solche bezeichneten, nicht aber andere, die nur im Zusammenhange mit der Einführung eines neuen Gesetzes ergangen sind, wie das NotariatsGes., das Gesetz über das Unschädlichkeitszeugnis, die Gesetze über Änderungen des HypG. und über die Überleitung von Hypotheken (Müller, BayZ. 1910, 417).

4. Zu beachten ist für Abs. 3, daß die Gesetze jetzt nicht selten durch Rechtsverordnungen geändert sind und daß sich vereinzelte Änderungen bisweilen in systematisch fern liegenden Gesetzen und Verordnungen finden.

5. Wegen des Prüfungsstoffes für die 2. Abteilung der Staatsprüfungen in den Jahren 1925—1927 und der Hilfsmittel bei diesen Prüfungen s. MB. §§ 134, 135.

6. Die in § 91 angeführten Gesetze sind auch der Gegenstand der mündlichen Prüfung (MB. § 118 Abs. 1).

§ 92.

I Als Hilfsmittel für die erste Abteilung dürfen die Referendare nur benützen je eine Textausgabe und eine mit Anmerkungen versehene Handausgabe zu den den Prüfungsgegenstand bildenden Gesetzen und den Einführungs- und Ausführungsgesetzen, ferner je einen Kommentar zum Bürgerlichen Gesetzbuch, zum Handelsgesetzbuch, zur Wechselordnung, zur Zivilprozeßordnung, zum Strafgesetzbuch und zur Strafprozeßordnung.

II Außerdem dürfen die Sammlung der Zivilgesetze von Jäger, der Strafgesetze von Allfeld, sowie das Juristenbrevier von Buckeley verwendet werden.

III Das Reichsgesetzblatt und das Gesetz- und Verordblatt dürfen benutzt werden, wenn sie Änderungen, Ergänzungen oder Neufassungen der den Prüfungsstoff bildenden Gesetze enthalten.

1. Eine Textausgabe mit Verweisungen auf andere Vorschriften desselben oder eines anderen Gesetzes und einer kurzen systematischen Einleitung ist noch nicht eine „mit Anmerkungen versehene Handausgabe". Dagegen sind Ausgaben wie die des StGB. von Staudinger-Schmitt, der StPO. von Kohlrausch, der GewO. von Steinbach mit ihren erläuternden Bemerkungen und Hinweisen auf die Rechtsprechung keine Textausgaben, sondern Handausgaben. Die Bezeichnung allein entscheidet nicht.

2. Eine genaue Grenze zwischen einer Handausgabe und einem Kommentar läßt sich nicht ziehen. Handausgaben sind: BGB. von Fischer-Henle und von Achilles-Greiff, ZPO. von Sydow-Busch-Krantz und von Neumiller, GBO. von Henle-Schmitt. Die Bezeichnung entscheidet auch hier nicht allein. Das Erscheinen in einer Sammlung von Ausgaben mit Anmerkungen, z. B. in der Guttentagschen Sammlung, schließt nicht aus, daß sie wegen der erschöpfenden Erläuterung und wegen der Vollständigkeit, mit der Rechtsprechung und Literatur nicht nur angeführt, sondern auch verarbeitet sind, als Kommentar angesehen werden könnte. Doch wird die Mitnahme einer solchen Ausgabe als Handausgabe kaum beanstandet werden. Nicht rätlich ist es, ein Werk, das sich selbst als Kommentar bezeichnet, aber vielleicht weniger umfänglich ist als andere, als Handausgabe mitzubringen. Doch können z. B. Steiner ZVG., Meikel GBO. und Frank StGB. als Handausgaben gelten.

3. Abs. 3 unterscheidet sich von früheren Fassungen der entsprechenden Bestimmungen (z. B. von § 3 Abs. 7 der MB. vom 19. Juli 1923 GVBl. 249) dadurch, daß nach letzteren nur die Benützung „einzelner Nummern" des RGBl. und des GVBl. gestattet war; es darf jetzt der ganze Jahrgang mitgenommen werden, der dem Referendar meistens leichter als eine einzelne Nummer zur Verfügung steht.

§ 93.

I Als Hilfsmittel für die zweite Abteilung dürfen die Referendare nur benützen je eine Textausgabe, einen

Kommentar und eine mit Anmerkungen versehene Handausgabe zu den einschlägigen Gesetzen und Verordnungen, die Reichsgesetzblätter, Gesetz- und Verordnungsblätter, Ministerialamtsblätter, die Gesetzessammlung von Buchert-Ziegler, das Handbuch von Krais-Pechmann-Brettreich-Henle, die Gesetzessammlung von Weber, die Vorschriftensammlung von Kollmann, endlich je ein Lehrbuch oder systematisches Werk über das alte und das neue Reichs- und Landesstaatsrecht, über Kirchenrecht, Volksschulrecht, Volkswirtschaft und Staatsfinanzwirtschaft.

II Die Hilfsmittel für die erste Abteilung sind auch für die zweite Abteilung zugelassen.

1. Wegen der Begriffe: Textausgabe, Handausgabe und Kommentar s. § 92 Anm. 1 und 2.

2. Auch Lehrbücher des Verwaltungsrechts fallen unter die Lehrbücher des Staatsrechts.

3. Für die Prüfungen der Jahre 1925—1927 ist hinsichtlich der Hilfsmittel für die 2. Abteilung durch MB. § 135 eine Sonderregelung getroffen.

§ 94.

I Der Gebrauch anderer als der in den §§ 92 und 93 bezeichneten Hilfsmittel ist verboten; insbesondere dürfen weitere Werke systematischen Inhalts und Lehrbücher, Handbücher, Handwörterbücher, Lexikographien, Handbücher für den Gebrauch der Gesetzblätter und anderer amtlicher Blätter, Abhandlungen und Sonderschriften, ferner Sammlungen von Entscheidungen, Lexika, Wörterbücher, Nachschlagebücher, Reichstags- und Landtagsdrucksachen, Zeitschriften und Zeitungen, Ausschnitte aus solchen, Abdrucke und Abschriften von Entscheidungen, Kollegienhefte, handschriftliche Aufzeichnungen aller Art usw. und weitere Gesetzessammlungen nicht verwendet werden. Ausgaben, welche die Gesetze und Verordnungen in der Hauptsache nur durch Wiedergabe der Rechtsprechung erläutern, sind als Sammlungen von Entscheidungen anzusehen und deshalb ausgeschlossen.

II Textausgaben, Handausgaben oder Kommentare sollen nicht deshalb ausgeschlossen sein, weil in ihnen mehrere zum Prüfungsstoff gehörende Gesetze und Verordnungen oder noch andere als diese enthalten oder erläutert sind. Auch sind Handausgaben und Kommentare nicht ausgeschlossen, die neben der Erläuterung eines Gesetzes zugleich eine systematische Darstellung des darin geregelten Stoffes enthalten.

1. Ausgeschlossen sind nach § 94 alle Lehrbücher des bürgerlichen Rechts und des Strafrechts, das Jahrbuch des deutschen Rechts von Neumann, die Jahrbücher der Rechtsprechung von Sörgel und Warneyer.

Nach dem Schlußsatz von Abs. 1 sind verboten z. B. Warneyers BGB. und ZPO., Müllers BGHG.; Daude StGB. und StPO. sind zugelassen und zwar als Handausgaben.

§ 95.

I Die zulässigen Hilfsmittel dürfen handschriftliche Randbemerkungen enthalten, es müßte denn sein, daß eine offensichtliche Umgehung des Verbots in § 94 Abs. I vorliegt. Handschriftliche Bemerkungen dürfen auch auf eingeschossenen Blätern stehen. Im Zweifel ist zugunsten der Referendare zu entscheiden. Insbesondere sind auch Bemerkungen zulässig, die Grundgedanken von Abhandlungen und Entscheidungen oder einzelne den Gründen entnommene Sätze enthalten.

II Die Benützung mehrerer Auflagen einer und derselben Text- oder Handausgabe oder desselben Kommentars ist gestattet.

III An Stelle eines Kommentars darf eine zweite Handausgabe gebraucht werden.

IV Die gemeinschaftliche Benützung und der Austausch von Hilfsmitteln ist untersagt.

1. Die Vorschrift der Nr. VII 2 VI der MB. vom 12. Februar 1919 (GVBl. 46) — deren Nr. VII die §§ 92 ff. nachgebildet sind —, daß einzelne Teile eines Kommentars durch Teile eines anderen ersetzt werden dürfen, erscheint nicht wieder; es wird dieses sonach unzulässig sein.

§ 96.

Der Staatsprüfungsausschuß ist befugt,

1. abweichend von den vorstehenden Vorschriften ausnahmsweise bestimmte Hilfsmittel für eine Prüfung zuzulassen,
2. in Zweifelsfällen zu entscheiden.

§ 97.

I Die Referendare haben je ein übersichtlich geordnetes Verzeichnis der Hilfsmittel, die sie in der ersten und in der zweiten Abteilung benützen wollen, anzufertigen und dessen Vollständigkeit durch Unterschrift zu bestätigen.

II Die Hilfsmittel müssen vor dem Beginne jeder Abteilung in den Prüfungsraum gebracht sein. Später dürfen einzelne Hilfsmittel nur ausnahmsweise und nur vor dem Beginne der täglichen Prüfungszeit mit Erlaubnis des Vorsitzenden des Prüfungsausschusses in den Prüfungsraum gebracht werden. Die Hilfsmittel für die zweite Abteilung dürfen schon vor dem Beginn der ersten Abteilung mitgebracht werden.

III Die Hilfsmittel samt den in Abs. I verlangten Verzeichnissen sind für jeden Referendar in einem besonderen Behältnis unterzubringen. Die Benützung eines Handgestells neben dem Arbeitsplatze, das den Nachbarn nicht hinderlich sein darf, ist gestattet.

IV Behältnisse und Gestelle müssen so aufgestellt sein, daß sie die Aufsicht nicht hindern. Verschließbare Behältnisse sind auf Verlangen eines Aufsichtführenden zu öffnen.

V Die Aufsichtführenden haben darauf zu achten, daß keine unerlaubten Hilfsmittel im Prüfungsraum vorhanden sind.

VI Wird ein Referendar bei der Benützung unerlaubter Hilfsmittel betroffen, so ist dies in der Niederschrift festzustellen.

§ 98.

I In der ersten Abteilung werden den Referendaren in der Regel fünf Aufgaben aus dem bürgerlichen Rechte und dem Zivilprozeßrecht und drei Aufgaben aus dem Strafrecht und Strafprozeßrechte zur Bearbeitung innerhalb je vier Stunden vorgelegt. Die Aufgabe mit neunstündiger Arbeitsfrist wird in der Regel dem Gebiete des bürgerlichen Rechts und des Zivilprozeßrechts entnommen.

II In der zweiten Abteilung werden den Referendaren in der Regel eine Aufgabe aus dem bayerischen oder deutschen Staatsrecht, eine Aufgabe aus dem Kirchenrechte, drei Aufgaben aus dem Verwaltungsrecht, eine Aufgabe aus der Sozialgesetzgebung und zwei Aufgaben aus der Volkswirtschaftslehre und der Staatsfinanzwirtschaft zur Bearbeitung innerhalb je vier Stunden vorgelegt. Die Aufgabe mit neunstündiger Arbeitsfrist wird in der Regel dem Verwaltungsrecht entnommen.

1. Die Aufgaben mit vierstündiger Arbeitszeit können auch aus Unteraufgaben bestehen (s. VO. § 38 Abs. 6).

2. Wegen der Arbeitszeiten in der Zeit bis 1927 und sonstiger Abweichungen von § 98 in dieser Zeit s. MB. § 133.

§ 99.

I Die Aufgaben werden vor dem Beginne der Prüfung in der erforderlichen Zahl von Abdrucken unter Angabe ihrer Reihenfolge dem Präsidenten des Oberlandesgerichts oder der Regierung des Prüfungsorts in versiegelten Paketen übersendet. Den Abdrucken der Aufgaben wird die für jeden Prüfungsraum erforderliche Zahl von durchlaufend bezifferten Umschlagbogen nach dem Muster der Anlage III beigegeben.

II Die Pakete sind aufzubewahren. Der Vorsitzende des Ausschusses (§ 40 der Verordnung) erhält täglich vor der Prüfungszeit die für den Tag treffende Aufgabe.

1. Wegen des Zwecks der Umschlagbogen s. MB. §§ 102 ff. Der Unterausschuß soll den Namen des Verfertigers der Aufgabe nicht erfahren. Wegen der Öffnung der Pakete s. MB. § 103.

§ 100.

I Der Beginn der Prüfung an den einzelnen Tagen wird vom Staatsprüfungsausschusse bestimmt.

II Die Arbeitsfristen berechnen sich von dem Zeitpunkt an, in dem die Aufgaben an alle Referendare verteilt sind.

III Der Beginn der Arbeitsfrist ist in der Niederschrift festzustellen.

§ 101.

I Die Arbeitsplätze werden in jedem Prüfungsraume durchlaufend beziffert; die Nummern werden auf den Arbeitsplätzen deutlich sichtbar angebracht.

II Die Arbeitsplätze werden täglich ausgelost. Das Ergebnis der Ziehung wird in einer gesonderten Niederschrift beurkundet. Der Vorsitzende des Ausschusses kann einem Referendar aus triftigen Gründen für einzelne Tage oder für die ganze Dauer einer Abteilung einen vom Lose unabhängigen, bezifferten Platz anweisen. Die Verfügung ist in der Niederschrift zu vermerken.

III Der Niederschrift wird eine im Grundrisse gezeichnete Darstellung der Sitzordnung unter Angabe der Nummern der Arbeitsplätze beigefügt.

1. Wegen der Fertigung der Niederschrift s. MB. § 88. Wegen der weiteren Behandlung der gesonderten Niederschrift (s. MB. § 108 Abs. 3.) Von der gesonderten Niederschrift erhalten die Unterausschüsse keine Kenntnis (s. MB. § 109 Abs. 3).

2. Grund für Anweisung eines festen Platzes kann Sehschwäche oder gestattete (MB. § 106) Benützung einer Schreibmaschine sein.

3. Kommt ein Prüfling zu spät, so muß er unter den etwa noch freien Plätzen losen oder den übrig gebliebenen Platz nehmen. Gewartet wird auf ihn nicht; die Arbeitszeit wird ihm nicht verlängert.

§ 102.

I Vor der Verteilung der Aufgaben haben sich die Mitglieder des Ausschusses zu vergewissern, daß die Referendare die ihnen zugewiesenen Arbeitsplätze eingenommen haben.

II Sodann wird jedem Referendar der mit der Nummer seines Arbeitsplatzes versehene Umschlagbogen ausgehändigt. Auch hierbei hat sich das Mitglied des Ausschusses, das den Umschlagbogen dem Referendar aushändigt, davon zu überzeugen, daß der Referendar auf dem ihm angewiesenen Arbeitsplatze sitzt.

III Der Referendar hat unter den Augen des Ausschußmitgliedes auf das Anhängeblatt des Umschlagbogens seinen vollständigen Vor- und Zunamen und ein von ihm gewähltes Kennwort zu schreiben; er hat das Kennwort auch auf die erste Seite des Umschlagbogens zu setzen.

IV Der Name des Referendars darf als Kennwort nicht verwendet werden. Der Referendar darf seinen Namen nur auf das Anhängeblatt des Umschlagbogens, nicht aber auf den Umschlagbogen selbst oder auf einen Bogen der Bearbeitung schreiben.

1. Zu Abs. 1: Nochmaliger Namensaufruf zweckmäßig.

2. Bei der Verteilung der Umschlagbogen haben alle Ausschußmitglieder anwesend zu sein (§ 107 Abs. 1). Die Verteilung geschieht zweckmäßig gruppenweise, so daß jedes Mitglied die Verteilung auf bestimmten Plätzen übernimmt (Müller, BayZ. 1910, 419). Die Umschlagbogen und Anhängeblätter bilden das Mittel für die Feststellung des Ergebnisses; ihre richtige Ausfüllung muß darum mit peinlicher Sorgfalt überwacht werden.

3. Längere Sätze als Kennworte sind unzweckmäßig. Bloße Ziffern sind ausgeschlossen, Kalendertage zulässig. Gleiche Kennworte in den verschiedenen Gruppen lassen sich nicht vermeiden. Täglicher Wechsel des Kennworts ist zu empfehlen.

§ 103.

I Sodann öffnet der Vorsitzende des Ausschusses in Gegenwart der Referendare das Paket, welches die Aufgaben enthält.

II Die Aufgabe wird unverzüglich an die Referendare, die sie behalten dürfen, verteilt.

III Das zur Niederschrift der Bearbeitungen erforderliche Papier wird geliefert. Die erste Seite jeden Bogens muß auf der linken Hälfte oben mit dem Vordrucke „Platznummer: ......" und darunter mit dem Vordrucke „Kennwort: ......" versehen sein.

IV Der Referendar hat auf jede erste Seite eines jeden Bogens seiner Bearbeitung die Nummer seines Arbeitsplatzes und darunter das Kennwort zu schreiben.

1. Zweckmäßig ist es, den Referendaren die unverletzten Siegel vorzuzeigen.

2. Sachgemäß gibt der Vorsitzende nach Schluß der Verteilung das Ende der Arbeitsfrist (z. B. 1 Uhr 33) bekannt; s. auch MB. § 104 Abs. 4. Ersatz-Umschlagbogen und Ersatz-Einlagebogen liefert der StPrA. an den Vorsitzenden.

Wird an einem Prüfungsort in mehreren Räumen geprüft, so ist der Prüfungsraum auf dem Umschlagbogen hinter dem Prüfungsort zu vermerken, soweit er nicht etwa vorgedruckt ist.

§ 104.

I Die Referendare dürfen den Prüfungsraum erst nach der Ablieferung ihrer Bearbeitungen verlassen.

II Nach dem Ablaufe der Arbeitsfristen sind die Bearbeitungen den Mitgliedern des Ausschusses auch dann abzuliefern, wenn sie nicht vollendet sind.

III Kein Referendar darf über die Arbeitsfrist hinaus arbeiten.

IV Der Vorsitzende des Ausschusses soll eine Viertelstunde vor dem Ablaufe der Arbeitsfrist an die rechtzeitige Vollendung der Bearbeitungen erinnern.

V Sofort nach dem Ablaufe der Arbeitsfrist haben die Mitglieder des Ausschusses mit dem Einsammeln zu beginnen. An der raschen Durchführung des Einsammelns haben sich alle Mitglieder des Ausschusses zu beteiligen.

VI Der Endpunkt der Arbeitsfrist darf nur dann verschoben werden, wenn infolge außergewöhnlicher Vorkommnisse der Beginn der Arbeitsfrist hinausgerückt oder die Arbeitszeit unterbrochen werden mußte. In solchen Fällen ändert sich die Anwendung der Vorschriften in Abs. II bis V entsprechend. Der Vorgang ist in der Niederschrift festzustellen.

1. Abs. 1 meint endgültigen Weggang. Zeitweiliger Austritt, z. B. wegen Unwohlseins, auf den Abort, ist zulässig. Keine Frühstückspause.

2. Dem Prüfling bleibt es unbenommen, überhaupt keine Bearbeitung abzuliefern; aber den Umschlagbogen mit dem Anhängeblatt muß er ausfüllen und abliefern; eine Feststellung hierüber in der Niederschrift ist zweckmäßig: übrigens ergibt schon der Vermerk auf dem Umschlagbogen („Zahl der abgelieferten Bogen: 0"), daß die Note 7 zu erteilen ist.

3. Es empfiehlt sich, daß die Ausschußmitglieder das Einsammeln gruppenweise besorgen und jedes Mitglied eine andere Gruppe wie bei der Verteilung übernimmt (s. MB. § 102 Anm. 2).

4. Aufgaben können auch vor Schluß der Arbeitszeit eingeliefert werden.

§ 105.

Das Mitglied des Ausschusses, das die Bearbeitung der Aufgaben entgegennimmt, hat

1. sich davon zu überzeugen, daß die auf der ersten Seite und auf dem Anhängeblatte des Umschlagbogens angebrachten Nummern, die Nummern auf den ersten Seiten der abgelieferten Bogen der Bearbeitung und

die Nummer des dem Referendar durch das Los zugewiesenen Arbeitsplatzes übereinstimmen und daß das gleiche Kennwort auf der ersten Seite und auf dem Anhängeblatte des Umschlagbogens und auf den ersten Seiten der abgelieferten Bogen der Bearbeitung angebracht ist,

2. die Übereinstimmung auf der ersten Seite des Umschlagbogens durch Unterschrift zu bestätigen,
3. den Zeitpunkt der Ablieferung der Bearbeitung auf der ersten Seite des Umschlagbogens zu vermerken.

1. Die Bestätigung ist auf dem Umschlagbogen vorgedruckt (Anl. III). Auch die Zahl der abgelieferten Bogen ist zu bestätigen (z. B. $2^1/_2$ Bogen).

§ 106.

I Die Bearbeitungen müssen leserlich geschrieben sein.

II Die Anwendung von Kurzschrift ist untersagt.

III Von den zur Niederschrift der Bearbeitungen verwendeten Bogen ist je nur die eine Hälfte der Seiten zu beschreiben.

1. Blei- und Tintenstift (arg. MB. § 126 Abs. 4), sowie Kurzschrift und Schreibmaschine dürfen nur mit Erlaubnis des StPrA. verwendet werden, z. B. bei Handverletzungen.

§ 107.

I Die Mitglieder des Ausschusses haben die Aufsicht mit größter Strenge ununterbrochen auszuüben. In jedem Prüfungsraume sollen ständig zwei Mitglieder und, wenn die Zahl der Referendare 30 überschreitet, drei Mitglieder anwesend sein. Bei der Verteilung der Umschlagbogen und bei dem Einsammeln der Bearbeitungen müssen sämtliche Mitglieder anwesend sein.

II Von dem Augenblicke der Übergabe der Aufgabe an bis zur Ablieferung der Bearbeitungen muß jeder Verkehr der Referendare untereinander oder mit Dritten ausgeschlossen sein. Der Benützung fremder Hilfe, dem Zusammenarbeiten, der gegenseitigen Unterstützung und jedem Versuch hiezu ist unnachsichtlich entgegenzutreten. Die wahrgenommenen Tatsachen sind in der Niederschrift sofort festzustellen.

1. Nebenräume gelten für die Zahl der Aufsichtsbeamten (Abs. 1) nicht als besondere Prüfungsräume.

2. Der Prüfling ist dafür verantwortlich, daß ihm nicht seine Arbeit von einem Nachbar weggenommen und benützt wird.

3. Nachsicht führt zur lästigen Störung und zugleich zur Benachteiligung derjenigen, die auf Unterstützung durch andere verzichten.

§ 108.

I Nach der Ablieferung der Bearbeitungen trennt der Vorsitzende des Ausschusses die Anhängeblätter der Umschlagbogen ab.

II Die abgetrennten Anhängeblätter der Umschlagbogen werden dem Vorsitzenden des Staatsprüfungsausschusses gesondert für jede Aufgabe und für jede Unteraufgabe in einzelnen versiegelten Paketen als Einschreibsendungen sofort vorgelegt.

III Die Niederschrift über die Verteilung der Arbeitsplätze durch das Los, die im Grundrisse gezeichnete Darstellung der Sitzordnung und die Prüfungsniederschrift sind beizufügen. In der Darstellung der Sitzordnung sind die Namen der Referendare neben oder unter den Nummern ihrer Arbeitsplätze einzutragen. War ein Arbeitsplatz nicht besetzt, so ist seine Nummer zu durchstreichen.

IV Die versiegelten Pakete bleiben verschlossen, bis die beurteilten Bearbeitungen der einzelnen Aufgaben dem Staatsprüfungsausschusse vorliegen.

1. Zu Abs. 1: Erst, wenn alle Bearbeitungen abgeliefert und alle Referendare fortgegangen sind.

2. Wegen der Niederschrift über die Verteilung der Arbeitsplätze s. MB. § 101 Abs. 2; wegen der Darstellung der Sitzordnung s. MB. § 101 Abs. 3; wegen der Prüfungsniederschrift s. MB. § 90.

§ 109.

I Nach der Abtrennung der Anhängeblätter von den Umschlagbogen werden die Bearbeitungen einer jeden Aufgabe und einer jeden Unteraufgabe mit dem Umschlagbogen in versiegelten Paketen als Einschreibsendungen sofort an die Behörde geschickt, bei welcher der Unterausschuß für die Beurteilung der Bearbeitungen der Aufgabe gebildet ist.

II Eine Darstellung der Sitzordnung und eine Abschrift der Prüfungsniederschrift sind beizufügen.

III In der Darstellung der Sitzordnung und in der Abschrift der Prüfungsniederschrift sind nur die Nummern der Arbeitsplätze einzutragen; die Namen der Referendare sind nicht anzugeben. War ein Arbeitsplatz nicht besetzt, so ist seine Nummer zu durchstreichen.

IV In den in § 41 Abs. III der Verordnung vorgesehenen Fällen ist das Ausbleiben des Referendars in der Prüfungsniederschrift festzustellen. Eine Erkrankung ist durch ein amtsärztliches Zeugnis zu bescheinigen, ein sonstiges Ereignis auf Verlangen des Vorsitzenden des Ausschusses (§ 40 der Verordnung) amtlich nachzuweisen. Die Nachweise sind zu den Prüfungsakten zu nehmen.

V Wurden während der Abhaltung der schriftlichen Prüfung Wahrnehmungen gemacht, die auf die Beurteilung der Bearbeitungen von Einfluß sein können, so ist dies besonders mitzuteilen.

1. Von der Niederschrift über die Verteilung der Arbeitsplätze (MB. § 101 Abs. 2) erhält der Beurteilungs-Ausschuß keine Kenntnis; er bekommt nur die Sitzordnung.

2. Auch in den Mitteilungen nach Abs. 5 sind die Referendare nur mit den Platznummern zu bezeichnen.

3. Wegen der Sitzordnung s. MB. § 101 Abs. 3; wegen der Prüfungsniederschrift s. MB. § 90.

4. Die Beurteilung der schriftlichen Prüfungsarbeiten.

§ 110.

I Jedem Unterausschusse für die Beurteilung der schriftlichen Prüfungsarbeiten wird die Würdigung der von allen Referendaren gelieferten Bearbeitungen einer oder mehrerer Aufgaben übertragen.

II Die Bestimmungen über die Unterausschüsse und über die Zuteilung der Arbeiten, die von den Unterausschüssen zu würdigen sind, werden vor dem Beginne der Prüfung den Oberlandesgerichtspräsidenten oder Regierungspräsidenten der Prüfungsorte mitgeteilt.

§ 111.

I Die Vorsitzenden der Unterausschüsse bestimmen für die Würdigung der einzelnen Arbeiten einen Berichterstatter und einen Mitberichterstatter.

II Über die Lösung der Aufgabe ist Beschluß zu fassen.

III Eine dem Beschluß entsprechende Bearbeitung ist vor dem Beginne der Beurteilung der Prüfungsarbeiten dem Staatsprüfungsausschusse vorzulegen. Sie soll nicht umfangreicher sein, als der Arbeitszeit und den Hilfsmitteln, wie sie für die Prüfung festgesetzt waren, entspricht.

§ 112.

Das dem Range nach jüngste Mitglied eines jeden Unterausschusses führt eine Niederschrift, in der alle bei der Würdigung der Arbeiten gemachten besonderen Wahrnehmungen zu vermerken sind.

§ 113.

Die Arbeiten sind, um ein etwaiges Zusammenarbeiten ermitteln zu können, nach Prüfungsorten und Prüfungsräumen sowie nach der Reihenfolge der Arbeitsplätze zu würdigen.

§ 114.

I Bei der Würdigung der Arbeiten ist zu erforschen, ob und in welchem Grade der Referendar für den höheren Justiz- und Verwaltungsdienst geeignet ist.

II Das ausschlaggebende Gewicht ist stets darauf zu legen, wie der Referendar seine Lösung begründet hat, welches Maß von Fähigkeiten und Kenntnissen, welches Verständnis, welchen Grad von Schärfe der Auffassung und von Unterscheidungsvermögen und welche Gewandtheit in der Entwicklung und Darstellung seiner Gedanken er gezeigt hat. Dies gilt insbesondere auch dann, wenn die Lösung des Referendars mit der des Unterausschusses nicht übereinstimmt oder wenn die Bearbeitung der Aufgabe nicht vollendet ist.

III Aus Hilfsmitteln entnommene wörtliche oder nahezu wörtliche Wiedergaben ohne eigene Gedankenarbeit haben, auch wenn sie nicht fehlerhaft verwendet sind, die ihnen gebührende Würdigung zu erfahren.

IV Persönliche Verhältnisse, die auf das Prüfungsergebnis eingewirkt haben können, dürfen abgesehen von den in § 41 Abs. III der Verordnung vorgesehenen Fällen nicht berücksichtigt werden.

1. Wegen der materiellen Vorschriften für die Bewertung der Aufgaben s. VO. § 41.

§ 115.

I Die Bewertung der Arbeiten ist binnen 2 1/2 Monaten zu beenden.

II Während dieser Zeit werden die Mitglieder der Unterausschüsse in ihrer ordentlichen Dienstaufgabe angemessen entlastet.

III Nach der Bewertung aller Arbeiten wird eine für jeden Prüfungsort und jeden Prüfungsraum gesonderte Übersicht der erteilten Noten nach dem Muster der Anlage IV hergestellt.

IV Die Noten sind mit arabischen Ziffern zu schreiben. Außerdem sind in der Spalte 6 die Noten mit Worten auszudrücken.

V Die Übersichten sind binnen einer Woche nach Abschluß der Bewertung dem Staatsprüfungsausschusse vorzulegen. Die von dem Unterausschusse beschlossene Lösung der Aufgabe, die Darstellung der Sitzordnung, die Abschriften der Prüfungsniederschriften, die von dem Unterausschusse geführte Niederschrift und die sämtlichen, in die Umschlagbogen eingelegten Arbeiten sind beizufügen.

1. In Abs. 4 soll es statt Spalte 6, Spalte 7 heißen, ein schon in der Fassung vom 23. Oktober 1910 (§ 142) sich findender Druckfehler.

2. Wegen der Lösung der Aufgabe s. MB. § 111 Abs. 2; wegen der Darstellung der Sitzordnung s. MB. § 101 Abs. 2 und § 109 Abs. 2; wegen der Abschrift der Prüfungsniederschrift s. MB. § 90 und § 109 Abs. 2; wegen der Niederschrift des Unterausschusses s. MB. § 112.

3. Besteht hinsichtlich der Bewertung der Arbeiten Meinungsverschiedenheit zwischen den Mitgliedern der Unterausschüsse (s. Spalten 4—6 der Anlage IV), so werden die Grundsätze des (nicht formell übernommenen) § 141 der Bekanntmachung vom 25. Okt. 1910 entsprechend anzuwenden sein. § 141 lautet:

§ 141. Über die Bewertung jeder einzelnen Bearbeitung ist ein Beschluß zu fassen. Der Berichterstatter stimmt zuerst, der Vorsitzende zuletzt.

Die Noten, welche die einzelnen Mitglieder des Ausschusses erteilen, werden zusammengerechnet und durch die Zahl drei geteilt. Bei einem Reste von weniger als einhalb wird die nächsthöhere, bei einem Reste von mehr als einhalb die nächsttiefere Note erteilt.

Die von den einzelnen Mitgliedern des Ausschusses erteilten Noten und die Noten, die sich daraus nach Abs. 2 ergeben, sind auf die letzte Seite des Umschlagbogens einer jeden Arbeit zu setzen. Die Noten sind mit arabischen Ziffern zu schreiben und mit Worten auszudrücken.

§ 116.

Der Staatsprüfungsausschuß setzt unter Benützung der Übersichten und der Anhängeblätter das Ergebnis der schriftlichen Prüfung für jeden Referendar fest.

1. S. wegen der Festsetzung des Prüfungsergebnisses auch VO. § 42.

5. Die mündliche Prüfung.

§ 117.

I Die Referendare werden nach der Reihenfolge ihrer Meldungen geprüft.

II Die Prüfung soll möglichst bald nach der Meldung erfolgen. Mit der Anberaumung der Prüfung kann jedoch gewartet werden, bis mindestens 3 Meldungen vorliegen. Während der Gerichtsferien findet regelmäßig keine Prüfung statt.

III Die Ladung erfolgt schriftlich gegen Empfangsbestätigung.

§ 118.

I Die mündliche Prüfung soll die Ergebnisse der schriftlichen Prüfung ergänzen. Die Fragen sind dem für die schriftliche Prüfung vorgeschriebenen Prüfungsstoff zu entnehmen.

II Auch die mündliche Prüfung soll einen wesentlich praktischen Charakter haben. Der Referendar soll zeigen, ob er praktisches Verständnis, juristische Auffassungsgabe und hinreichende Gewandtheit im Ausdruck besitzt. Fragen, deren Beantwortung reine Gedächtnissache ist, sowie Fragen über nebensächliche Einzelheiten sind zu vermeiden.

III Auch die Beisitzer können Fragen stellen.

1. Wegen des Stoffes der schriftlichen Prüfung s. MB. § 91.

§ 119.

I Das Ergebnis der mündlichen Prüfung ist unabhängig von dem Ergebnisse der schriftlichen Prüfung zu würdigen.

II Persönliche Verhältnisse des Referendars, die auf das Prüfungsergebnis eingewirkt haben können, dürfen nicht berücksichtigt werden.

1. Die Abstimmung richtet sich nicht nach dem Gesamteindrucke des schriftlichen und des mündlichen Teiles, wie bei der Universitätsschlußprüfung (MB. § 39), sondern nur nach dem Ergebnisse der mündlichen Prüfung. Ein Prüfling mit der Gesamtnotensumme 100 hat somit, wenn er das gleiche Wissen und Können zeigt wie ein anderer mit 91, ebensoviel Aussicht, zu bestehen.

§ 120.

Bei der Beschlußfassung über das Ergebnis der mündlichen Prüfung stimmt der dem Geschäftskreise des Staatsministeriums der Justiz entnommene Beisitzer zuerst, der Vorsitzende zuletzt.

1. Wegen der Zusammensetzung des Ausschusses für die mündliche Prüfung s. VO. § 28; wegen der Unanfechtbarkeit seiner Entscheidungen s. VO. § 31.

§ 121.

Das Ergebnis der mündlichen Prüfung wird dem Referendar von dem Vorsitzenden nach Beendigung der Prüfung sofort eröffnet.

§ 122.

Das Ergebnis der mündlichen Prüfung wird sodann dem Vorsitzenden des Staatsprüfungsausschusses mitgeteilt. Zugleich ist es den Staatsministerien der Justiz und des Innern zu berichten. Gleiches gilt, wenn die Prüfung nach § 44 Abs. III der Verordnung nicht bestanden ist.

§ 123.

I Wird der Referendar durch Krankheit oder andere triftige Gründe an der rechtzeitigen Ablegung der mündlichen Prüfung gehindert, so hat er dies dem Vorsitzenden des Staatsprüfungsausschusses unverzüglich anzuzeigen.

II Er hat sich sofort nach Beseitigung des Hindernisses bei dem Vorsitzenden des Staatsprüfungsausschusses zu melden und sich der mündlichen Prüfung nachträglich zu unterziehen.

III Grund und Dauer der Verhinderung sind nachzuweisen. Im Falle der Krankheit ist ein amtsärztliches Zeugnis vorzulegen.

1. Erscheint der Referendar ohne hinreichende Entschuldigung nicht, so gilt die Prüfung als nicht bestanden (VO. § 44 Abs. 3).

§ 124.

I Über die Abhaltung der mündlichen Prüfung ist eine fortlaufende Niederschrift zu führen.

II Die Beschlüsse des Ausschusses über das Ergebnis der Prüfung sind in der Reihenfolge, in der die Referendare geprüft worden sind, in eine fortlaufende Übersicht einzutragen.

III Jeder Beschluß ist von den Mitgliedern des Ausschusses zu unterschreiben.

6. Bekanntgabe des Prüfungsergebnisses.

§ 125.

I Der Vorsitzende des Staatsprüfungsausschusses fertigt für die Referendare, welche die schriftliche Prüfung mit Erfolg abgelegt haben (§ 43 Abs. I der Verordnung), alsbald nach Festsetzung des Prüfungsergebnisses die Prüfungszeugnisse nach Muster der Anlage V aus und läßt sie den Geprüften gegen Empfangsbestätigung aushändigen. Die Einzelnoten, die Gesamtnotensumme und der in der Reihenfolge der Geprüften erlangte Platz werden gesondert vom Zeugnis mitgeteilt.

II Einem Referendar, der sich der mündlichen Prüfung zu unterziehen hat, wird zunächst nur die Gesamtnotensumme und eine Zusammenstellung der Einzelnoten mitgeteilt. Hat der Referendar sodann die Prüfung bestanden, so wird das Prüfungszeugnis nach dem Muster der Anlage V ausgefertigt.

III Referendare, welche die Prüfung nicht mit Erfolg abgelegt haben oder solchen gleichzuachten sind, erhalten kein Prüfungszeugnis.

IV Hat der Referendar die Prüfung wiederholt, so wird ein neues Zeugnis nur gegen Rückgabe des früheren Zeugnisses ausgestellt.

1. In die Zeugnisse ist auch die Vorzugsbewertung, ob „ausgezeichnet", „sehr gut", oder „gut" aufzunehmen (VO. § 43 Abs. 4).

2. Die Bestimmung des § 7 der MB. vom 14. Juli 1919 (GVBl. 375), daß die Prüfungszeugnisse „verschlossen" auszuhändigen sind, wurde in die Neufassung nicht übernommen; abweichend von der früheren Fassung wird nun das Ergänzungszeugnis nicht mehr bloß auf Verlangen erteilt.

7. Kosten und Gebühren.

§ 126.

I Die Kosten der Bereitstellung der für die Abhaltung der Staatsprüfung nötigen Prüfungsräume, ihre Beheizung, Beleuchtung und Reinigung werden, wenn die Prüfung in einem zum Geschäftsbereiche der Staatsministerien der Justiz oder des Innern gehörigen Gebäude abgehalten wird, aus den Mitteln für Geschäftsbedürfnisse der Behörden bestritten, denen die Kosten für das Gebäude zur Last fallen. Wenn die Prüfung in einem anderen Gebäude abgehalten wird, werden die bezeichneten Kosten je zur Hälfte aus den Mitteln für Geschäftsbedürfnisse der örtlich zuständigen Regierungen und Oberlandesgerichte bestritten.

II Das für den schriftlichen Teil der Staatsprüfung erforderliche Papier liefert der Staatsprüfungsausschuß.

III Im Falle des Abs. I Satz 2 hat die Regierung die Rechnung zu stellen.

IV Für Tinte, Federn, Schreibunterlagen Löschblätter u. dgl. haben die Referendare selbst zu sorgen.

§ 127.

Die Mitglieder der Ausschüsse für die Abhaltung des schriftlichen und mündlichen Teiles der Staatsprüfung erhalten, wenn sie nicht am Prüfungsorte wohnen, die verordnungsmäßigen Tagegelder und Reisekosten.

§ 128.

I Die Prüfungsgebühr setzt der Staatsprüfungsausschuß fest.

II Der Zeugnisstempel bemißt sich nach dem Stempelgesetz.

III Gebühr und Stempelbetrag sind bei der Einreichung des Zulassungsgesuches an den Staatsprüfungsausschuß einzuzahlen.

1. Die Gebührenpflicht an sich ist durch VO. § 50 bestimmt. Die Ermächtigung zur Festsetzung von Prüfungsgebühren ergibt sich aus Art. 180 Abs. 1, Halbs. 2 des StempelGes. vom 16. Febr. 1921 (GVBl. 182).

2. Der Zeugnisstempel beträgt nach Tarifstelle 31 des StempelGes. vom 16. Februar 1921 (GVBl. 182) mit Abs. 3 der Bek. zum KostenGes. vom 4. Januar 1924 (GVBl. 7) u. der VO. v. 25. Nov. 1925 (GVBl. 265) 4 RM.

§ 129.

I Ein etwaiges Gesuch um Nachlaß der Gebühr ist mit dem Zulassungsgesuche zu stellen.

II Zum Nachweise der Dürftigkeit genügt eine Bestätigung des Vorstandes der Behörde, bei welcher der Referendar zuletzt im Vorbereitungsdienste stand, oder eine Bestätigung der Ortspolizeibehörde des Wohnorts.

III Die Gesuche verbescheidet der Vorsitzende des Staatsprüfungsausschusses vor dem Beginne der schriftlichen Prüfung.

IV §§ 48 und 49 sind entsprechend anzuwenden.

1. Wegen der Zulassungsgesuche im allgemeinen s. MB. § 85.

2. Die Möglichkeit des Erlasses, des ganzen oder teilweisen, ergibt sich aus VO. § 50 Abs. 2.

3. Der Rechtsanwalt, bei dem der Referendar im Vorbereitungsdienst stand, ist keine Behörde; an dessen Stelle tritt der Vorstand der Behörde, von der aus der Übertritt zum Rechtsanwalt erfolgte.

4. §§ 48 und 49 machen die Zulassung zur Prüfung von der Zahlung oder dem Nachlaß der Gebühr abhängig und regeln die allenfallsige Erstattung der Gebühr.

V. Übergangsvorschriften.

§ 130.

I Im Sommerhalbjahr 1925 wird eine Universitätsschlußprüfung abgehalten.

II Zu dieser Prüfung können auch Studierende zugelassen werden, welche die Universitätsschlußprüfung am Ende des Winterhalbjahres 1924/25 nicht bestanden haben. Die mündliche Prüfung dieser Studierenden findet erst im Herbst 1925 statt.

III Studierende, welche die Universitätsschlußprüfung im Sommerhalbjahr 1925 nicht bestanden haben, können zur Prüfung 1925/26 wiederholt zugelassen werden.

§ 131.

I Referendare, die bis zum 1. Juni 1925 den amtsgerichtlichen Vorbereitungsdienst nicht nach den bisherigen Vorschriften in der Dauer von 9 Monaten vollendet haben, müssen den Vorbereitungsdienst beim Amtsgericht nach den nunmehrigen Vorschriften in der Dauer von 12 Monaten und zwar auf die Dauer von 3 Monaten bei einem Amtsgericht ableisten, bei dem ein Schöffengericht besteht. Eine Verlängerung des gerichtlichen Vorbereitungsdienstes über 18 Monate darf hiedurch nicht eintreten.

II Will ein Referendar, der den amtsgerichtlichen Vorbereitungsdienst bis zum 1. Juni 1925 schon nach den bisherigen Vorschriften in der Dauer von 9 Monaten abgeleistet hat, einen Teil des ursprünglich auf 9 Monate vorgesehenen landgerichtlichen Vorbereitungsdienstes beim Amtsgericht ableisten, so kann ihm der Präsident des Oberlandesgerichts die Ableistung eines weiteren Vorbereitungsdienstes bei einem Amtsgerichte, bei dem ein Schöffengericht besteht, bis zur Dauer von 3 Monaten gestatten. In dieser Zeit ist der Referendar im Strafrecht und Strafprozeß auszubilden. Eine Verlängerung des gerichtlichen Vorbereitungsdienstes über 18 Monate darf hiedurch nicht eintreten.

III Die für einen Kriegsteilnehmer bei Abkürzung des Vorbereitungsdienstes getroffene Sonderregelung bleibt unberührt.

IV Ergeben sich für die Übergangszeit wegen der Einteilung des landgerichtlichen oder amtsgerichtlichen Vorbereitungsdienstes im Einzelfalle Zweifel, so entscheidet der Präsident des Oberlandesgerichts.

§ 132.

I Im Herbst 1925 wird eine Staatsprüfung für den höheren Justiz- und Verwaltungsdienst abgehalten. In den Jahren 1926 mit 1928 findet die Staatsprüfung für den höheren Justiz- und Verwaltungsdienst je im Frühjahr und im Herbst, vom Jahre 1929 an nur mehr im Frühjahr statt.

II Die Prüfung im Herbst 1925 gilt als die Prüfung des Jahres 1925; die Frühjahrs- und Herbstprüfungen in den Jahren 1926 mit 1928 gelten zusammen je als die Staatsprüfung ihres Kalenderjahres.

§ 133.

I Die schriftliche Prüfung dauert bei den Staatsprüfungen bis einschließlich im Herbst 1927 in jeder Abteilung 10 Tage, an denen je eine Aufgabe mit fünfstündiger Arbeitsfrist gegeben wird. Die Aufgaben können auch aus zwei kleineren Aufgaben mit zusammen fünfstündiger Arbeitsfrist bestehen.

II In diesen Jahren sind Abweichungen vom § 98 zulässig.

§ 134.

I Der Prüfungsstoff für die zweite Abteilung der Staatsprüfungen in den Jahren 1925 bis 1927 einschließlich ist der gleiche, wie er in der Bekanntmachung vom 19. Juli 1923 (GVBl. S. 249) für die zweite Abteilung der Staatsprüfung vom Herbste 1924 an bestimmt war.

II Außerdem treten hinzu:

1. für die Staatsprüfungen im Herbst 1925 und im Jahre 1926
   a) das Reichsvereinsgesetz,
   b) das Reichspreßgesetz,
   c) das Reichs- und Landeswahlgesetz,
   d) die Reichsverordnung über die Fürsorgepflicht,
   e) das Jugendwohlfahrtsgesetz,

f) die Verordnung über die Errichtung der Volksschulen und die Bildung der Schulsprengel;

2. für die Staatsprüfungen vom Frühjahr 1927 an
   a) das Personenstandsgesetz,
   b) das Fischereigesetz,
   c) das Reichsgesetz zur Bekämpfung gemeingefährlicher Krankheiten,
   d) das Flurbereinigungsgesetz,
   e) das Ödlandgesetz,
   f) das Gesetz über Schulpflege, Schulleitung und Schulaufsicht an den Volksschulen und die Verordnung über die Schulpflicht.

III Zum Prüfungsstoff gehören bei allen aufgeführten Gesetzen und Verordnungen die Ausführungsgesetze und die wichtigeren allgemeinen Vollzugsbestimmungen.

1. Die Bekanntmachung vom 19. Juli 1923 bestimmt den Prüfungsstoff für die 2. Abt. der Staatsprüfung vom Herbst 1924 an wie folgt: Aus 1. der Verfassung des deutschen Reichs und der Verfassungsurkunde des Freistaats Bayern, 2. dem Reichs- und Staatsangehörigkeitsgesetze sowie dem früheren Bundes- und Staatsangehörigkeitsgesetze, 3. dem Freizügigkeitsgesetze, 4. dem Unterstützungswohnsitzgesetze, 5. dem Aufenthaltsgesetze und dem bisherigen Heimatgesetze, 6. dem Staatsbeamtengesetze in der Fassung des Besoldungsgesetzes, 7. der Reichsgewerbeordnung sowie dem alten bayerischen Gewerbegesetze, 8. den beiden Gemeindeordnungen, dem Selbstverwaltungsgesetze, dem Gemeindebeamtengesetze, dem Landessteuergesetz u. dem bayer. Vollzugsgesetze hiezu, 9. dem Distriktsratsgesetze, 10. der Reichsversicherungsordnung sowie den bisherigen Arbeiterversicherungsgesetzen, 11. dem Angestelltenversicherungsgesetze, 12. dem Schulbedarfsgesetze und dem Volksschullehrergesetze, 13. dem neuen und dem alten Armengesetze, 14. dem Zwangsenteignungsgesetze, 15. dem Wassergesetze, 16. dem Forstgesetze, 17. dem Jagdgesetze, 18. dem Polizeistrafgesetzbuch, 19. dem Reichsviehseuchengesetze, 20. dem Fürsorgeerziehungsgesetze, 21. der Allgemeinen Bauordnung, 22. dem Verwaltungsgerichtsgesetze, 23. den Formationsverordnungen, 24. der Reichsabgabenordnung, 25. den folgenden Reichssteuergesetzen: Einkommen-, Grunderwerb-, Erbschafts-, Körperschafts-, Kapitalertrags- und Kapitalverkehrssteuergesetz, 26. dem Reichsgerichtskostengesetz, 27. dem bayer. Kosten- und dem bayer. Stempelgesetze, 28. dem Kinderschutzgesetz, 29. dem Arbeitsnachweisgesetz, 30. dem Umsatzsteuergesetz.

Maßgebend ist der Stand der Gesetzgebung zur Zeit der Prüfung.

§ 135.

Als Hilfsmittel für die II. Abteilung der Staatsprüfung in den Jahren 1925 bis 1927 einschließlich dürfen die Referendare benützen je eine Textausgabe, einen Kommentar und eine mit Anmerkungen versehene Handausgabe zu den einschlägigen Gesetzen und Verordnungen, die Reichsgesetzblätter, Gesetz- und Verordnungsblätter und die Ministerialamtsblätter, soweit sie die als Prüfungsstoff bezeichneten Gesetze, Verordnungen und Vollzugsbestimmungen enthalten, die Gesetzessammlung von Buchert-Ziegler, die Vorschriftensammlung von Kollmann, endlich je ein Lehrbuch oder systematisches Werk über das alte und das neue Reichs- und Landesstaatsrecht, über Volkswirtschaft und Staatsfinanzwirtschaft.

§ 136.

Kriegsteilnehmer, die auf Grund der seitherigen Vergünstigungen die Staatsprüfung für den höheren Justiz- und Verwaltungsdienst geteilt haben und noch eine Abteilung der Prüfung abzulegen haben, müssen die Staatsprüfung im Herbste 1925 vollenden.

§ 137.

Studierenden und Referendaren, die nach den bisherigen Vorschriften als Kriegsteilnehmer anerkannt sind, können von den Staatsministerien auf Ansuchen im Einzelfalle Vergünstigungen nach den bisherigen Grundsätzen zugestanden werden. Soweit die Entscheidung dem Ausschusse für bevorzugte Kriegsteilnehmer vorbehalten war, wird dieser Ausschuß in der bisherigen Zusammensetzung gutachtlich einvernommen werden.

§ 138.

Ein Referendar, der die Staatsprüfung nicht mit Erfolg abgelegt hat oder einem solchen gleichzuachten ist oder ohne ausreichenden Grund nach dem Beginne der schriftlichen Prüfung von dieser zurückgetreten ist, kann in den Jahren 1925 mit 1929 die Prüfung nach Maßgabe des § 48 der Verordnung wiederholen, auch wenn er den Vorbereitungsdienst nicht fortgesetzt hat.

1. Aus der Bestimmung des § 138, daß die Wiederholung nach Maßgabe des § 48 der VO. erfolgt, ergibt sich, daß die Wiederholung bei der nächsten oder übernächsten Prüfung erfolgen muß.

VI. Schlußbestimmung.

§ 139.

Zuständig zur Entscheidung ist bei Gesuchen von Studierenden das Staatsministerium für Unterricht und Kultus im Benehmen mit den Staatsministerien der Justiz und des Innern, bei Gesuchen von Referendaren und Assessoren das Staatsministerium der Justiz im Benehmen mit dem Staatsministerium des Innern.

1. § 139 kommt selbstverständlich nur zur Anwendung, soweit nicht Sonderbestimmungen bestehen.

2. Wegen der Vorlage der Gesuche s. MB. § 66.

Anlage I.

Prüfungszeugnis.

Der Studierende der Rechte ....
geb. .... in .... hat heute die Universitätsschlußprüfung als I. Prüfung für den höheren Justiz- und Verwaltungsdienst bestanden.

Er ist berechtigt, den Titel „Referendar" zu führen.

.................................., den .... 192 ....

**Der Vorsitzende
des Prüfungsausschusses.**

Anlage II.

Zeugnis.

Der Referendar . . . .
geb. am . . . . in . . . .
hat den Vorbereitungsdienst bei dem

. . . .

am . . . . angetreten und
am . . . . beendet.

Er wurde am . . . . eidlich verpflichtet.

Er war beschäftigt:
vom . . . .
. . . .
. . . .

Seine Leistungen . . . .
. . . .
. . . .

Sein dienstliches Verhalten . . . .
. . . .
. . . .

Sein außerdienstliches Verhalten . . . .
. . . .
. . . .

Er war beurlaubt vom . . . .
. . . .
. . . .
. . . .

Der Vorbereitungsdienst war unterbrochen

a) durch Krankheit:
vom . . . . bis . . . . Tage
vom . . . . bis . . . . Tage
vom . . . . bis . . . . Tage

b) durch andere unverschuldete Hindernisse:
vom . . . . bis . . . . Tage
wegen . . . .

Bemerkungen:*)

. . . ., den . . . . . . 19 . .

. . . .

*) Hier werden sachgemäß Ministerialentschließungen über Anrechnung und über Kürzung des Vorbereitungsdienstes erwähnt.

Platznummer . . . . **Anlage III.**

Seite 1.

Umschlagbogen

für die

. . Aufgabe der $\frac{\text{I.}}{\text{II.}}$ Abteilung der Staatsprüfung.

Prüfungsort

. . . .

Vom Referendar auszufüllen	Kennwort:*) . . . .
	Zahl der abgelieferten Bogen: . . . .

	1. Die Übereinstimmung der obigen Platznummern mit den Platznummern auf den abgelieferten Bogen und mit der Nummer des Arbeitsplatzes;
Zeit der Ablieferung.	2. Die Übereinstimmung des obigen Kennwortes mit dem Kennwort auf dem Anhängeblatt des Umschlagbogens und auf den abgelieferten Bogen der Bearbeitung;
. . . . Uhr . . . Minuten.	3. Die Richtigkeit der Zahl der abgelieferten Bogen bestätigt

. . . .

Mitglied des Ausschusses für die Abhaltung der schriftlichen Prüfung.

*) Als Kennwort darf der Name des Referendars nicht verwendet werden. Der Referendar darf seinen Namen nur auf das Anhängeblatt dieses Umschlagbogens, nicht aber auf den Umschlagbogen selbst oder auf einen Bogen der Bearbeitung schreiben.

Seite 4
(zu Anlage III).

Platznummer: . . . .

Anhängeblatt.

. . . Aufgabe der $\frac{\text{I.}}{\text{II.}}$ Abteilung der Staatsprüfung.

Prüfungsort:

....

Vor- u. Zuname des Referendars

....

....

Kennwort:

....

Die punktierten Linien sind vom Referendar auszufüllen.)

Die Bearbeitung wurde gewürdigt:

1. vom Berichterstatter mit der Note: . . .
2. vom Mitberichterstatter mit der Note: . . .
3. vom Vorsitzenden mit der Note: . . . .

Note:

Der Unterausschuß für die Beurteilung der Prüfungsarbeiten:

....

(Vorsitzender.)

....

(Berichterstatter.)

....

(Mitberichterstatter.)

Anlage IV.

(1. Seite.)

Betreff:

Staatsprüfung für den höheren Justiz- u. Verwaltungsdienst 19 ..

Übersicht.

über die von dem Unterausschusse für die Beurteilung der schriftlichen Prüfungsarbeiten bei de . . . . für die Beurteilung der . . . Aufgabe aus . . . . erteilten Noten

(2. und 3. Seite.)

Prüfungsort und -raum	Nummer des Arbeitsplatzes	Namen der Referendare*)	Abstimmung über die Note			Note in Zahlen und Worten	Bemerkungen
			Berichterstatter	Mitberichterstatter	Vorsitzender		
1	2	3	4	5	6	7	8

*) Spalte 3 ist vom Unterausschusse für die Beurteilung der schriftlichen Prüfungsarbeiten freizulassen.

Anlage V.

Prüfungszeugnis.

Der Referendar . . . . geb. am . . . . 19 . in . . . . hat die Staatsprüfung für den höhern Justiz- und Verwaltungsdienst im Jahre 19 . . . . abgelegt.

Er ist berechtigt den Titel „Assessor" zu führen.

München, den . . . . 19 . .

**Der Vorsitzende
des Staatsprüfungsausschusses
für den höheren Justiz- und Verwaltungsdienst.**

III. Teil:

Anlagen.

I. Ergänzende Gesetze und Auszüge aus solchen.

1. Gerichtsverfassungsgesetz vom 22. März 1924 (RGBl. 229); Auszug.

§ 2.

I Die Fähigkeit zum Richteramte wird durch die Ablegung zweier Prüfungen erlangt.

II Der ersten Prüfung muß ein dreijähriges Studium der Rechtswissenschaft auf einer Universität vorangehen. Von dem dreijährigen Zeitraume sind mindestens drei Halbjahre dem Studium auf einer deutschen Universität zu widmen.

III Zwischen der ersten und zweiten Prüfung muß ein Zeitraum von drei Jahren liegen, welcher im Dienste bei den Gerichten und bei den Rechtsanwälten zu verwenden ist, auch zum Teil bei der Staatsanwaltschaft verwendet werden kann.

IV In den einzelnen Deutschen Ländern kann bestimmt werden, daß der für das Universitätsstudium oder für den Vorbereitungsdienst bezeichnete Zeitraum verlängert wird, oder daß ein Teil des letzteren Zeitraums, jedoch höchstens, ein Jahr, im Dienste bei Verwaltungsbehörden zu verwenden ist oder verwendet werden darf.

1. Abs. 1 gilt sowohl für das Richteramt in der ordentlichen streitigen Gerichtsbarkeit als in den sonstigen, den ordentlichen Gerichten nach Reichs- oder Landesrecht übertragenen Geschäften, nicht aber für Handelsrichter, Schöffen und Geschworene (§ 11 GVG.) oder für Sondergerichte (s. aber § 11 Abs. 1 KaufmGG.). Die Fähigkeit zum Richteramt ist reichsrechtlich auch für das Amt eines Staatsanwalts (§ 150 GVG.) und für die Zulassung zur Rechtsanwaltschaft (§§ 1, 4 RAO.) erforderlich und genügend; wegen des gleichen Erfordernisses nach Landesrecht für den höheren Verwaltungs- und Finanzdienst vgl. VO. § 1.

2. Ein akademischer Grad ist nicht gefordert, auch kein Höchstalter für die Zulassung zu den Prüfungen vorgeschrieben; wegen des Höchstalters für die Bewerberliste vgl. jetzt MB. vom 9. Dez. 1919 § 32 Nr. 2 (abgedruckt Tl. III Nr. VI). Die Ablegung der Prüfungen d. h. ihr Bestehen gibt kein Recht auf Anstellung als Richter (§ 7 MB. vom 9. Dez. 1919, unten unter Nr. VI), wohl aber auf Zulassung zur Rechtsanwaltschaft. Hinsichtlich der Gestaltung des Studiums vor der 2. Prüfung hat das Landesrecht freie Hand. Nach dem Bestehen der 2. Prüfung kann für die Richteramtsfähigkeit als solche keine weitere Prüfung, Wartezeit oder Praxis auferlegt werden (Friedländer, RAO.[2] § 16 Bem. II, III). Wegen Studiums eines anderen Fachs als Rechtswissenschaft kann ein Erlaß des diesjährigen Studiums auch nicht teilweise gewährt werden; dagegen kann das Rechtsstudium eines in einer anderen Fakultät eingeschriebenen Studenten angerechnet werden; s. Struckmann-Koch ZPO. zu GVG. § 2 A. 2.

3. Nach Art. 1 des Ges. vom 11. Juli 1922 über die Zulassung der Frauen zu den Ämtern und Berufen der Rechtspflege (RGBl. 573) „kann die Fähigkeit zum Richteramte auch von Frauen erworben werden". Dementsprechend ist in § 21 der VO. die Bestimmung des Abs. 3 des ihm entsprechenden § 27 der VO. vom 4. Juli 1899/1. Aug. 1922, die bestimmte, daß Frauen zum Vorbereitungsdienst nicht zugelassen werden können, entfallen.

4. Die einmal erlangte Fähigkeit zum Richteramt ist öffentlichrechtlicher Natur; über ihren Verlust bestimmt das GVG. nichts. Jedenfalls wird sie durch Versetzung in den Ruhestand, Dienstentlassung oder freiwillige Amtsniederlegung nicht berührt; vgl. dagegen §§ 31, 33, 34 StGB. Wegen der Wirksamkeit eines Verzichts auf das Prüfungsergebnis s. Entsch. des EGH. für RA. 14, 24; Friedländer, RAO.[2] Bem. III[4] zu § 1 auf S. 15 und die dort weiter Angeführten; a. M. BayZ. 1911, 158; SeuffBl. 76, 425; AdmBl. 64, 34.

5. Abs. 2 stellt ein reichsrechtliches Mindestmaß auf, von dem nicht befreit werden kann. Bayern fordert in Anwendung des Abs. 4 ein vierjähriges Hochschulstudium (s. VO. § 5 Nr. 2; Nr. I des Anhangs der Bayer. Univ.-Satzung, unten Teil III Nr. II).

6. Die Universität (Abs. 2) ist nicht durch eine ähnliche Anstalt (z. B. eine philosophisch-theologische oder eine technische Hochschule) ersetzbar; wegen der Gleichberechtigung der bayerischen philosophisch-theologischen Hochschulen hinsichtlich des philosophischen Jahres vgl. VO. § 5 A. 5. Deutsche Universitäten sind nur solche im Gebiet des Deutschen Reichs (§ 4 MB.), also nicht Innsbruck oder Zürich. Wegen ausnahmsweiser Anrechnung des Studiums auf einer ausländischen Universität außerhalb der reichsrechtlich geforderten drei „deutschen" Semester vgl. VO. § 5 A.2. Den Begriff des Semesters sowie das Maß der Vorbildung für den Beginn des Hochschulstudiums regelt das Landesrecht (vgl. §§ 1, 5 VO.).

7. Auch Abs. 3 bestimmt ein Mindesterfordernis (vgl. A. 5). Die zeitliche Einteilung des Vorbereitungsdienstes ist dem Landesrecht überlassen. Bayern hat ihn nicht verlängert, wohl aber (vgl. Abs. 4) ein Jahr für die Verwaltung bestimmt (VO. § 22). Beschäftigung bei einem Oberlandesgericht, einer Staatsanwaltschaft oder einem Notariat ist nicht vorgesehen.

8. Mangels Erwähnung im bayer. AG. GVG. gehört in Bayern die Regelung des Prüfungswesens zum Bereich der Ministerialverordnung (vgl. jetzt § 61 Nr. 2, 6, 7 VUrk.).

9. Durch Ges., betr. eine Ergänzung der Vorschriften über den juristischen Vorbereitungsdienst vom 10. Aug. 1920 (RGBl. 1571) wurden die Landesjustizverwaltungen ermächtigt, als Vorbereitungsdienst im Sinne des § 2 Abs. 3 GVG. auch denjenigen Vorbereitungsdienst anzuerkennen, der in einem zufolge des Friedensvertrags aus dem Deutschen Reiche ausgeschiedenen Gebiete nach dem Zeitpunkt des Ausscheidens zurückgelegt ist.

§ 3.

I Wer in einem deutschen Lande die erste Prüfung bestanden hat, kann in jedem anderen Lande zur Vorbereitung für den Justizdienst und zur zweiten Prüfung zugelassen werden.

II Die in einem deutschen Lande auf die Vorbereitung verwendete Zeit kann in jedem anderen Lande angerechnet werden.

1. Vgl. VO. § 5 A. 1.

§ 4.

Zum Richteramte befähigt ist ferner jeder ordentliche öffentliche Lehrer des Rechts an einer deutschen Universität.

1. Bestehen der juristischen Staatsprüfungen (§ 2), Ableistung einer Vorbereitungs- oder Nachpraxis, Aufgabe des Lehramts nicht forderbar, vielmehr Doppelamt möglich (Beispiel: JMBl. 1919 Beibl. 287). Keine Ausdehnung auf außerordentliche Professoren oder Privatdozenten oder auf ausländische Universitäten deutscher Zunge (GVG. § 2 A. 6).

§ 5.

Wer in einem deutschen Lande die Fähigkeit zum Richteramt erlangt hat, ist, soweit dieses Gesetz keine Ausnahme bestimmt, zu jedem Richteramt innerhalb des Deutschen Reichs befähigt.

1. Die Befähigung umfaßt sowohl die Vorrückung im Heimatland als die Anstellung in einem anderen deutschen Land (Art. 2 RVerf.); ein Rechtsanspruch besteht nicht.

2. Vorrückungsprüfungen sind hienach ausgeschlossen. Ein Mindestalter (35 Jahre) ist nur für das Reichsgericht, nicht aber für das Bayerische Oberste Landesgericht vorgesehen (§§ 125 GVG.; 10 EG.GVG.).

§ 10.

Die landesgesetzlichen Bestimmungen über die Befähigung zur zeitweiligen Wahrnehmung richterlicher Geschäfte bleiben unberührt.

1. Ausnahme von § 2ff. sowohl für geprüfte als für ungeprüfte Anwärter, auch Rechtsanwälte (RGSt. 42, 295), nicht aber Staatsanwälte (§ 151 GVG.). Durch Art. 104 RVerf. und § 69 bayer. VUrk. bisher nicht beseitigt. Bayern kennt (im Gegensatz zu Preußen) keine solchen unständigen, d. h. nicht lebenslänglich ernannten Richter; vgl. Art. 183 BeamtG., 76 RDiszG. Eine Ausnahme besteht lediglich in Grundbuchsachen (Assessoren als sog. Grundbuchkommissäre) nach Art. 2 AG. GBO. mit § 9 GBDA.

2. Gesetz vom 19. April 1919 über die Ausbildung von Kriegsteilnehmern zum Richteramt.

(RGBl. 403.)[1]

§ 1.

Zwischensemester, die an einer deutschen Universität zwischen den ordentlichen Studienhalbjahren eingerichtet werden, sowie gleichwertige Universitätskurse, die an anderen Stellen veranstaltet werden, können Kriegsteilnehmern von der Landeszentralbehörde als volle Halbjahre auf das dreijährige Studium der Rechtswissenschaft (§ 2 Abs. 2 des Gerichtsverfassungsgesetzes) angerechnet werden.

§ 2.

Die Landeszentralbehörde kann für einen Kriegsteilnehmer den dreijährigen Vorbereitungsdienst zwischen der ersten und zweiten juristischen Prüfung (§ 2 Abs. 3 des Gerichtsverfassungsgesetzes) um höchstens ein Jahr abkürzen.

---

[1]) Geändert durch Ges. vom 12. April 1922 (RGBl. 439).

§ 3.

Von den Ermächtigungen (§§ 1, 2) darf die Landeszentralbehörde nur soweit Gebrauch machen, wie es zum Ausgleich einer durch die Teilnahme am Kriege verursachten Verzögerung der Ausbildung erforderlich ist.

§ 4.

I Die Landeszentralbehörde bestimmt, wer als Kriegsteilnehmer anzusehen ist und was als Teilnahme am Kriege angerechnet werden kann.

II Der Teilnahme an dem gegenwärtigen Kriege kann der Dienst bei anerkannten Verbänden freiwilliger Truppen zur Aufrechterhaltung der inneren Ordnung oder des Grenzschutzes sowie der vaterländische Hilfsdienst gleichgestellt werden; die Vorschrift des Abs. 1 gilt entsprechend.

3. Ges. v. 11. Juli 1922 über die Zulassung von Frauen zu den Ämtern und Berufen der Rechtspflege.

(RGBl. 573).

Auszug.

Artikel I

Die Fähigkeit zum Richteramte kann auch von Frauen erworben werden.

Ebenso können Frauen zu Handelsrichtern, Amtsanwälten, Gerichtsschreibern und Gerichtsvollziehern ernannt werden.

Artikel VII

Soweit in Reichsgesetzen oder in Landesgesetzen auf Vorschriften des Gerichtsverfassungsgesetzes, der Zivilprozeßordnung, der Strafprozeßordnung, des Gesetzes über die Angelegenheiten der freiwilligen Gerichtsbarkeit und der Rechtsanwaltsordnung verwiesen wird, finden die Vorschriften dieses Gesetzes Anwendung.

Artikel VIII

Ist vor dem Inkrafttreten dieses Gesetzes eine Frau auf Grund der ersten juristischen Prüfung in einer Weise dienst=

lich beschäftigt worden, die sachlich einem ordnungsmäßigen Vorbereitungsdienst entsprach, so gilt diese Beschäftigung als Vorbereitungsdienst im Sinne des § 2 des Gerichtsverfassungsgesetzes.

Bem.: Im übrigen ändert das Gesetz andere Gesetze oder es ist gegenstandslos geworden.

4. Beamtengesetz vom 16. Aug. 1908.

(GVBl 581).

Auszug.[1])

II. Abschnitt

Pflichten der Beamten.

Artikel 11.

Der Beamte hat alle Obliegenheiten des ihm übertragenen Amtes den Gesetzen, Verordnungen und Dienstvorschriften entsprechend gewissenhaft wahrzunehmen und sich durch sein Verhalten in und außer dem Amte der Achtung, die sein Beruf erfordert, würdig zu erweisen.

Artikel 12.

Der Beamte hat den Dienstbefehlen seiner Vorgesetzten zu gehorchen. Soweit er im Vollzug eines Dienstbefehls handelt, trifft die dienstliche Verantwortung den anordnenden Vorgesetzten.

Für einzelne Zweige des Staatsdienstes können mit Rücksicht auf ihre besondere Natur in den Dienstvorschriften Ausnahmen von der Vorschrift des Abs. 1 verfügt werden.

. . .

Artikel 13.

Verletzt ein Beamter vorsätzlich oder fahrlässig seine Amtspflicht, so haftet er dem Staate für den diesem daraus entstehenden Schaden.

Die Vorschriften der §§ 827, 830, des § 840 Abs. 1, des § 852 Abs. 2 und des § 853 des Bürgerlichen Gesetzbuchs finden entsprechende Anwendung.

Der Anspruch des Staates auf Schadensersatz verjährt in drei Jahren von dem Zeitpunkt an, in dem eine zur Geltend-

---

1) Abgedruckt sind hier nur die für die Referendare und die Assessoren erheblichen Bestimmungen des BeamtG.; die Erheblichkeit für sie ergibt sich aus den Art. 25, 165, 168.

machung des Anspruchs zuständige Behörde von dem Schaden und der Person des ersatzpflichtigen Beamten Kenntnis erlangt hat, ohne Rücksicht auf diese Kenntnis in dreißig Jahren von der Begehung der Handlung an. Besteht der Schaden darin, daß der Staat wegen einer durch eine Amtspflichtverletzung erfolgten Schädigung eines Dritten diesem Ersatz leisten muß, so beginnt die dreijährige Verjährungsfrist mit dem Zeitpunkt, in dem die Ersatzpflicht des Staates dem Beschädigten gegenüber anerkannt oder rechtskräftig festgestellt ist.

Artikel 14.

Der Beamte hat über die ihm vermöge seines Amtes bekannt gewordenen Angelegenheiten, deren Geheimhaltung ihrer Natur nach erforderlich oder von seinen Vorgesetzten vorgeschrieben ist, Verschwiegenheit zu beobachten, auch nachdem das Dienstverhältnis gelöst ist.

Artikel 16.

Die Teilnahme an einem Vereine, dessen Zwecke oder Bestrebungen den staatlichen oder dienstlichen Interessen zuwiderlaufen, ist dem Beamten untersagt.

Artikel 17.

Ein Beamter, der eine Ehe einzugehen beabsichtigt, hat dies rechtzeitig der zuständigen Dienstbehörde anzuzeigen.

Durch Verordnung kann bestimmt werden, daß gewisse Klassen von Beamten zur Eingehung einer Ehe der Erlaubnis der zuständigen Dienstbehörde bedürfen.

Die Erlaubnis darf nur verweigert werden, wenn der Eingehung der Ehe dienstliche Bedenken entgegenstehen.

Artikel 18.

Der Beamte darf ein Nebenamt oder ein Nebengeschäft nur übernehmen, soweit dies mit der gewissenhaften Erfüllung seiner Pflichten und mit der Achtung, die sein Beruf erfordert, vereinbar ist.

. . .

Artikel 20.

Der Beamte darf Titel, Ehrenzeichen, Gehalte, Belohnungen und Geschenke von anderen Regenten oder Regierungen nur mit Erlaubnis des Königs oder der vom König ermächtigten Behörde und sonstige Belohnungen oder Geschenke, die ihm in Bezug auf sein Amt zugedacht sind, nur mit Erlaubnis der zuständigen Dienstbehörde annehmen.

Artikel 21.

Der Beamte hat seinen Wohnsitz derart zu nehmen, daß hiedurch die Erfüllung seiner dienstlichen Obliegenheiten nicht beeinträchtigt ist.

Ob der Wohnsitz dieser Anforderung entspricht, wird, wenn ein Zweifel darüber besteht, von der vorgesetzten Dienstbehörde entschieden.

Artikel 22.

Die Vorschriften über die Sonntagsruhe und über den Urlaub werden von der Staatsregierung erlassen.

Artikel 23.

Der Beamte ist vor dem Dienstantritt auf die getreue Erfüllung seiner Obliegenheiten eidlich zu verpflichten.

Der geleistete Eid verpflichtet auch für alle Ämter, die später übertragen werden.

Ist die eidliche Verpflichtung unterblieben, so ist dies auf die Gültigkeit der Amtshandlungen und auf die Verantwortlichkeit für Pflichtverletzungen ohne Einfluß, soweit nicht durch besondere Gesetze für die Übernahme gewisser Ämter die Ableistung eines Diensteids ausdrücklich vorgeschrieben ist.

Artikel 25.

Die Vorschriften des Artikel 11, des Artikel 12 Abs. 1, 2, der Artikel 13, 14, 16, 17, des Artikels 18 Abs. 1, der Artikel 20, 21, des Artikel 22 Abs. 1 und des Artikel 23 finden auch auf die Staatsdienstaspiranten entsprechende Anwendung, die nicht als Beamte im Sinne des Artikel 1 erklärt sind, ferner auf Personen, die, ohne als Beamte im Sinne des Artikel 1 erklärt zu sein, mit den Verrichtungen solcher Beamten ständig oder vorübergehend betraut sind.[1])

VII. Abschnitt.

Dienstaufsicht und Dienststrafrecht.

A. Dienstaufsicht.

Artikel 102.

Die Vorschriften über die Qualifikation der Beamten werden von der Staatsregierung erlassen.

---

[1]) Als Staatsdienstaspiranten werden auch Referendare anzusehen sein, die nicht bei einer staatlichen Behörde, sondern bei dem Stadtrat einer unmittelbaren Stadt oder bei einem Rechtsanwalt im VD. stehen; vgl. Reindl, Beamtenges. Art. 54 A. 5 S. 307.

Auf Verlangen ist dem Beamten der wesentliche Inhalt der Einträge in seiner Qualifikationsliste bekanntzugeben. Gegen die Einträge ist Beschwerde zulässig.

Artikel 103.

Jeder Vorgesetzte ist befugt, den ihm untergebenen Beamten mündlich oder schriftlich Ermahnungen oder Warnungen zu erteilen.

Wer als Vorgesetzter zu erachten ist, wird durch die Dienstvorschriften bestimmt.

Artikel 104.

Die vorgesetzten Dienstbehörden sind befugt, einem Beamten für den Fall, daß er ein Amtsgeschäft nicht innerhalb einer bestimmten Frist erledigt, die Absendung eines Wartboten auf seine Kosten oder Zwangsstrafen anzudrohen, die für den gleichen Anlaß den Gesamtbetrag von 1000 Reichsmark nicht übersteigen dürfen. Nach fruchtlosem Ablaufe der Frist kann die Androhung ohne weiteres verwirklicht werden.

Die vorgesetzten Dienstbehörden sind auch befugt, einem säumigen Beamten auf seine Kosten zur Erledigung rückständiger Amtsgeschäfte eine Geschäftsaushilfe beizugeben.

Die Zwangsstrafen werden den Wohlfahrtseinrichtungen für die Beamten zugewendet.

B. Dienststrafrecht für unwiderrufliche aktive Beamte.

1. Dienstvergehen und Dienststrafen.

Artikel 105.

Ein Beamter, der die ihm obliegenden Pflichten schuldhaft verletzt, macht sich eines Dienstvergehens schuldig.

Artikel 106.

Die Dienststrafen sind:
1. Ordnungsstrafen;
2. Disziplinarstrafen.

Artikel 107.

Die Ordnungsstrafen sind:
1. Verweis;
2. Geldstrafe bis zum Betrage des einmonatigen Grundgehalts.

Der Höchstbetrag der Geldstrafe darf auch beim Zusammenflusse mehrerer Dienstvergehen nicht überschritten werden.

Die Geldstrafen werden den Wohlfahrtseinrichtungen für die Beamten zugewendet.

Artikel 111.

Welche der in den Artikeln 106 bis 110 bestimmten Strafen anzuwenden sei, ist nach der größeren oder geringeren Erheblichkeit des Dienstvergehens mit besonderer Rücksicht auf die gesamte Führung des Beschuldigten zu ermessen.

Artikel 112.

Hat ein Beamter während seines früheren Dienstverhältnisses als Richter, Notar oder als öffentlicher Beamter ein Dienstvergehen begangen, so unterliegt er auch hiewegen den Vorschriften dieses Gesetzes.

Wegen einer Handlung, die ein Beamter vor dem Eintritt in den Staatsdienst zu einer Zeit begangen hat, in der er weder Staatsbeamter noch öffentlicher Beamter war, ist ein Einschreiten im Dienststrafverfahren nur dann zulässig, wenn die Handlung die Strafversetzung oder Dienstentlassung begründet.

Artikel 113.

Die Strafverfolgung von Dienstvergehen verjährt in fünf Jahren. Verstößt die Tat auch gegen ein Strafgesetz, so verjährt die Strafverfolgung des Dienstvergehens nicht, bevor die Strafverfolgung der Straftat verjährt ist.

Jede Handlung des Strafrichters oder des Disziplinarrichters oder des mit der Führung der Voruntersuchung beauftragten Beamten oder des von diesem ersuchten Gerichts oder Beamten (Artikel 134 Abs. 2, 7), die wegen der begangenen Tat gegen den Täter gerichtet ist, unterbricht die Verjährung. Nach der Unterbrechung beginnt eine neue Verjährung.

Artikel 114.

Das Dienststrafverfahren wird eingestellt, wenn der Beschuldigte unter Verzicht auf Titel und Dienstabzeichen sowie auf Diensteinkommen, Ruhegehalt und Hinterbliebenenversorgung um Entlassung aus dem Staatsdienste nachsucht, vorausgesetzt, daß er in Bezug auf seinen Dienst sich nicht in verschuldetem Rückstande befindet und über eine ihm anvertraute Verwaltung von öffentlichem Vermögen Rechenschaft abgelegt hat.

Artikel 115.

Hat der Staatsanwalt in einem strafrechtlichen Verfahren die öffentliche Klage erhoben oder ist in einem militärgerichtlichen Verfahren die Anklage verfügt worden, so darf vor Beendigung dieses Verfahrens gegen den Beschuldigten wegen der nämlichen

Tatsachen ein Dienststrafverfahren weder eingeleitet noch fortgesetzt werden.

Ist wegen Abwesenheit des Beschuldigten die vorläufige Einstellung des Strafverfahrens beschlossen, so kann von diesem Zeitpunkt an das Dienststrafverfahren eingeleitet oder fortgesetzt werden.

Artikel 116.

Ist von den Strafgerichten auf Freisprechung erkannt, so findet wegen der Tatsachen, die in dem strafrechtlichen Verfahren Gegenstand der Aburteilung waren, ein Dienststrafverfahren nur noch insofern statt, als diese Tatsachen an sich und ohne ihre Beziehung zu dem gesetzlichen Tatbestande der strafbaren Handlung, auf die das Strafverfahren sich erstreckte, ein Dienstvergehen enthalten.

Die Freisprechung wegen Verjährung im strafrechtlichen Verfahren schließt die Einleitung oder Fortsetzung eines Dienststrafverfahrens nicht aus, solange die Strafverfolgung wegen Dienstvergehens noch nicht gemäß Artikel 113 ausgeschlossen ist.

Ist in einem strafrechtlichen Verfahren eine Verurteilung erfolgt, die den Verlust des Amtes nicht zur Folge gehabt hat, so kann von diesem Zeitpunkt an das Dienststrafverfahren eingeleitet oder fortgesetzt werden.

2. Ordnungsstrafverfahren.

Artikel 117.

Zur Verhängung der Ordnungsstrafen (Artikel 107) sind die vorgesetzten Behörden und Beamten zuständig.

Vor der Verhängung einer Ordnungsstrafe ist dem Beamten Gelegenheit zu geben, sich über die ihm zur Last gelegte Verletzung seiner Dienstpflicht zu äußern, sofern nicht die Ordnungsstrafe schon vorher für den Fall einer bestimmt bezeichneten Verfehlung angedroht war.

Die Verhängung der Ordnungsstrafe erfolgt unter Angabe der Gründe durch schriftliche Verfügung oder zu Protokoll.

Die näheren Vorschriften über die Zuständigkeit der Behörden und Beamten zur Verhängung von Ordnungsstrafen und über das Beschwerdeverfahren werden von der Staatsregierung erlassen.

Artikel 165.

Auf die in dem Artikel 25 bezeichneten Staatsdienstaspiranten und sonstigen Personen finden die Vorschriften der Artikel 105 bis 107, 111 bis 117, soweit sie sich auf Ordnungsstrafen beziehen, mit der Maßgabe entsprechende Anwendung, daß Geldstrafen bis zum Betrage von einhundert Mark[1]) verhängt werden können.

Artikel 168.

Gegen Beamte und gegen die in dem Artikel 25 bezeichneten Staatsdienstaspiranten und sonstigen Personen, deren Dienstverhältnis auf Ansuchen oder ohne Ansuchen gelöst wurde (Artikel 8 Abs. 2, Artikel 9 Abs. 2 und Artikel 108 Ziffer 2, Artikel 10), kann, sofern nicht eine andere Strafe verwirkt ist, wegen einer Verletzung der Pflicht der Amtsverschwiegenheit auch nach der Auflösung des Dienstverhältnisses eine Geldstrafe bis zum Betrage von sechshundert Mark[2]) im Disziplinarverfahren verhängt werden.

Artikel 169.

In einem Disziplinarverfahren nach den Artikeln 166 bis 168 ist die Disziplinarkammer zuständig, in deren Bezirk der Beschuldigte seinen letzten Amtssitz hatte, und wenn dieser außerhalb Bayerns sich befand, die Disziplinarkammer in München.

II. Anhang zu den Satzungen für die Studierenden an den Bayerischen Universitäten.

(KMBl. 1923, 44; 1924, 93; InnMBl. 1925, 58).

Bestimmungen für die Studierenden über die Zulassung zu den öffentlichen Ämtern und Prüfungen in Bayern.

I. Soweit die Prüfungsordnungen nichts anderes bestimmen, dauert die akademische Studienzeit für jeden Studierenden, der sich zu einem öffentlichen Amt in Bayern vorbereitet, 4 Jahre.

---

[1]) An die Stelle der Geldstrafe von 100 (P)Mk. ist nun eine solche von 1—1000 RMk. getreten; Art. II u. VIII der VO. über Vermögensstrafen u. Bußen v. 6. Febr. 1924 (RGBl. 44) mit der 2. DurchfVO. zum RMünzGes. vom 12. Dez. 1924 (RGBl. 775). Die bayer.VO. über die Durchführung des RMünzGes. v. 25. Nov. 1925 (GVBl. 265) wird nicht einschlagen, da sie auf Art. VIII (s. oben) nicht Bezug nimmt.

[2]) An die Stelle der Strafe von 600 (P)Mk. ist nun eine solche von 1—1000 RMk. getreten; Art. II u. VIII der VO. über Vermögensstrafen u. Bußen v. 6. Febr. 1924 (RGBl. 44) mit der 2. DurchfVO. zum RMünzgef. v. 12. Dez. 1924 (RGBl. 775). Die bayer.VO. v. 25. Nov. 1925 (GVBl. 265) wird nicht einschlagen, da sie auf Art. VIII (s. oben) nicht Bezug nimmt.

Soweit die Prüfungsordnungen nichts anderes bestimmen, muß der Studierende innerhalb dieser Zeit wenigstens 8 ordentliche philosophische Vorlesungen hören. Hierbei werden mehrere hörgeldpflichtige Vorlesungen, die in demselben oder in verschiedenen Halbjahren zusammen mindestens 4 stündig gelesen werden, einer ordentlichen Vorlesung gleichgeachtet.

Als philosophische Vorlesungen gelten die Vorlesungen aus dem Lehrkreise der beiden Sektionen der philosophischen Fakultät, ferner die Vorlesungen aus anderen Fakultäten, die nach der betreffenden Prüfungsordnung als philosophische Vorlesung zu erachten sind.[1])

II. Die philosophischen oder theologischen Studien an einem bayerischen Lyzeum[2]) werden den philosophischen oder theologischen Universitätsstudien gleichgeachtet.

III. Die Anrechnung von Studienhalbjahren an Universitäten außerhalb des Deutschen Reichs auf die vorgeschriebene Studienzeit bedarf der Zustimmung des Staatsministeriums für Unterricht und Kultus.

IV. Auf die vorgeschriebene Studienzeit werden nur solche Halbjahre angerechnet, die der Studierende mit der für die betreffende Prüfung vorgeschriebenen Vorbildung an der Universität verbracht hat.

V. Für die Zulassung zu den staatlichen Prüfungen werden Halbjahre, während deren der Studierende ganz oder zum größten Teile beurlaubt war, oder in denen er auf eine ordentliche Vorlesung nicht eingeschrieben war, nicht gerechnet.

Die Anrechnung von Halbjahren, in denen der Studierende nach Ablauf der äußersten Aufnahme- oder Einschreibefrist aufgenommen oder eingeschrieben wurde, oder in denen er nach dieser Frist zu dem betreffenden Fachstudium übergetreten ist, auf die für die Zulassung zu den staatlichen Prüfungen nachzuweisende Studienzeit, bedarf der Zustimmung des Staatsministeriums für Unterricht und Kultus.

VI. Der für die Zulassung zu den staatlichen Prüfungen erforderliche Studiennachweis ist durch das Universitäts-Abgangszeugnis zu erbringen.

---

[1]) Wegen der Ausnahme für die Studierenden der Rechtswissenschaft s. VO. § 5 Abs. 1 Nr. 3 u. MB. § 3.

[2]) Die Lyzeen führen nun die Bezeichnung „Philosophisch-theologische Hochschule" (KMB. v. 9. Dez. 1923, StAnz. Nr. 288).

III. Studienpläne der drei Universitäten und Promotionsordnungen.

1. Anleitung zum Studium der Rechtswissenschaft (Studienplan).

Ausgegeben von der Juristischen Fakultät München 1921 (1923).

I. Den Studierenden der Rechtswissenschaft bieten sich:

1. Systematische (theoretische) Vorlesungen über die einzelnen Fächer, einschließlich der rechtsgeschichtlichen und rechtsphilosophischen Vorlesungen.

2. Praktische Übungen über das geltende Recht.

3. Exegetische Übungen zur Erläuterung einzelner Texte, besonders wichtig für die Rechtsquellen der Vergangenheit, so des deutschen und des römischen Rechts, sowie für die Quellen des Kirchenrechts. Die Fähigkeit, römische Quellen auslegen zu können, gehört von altersher wesentlich zur juristischen Bildung. Ohne Beschäftigung mit den Quellen kann auch der in der Staatsprüfung und Doktorprüfung geforderte rechtsgeschichtliche Stoff nicht bewältigt werden.

4. Seminaristische Übungen, d. h. solche, in denen die Methode rechtswissenschaftlicher Untersuchungen in eindringenderer Weise geübt wird.

5. Konversatorien und wissenschaftliche Repetitorien, d. s. Übungsvorlesungen, die den in den theoretischen Vorlesungen vorgetragenen Stoff ergänzen oder wiederholen. Dagegen vermeidet es die Universität grundsätzlich, solche sog. Repetitorien zu bieten, die als Ersatz für mangelhaften Vorlesungs- und Übungsbesuch und für das Fehlen eigener Denkarbeit gedacht, auf rein gedächtnismäßige Einprägung der juristischen Einzelheiten berechnet sind, da solche Repetitorien, einerlei von wem erteilt, bestenfalls ein äußerlich oberflächliches Wissen übermitteln und dem Lernenden notwendig schaden statt zu nützen.

II. Ein ordnungsmäßiges Studium erfordert nach Ansicht der Fakultät,

1. daß aus dem Bereiche der Juristischen Fakultät mindestens folgende theoretischen Vorlesungen gehört werden: Einführung in die Rechtswissenschaft (Rechtsenzyklopädie); Geschichte und System des römischen Rechts; deutsche Rechtsgeschichte und Grundzüge des deutschen Privatrechts; Bürgerliches Recht in allen seinen Teilen mit den landesrechtlichen Ergänzungen; Handels- und Wechselrecht; Zivilprozeßrecht und Konkursrecht; Strafrecht und Strafprozeßrecht; Allgemeine Staatslehre und Staatsrechtslehre; Reichs- und Landes-Staatsrecht (für Bayern mit Einschluß der Sondervorlesung über bayrisches Staatsrecht); Verwaltungsrecht (Reichs- und Landesverwaltungsrecht); Kirchenrecht;

Völkerrecht; Übersicht über die landesrechtliche Rechtsentwicklung; Rechtsphilosophie. Der Studierende wird sich aber in seinem eigenen Interesse nicht auf den Besuch dieser Hauptvorlesungen beschränken, sondern in geeigneter Auswahl — nicht in allzu gehäufter Menge — auch juristische Spezialvorlesungen besuchen, wie z. B. diejenigen über Methodenlehre, internationalrechtliche Disziplinen (internationales Privatrecht usw.), Rechtsvergleichung, ausländische Rechte, Kolonialrecht, Finanzrecht, Verwaltungslehre, Politik, Arbeitsrecht, Verkehrsrecht, Versicherungsrecht, Presserecht, Gefängniswesen, Kriminalpolitik, freiwillige Gerichtsbarkeit.

2. Unerläßlich ist der Besuch der Übungen über die verschiedenen Rechtsteile. So wenig er den Besuch der systematischen Vorlesungen ersetzen kann, so sehr ist er doch erforderlich, um dem Studierenden die sichere Beherrschung und Durchdringung des Rechtsstoffes zu verschaffen. Soweit die Übungen mit schriftlichen Arbeiten verbunden sind, ist fleißige Betätigung auch in dieser Hinsicht dringend anzuraten.

3. Der Besuch von seminaristischen Übungen ist allen Studierenden, die theoretische Neigung und Befähigung haben, sehr zu empfehlen.

4. Das juristische Studium bedarf der Ergänzung durch das Studium der Volkswirtschaftslehre und -politik, sowie der Finanzwissenschaft.

Von der Auswahl unter den Sondervorlesungen wie Sozialwissenschaft, Bank-, Börsen- und Kreditwesen, Wirtschaftsgeschichte und -geographie, Statistik gilt entsprechendes wie von den juristischen.

5. Besonders hingewiesen wird auf gewisse Vorlesungen an anderen Fakultäten, die, wie gerichtliche Medizin insbesondere forensische Psychiatrie, mit Theorie und Praxis des Rechts enge verknüpft sind.

6. Der junge Jurist, der seinen künftigen Beruf vor Augen hat, wird sich dessen bewußt sein, daß er, in welcher Stellung es sei, nur dann allen an ihn herantretenden Anforderungen gerecht werden kann, wenn er sich eine vielseitige Bildung erworben hat. Er wird deshalb die Gelegenheit nicht versäumen, Vorlesungen über allgemein bildende Fächer zu besuchen.

7. Studierende, die in Bayern die juristische Prüfung ablegen wollen, müssen den Nachweis führen, daß sie acht ordentliche Vorlesungen[1]) gehört haben, die das eigentliche Gebiet der juristischen Vorlesungen und der Vorlesungen über Nationalökonomie und Finanzwissenschaft überschreiten. Ihre Auswahl steht in gewissen Grenzen frei und kann aus dem Lehrkreise der

---

[1]) Vgl. an der Stelle dieser Bestimmung nun VO. § 5 Nr. 2 u. Bek. § 3.

Universitäten, der allgemeinen Abteilung der technischen Hochschulen und der staatlich genehmigten Handelshochschulen erfolgen.

III. Hinsichtlich der einzuhaltenden Reihenfolge der Vorlesungen erteilt die Fakultät folgende Ratschläge:

1. Das juristische Studium ist unter allen Umständen mit dem Besuche der Einführung in die Rechtswissenschaft (Rechtsenzyklopädie) und, wenn besonders gelesen, der Einführung in die Grundbegriffe (oder Grundzüge) des bürgerlichen Rechts zu eröffnen. Empfehlenswert ist es, daneben sofort die deutsche oder römische Rechtsgeschichte zu stellen. Dagegen ist es der freien und nach der individuellen Veranlagung des Studierenden zu treffenden Wahl überlassen, ob die danach übrig bleibenden rechtsgeschichtlichen Vorlesungen den Anfang oder die Mitte des Studiums des bürgerlichen Rechts bilden sollen. Im ersteren Falle setzt man, wie bisher üblich, die römische Rechtsgeschichte und das römische Privatrecht in das 1., die deutsche Rechtsgeschichte in das 1. oder 2., das deutsche Privatrecht in das 2. Semester; im letzteren Falle werden das deutsche und insbesondere das römische Privatrecht in einem mittleren Semester nach den ersten drei Teilen des bürgerlichen Rechts eingeschaltet, jeweils nach oder neben der betreffenden Rechtsgeschichte.

2. Die Vorlesungen über das bürgerliche Recht werden, ob der eine oder andere in Ziffer I bezeichnete Weg gewählt wird, am besten im zweiten Semester begonnen und zwar mit dem allgemeinen Teil und dem Recht der Schuldverhältnisse. Erst nach diesen Teilen und dem Sachenrecht können einerseits das Familien- und Erbrecht, andererseits das Handelsrecht mit Verständnis gehört werden. Die Vorlesung über internationales Privatrecht setzt Kenntnis des bürgerlichen Rechts voraus.

3. Es empfiehlt sich, schon in den ersten Semestern neben privatrechtlichen Vorlesungen solche aus dem öffentlichen Recht zu hören. Staatsrecht, Strafrecht, Kirchenrecht und Völkerrecht sind ohne bürgerlich-rechtliche Vorkenntnisse verständlich. Allgemeine Staatslehre und Staatsrechtslehre wird zweckmäßig in einem der ersten Semester gehört, ist aber auch später noch von Wert. Verwaltungsrecht soll erst nach dem Staatsrecht, Zivilprozeßrecht und Konkursrecht erst nach dem bürgerlichen Recht, Strafprozeßrecht nicht vor dem Strafrecht gehört werden.

4. Die Vorlesungen über Rechtsphilosophie und juristische Methodenlehre bieten solchen, die sie in ihren mittleren und späteren Studiensemestern hören, mehr als den Anfängern.

5. Von den Übungen sind diejenigen, die als römisch-rechtliche „Anfängerübungen" im Vorlesungsverzeichnis bezeichnet sind, auf das Semester berechnet, in dem die theoretischen Vorlesungen über römisches Recht gehört werden. Die „Anfängerübungen" im bürgerlichen Recht sollen besucht werden, nachdem der allgemeine Teil des bürgerlichen Rechts und das Recht der Schuldverhältnisse gehört sind. Im übrigen wird in den Übungen in der Regel

vorausgesetzt, daß die Teilnehmer schon einen Überblick über das betreffende Fach gewonnen haben.

6. Die volkswirtschaftlichen Vorlesungen können das juristische Studium von Anfang an begleiten. Die Vorlesung über theoretische (allgemeine) Volkswirtschaftslehre soll den übrigen volkswirtschaftlichen und finanzwissenschaftlichen Vorlesungen nicht nachfolgen.

7. Die allgemeinbildenden Vorlesungen sind nach Zeit und Neigung auf die Studienzeit zu verteilen. Dies gilt auch für die bayrischen Studierenden hinsichtlich der acht „philosophischen" Pflichtvorlesungen.[1])

IV. Der Studierende muß durch dauernde selbsttätige Bemühung, namentlich durch eigene Lektüre, seinen Kollegbesuch vorbereiten und ergänzen. Unerläßlich ist es daher, daß der Studierende möglichst ausgiebig Gesetze und andere Quellen, sowie literarische Hilfsmittel, wie sie der Dozent zur Anschaffung empfiehlt, selbst besitzt. Darüber hinaus ist dringend anzuraten, daß sich der Studierende ständig die Universitätsbibliothek und die Staatsbibliothek zu Nutze macht. Abgesehen von der Entleihung von Büchern zum häuslichen Studium ist namentlich auch auf die im juristischen Lesesaal der Universitätsbibliothek aufgestellte Präsenzbücherei und auf die im Zeitschriftensaal dieser Bibliothek aufliegenden wissenschaftlichen Zeitungen aufmerksam zu machen.

Sehr gewinnen wird das juristische Studium, wenn dazu schon während der Universitätszeit tunlichst viel Bekanntschaft mit dem Rechts- und Geschäftsleben tritt. Ein Stück davon kennen zu lernen, wird fast jedem auf privatem Wege möglich sein. In den Ferien wird zufolge neuer Erlasse der Justizverwaltungen, in Bayern gemäß Bekanntmachung vom 9. Juli 1920,[2]) an den Gerichten, insbesondere den Amtsgerichten, während der Ferien den Studierenden die Gelegenheit geboten, einen Einblick in die praktische Tätigkeit der Gerichte zu gewinnen.

V. Rätlich ist, daß sich der Studierende beizeiten mit den landesrechtlichen Prüfungsvorschriften, die für ihn in Betracht kommen, vertraut macht, namentlich um zu wissen, wie lange das Studium zu dauern hat und welche Erfordernisse für die Anrechnung von Semestern gelten, ferner inwieweit er bei der Meldung zur Prüfung Zeugnisse über Besuch von Übungen vorzulegen hat, inwieweit er, wenn nicht von einem humanistischen Gymnasium kommend, an altsprachlichen Ergänzungskursen teilzunehmen oder eine Ergänzungsprüfung abzulegen hat, auch welche besonderen Vorbedingungen etwa für diejenigen gelten, die sich dem höheren Verwaltungsdienst widmen wollen.

[1]) Acht philosophische Pflichtvorlesungen brauchen nicht mehr gehört zu werden; s. nun VO. § 5 Nr. 2 u. Bek. § 3.

[2]) Die Bek. vom 9. Juli 1920 s. hier Tl. III Nr. IV.

Die Fakultät trägt dafür Sorge, daß die jeweils geltenden Prüfungsvorschriften — die bayerischen wie die außerbayerischen deutschen und möglichst auch außerdeutsche — bei dem Bücherwart des Juristischen Seminars eingesehen werden können. Über die bayerischen siehe die Schrift: „Die Vorbedingungen für den Justiz- und Verwaltungsdienst“ herausgegeben von v.-d. Pfordten und J. Neumiller, 5. Auflage München-1920. Nachtrag 1922.[1])

VI. Die für die Kriegsteilnehmer erlassenen besonderen Bestimmungen können gleichfalls bei dem Bücherwart des Juristischen Seminars eingesehen werden.

Ein Merkblatt enthaltend besondere Ratschläge der Juristischen Fakultät für Kriegsteilnehmer wird im Sekretariat (Zimmer 237) abgegeben.

VII. Im Auftrage der Fakultät wird durch einen Dozenten in eigenen Sprechstunden Studienberatung erteilt. Auch der Dekan und sämtliche Dozenten sind zu besonderen Ratschlägen gern bereit. Über die Sprechstunden des an der Fakultät bestehenden Fachausschusses gibt ein Anschlag am Juristischen Seminar Aufschluß.

2. Promotionsordnung der Juristischen Fakultät der Universität München von 1923/24.

(Ministeriell genehmigt).

Zulassungsbedingungen.

§ 1. Die Voraussetzungen für die Zulassung zur Promotion sind folgende:

1. Der Bewerber muß die Reifeprüfung an einem reichsdeutschen humanistischen Gymnasium oder an einer gleichwertigen Anstalt des Auslandes bestanden haben.

   Die Zulassung eines Bewerbers, der die Reifeprüfung an einer anderen neunstufigen höheren Lehranstalt bestanden hat, kann die Fakultät beschließen, wenn ihr der Bewerber aus seinem Studiengange bekannt ist.
2. Der Bewerber muß, wenn er Kriegsteilnehmer war und die Referendarprüfung bestanden hat, 3 Jahre, sonst 4 Jahre an einer reichsdeutschen, deutschösterreichischen, deutschschweizerischen oder niederländischen oder gleichwertigen Universität als ordentlicher Studierender der Rechte immatrikuliert gewesen sein; 2 Halbjahre von dieser Zeit müssen an der Universität München verbracht sein. Eine Anrechnung von Semestern, für die der Bewerber für ein anderes Studium als in der juristischen Fakultät eingeschrieben war, ferner von solchen, die er an einer anderen Hochschule als an der Universität verbracht hat, endlich von solchen, die er als außer-

[1]) S. an deren Stelle nun die vorliegende Neuauflage.

ordentlicher Studierender oder als Hörer an einer Universität verbracht hat, ist grundsätzlich ausgeschlossen; die Fakultät kann jedoch aus besonderen Gründen eine solche Anrechnung beschließen. Von Kriegsteilnehmern abgesehen, muß die Referendarprüfung bestanden sein.

3. Der Bewerber muß unbescholten sein.

Gesuch.

§ 2. Das Gesuch um Zulassung zur Doktorprüfung ist schriftlich einzureichen. Beizufügen sind:

1. eine Darstellung des Lebenslaufes des Bewerbers mit ehrenwörtlicher Angabe darüber, welche Staats- oder Doktorprüfung er etwa schon bestanden oder zu bestehen versucht hat und unter Anführung sämtlicher von ihm gehörten Vorlesungen unter Nennung der Dozenten;
2. die urkundlichen Nachweise über das Vorliegen der in § 1 bezeichneten Voraussetzungen, sowie über die belegten Vorlesungen und etwa bestandene Prüfungen;
3. eine rechtswissenschaftliche Inauguralabhandlung (Dissertation) in deutscher oder lateinischer Sprache in vollständiger Reinschrift (Hand- oder Maschinenschrift), paginiert und fest geheftet, mit einem auf die Seitenzahlen verweisenden Inhaltsverzeichnis und einem nach Verfassernamen alphabetisch geordneten Verzeichnis aller benützten Schriften unter genauer Angabe der Verfasser und des Druckjahres;
4. eine Erklärung, in der der Bewerber an Eidesstatt versichert, daß er die Abhandlung selbst verfaßt, ferner ob und inwieweit er sich bei der Wahl und Bearbeitung des Themas fremder Hilfe oder fremden Rats bedient und daß darüber hinaus keine fremde Beihilfe stattgefunden, daß er kein anderes Literaturerzeugnis als die in der Abhandlung und im Schriftenverzeichnis angeführten benützt, daß er an Stellen, wo er in der Dissertation fremde Arbeiten benützt hat, diese zitiert habe und er alle wörtlich oder annähernd wörtlich aus fremden Arbeiten entnommenen Stellen als solche kenntlich gemacht habe, endlich auch, ob die Dissertation schon bei einer Staats- oder Doktorprüfung als Prüfungsaufgabe gedient habe.

Dissertation.

§ 3. Die Dissertation wird durch einen Hauptberichterstatter und einen Nebenberichterstatter begutachtet. Die Genehmigung der Dissertation durch die Fakultät ist dadurch bedingt, daß sie wissenschaftlich beachtenswert ist.

Examen rigorosum.

§ 4. Nach Genehmigung der Dissertation hat der Bewerber das aus einem schriftlichen und einem mündlichen Teil bestehende examen rigorosum abzulegen und zwar in der Regel binnen

1 Jahre. Wird diese Jahresfrist oder die dem Bewerber etwa bewilligte längere Frist nicht eingehalten, so erlischt die Bewerbung.

§ 5. Der schriftliche Teil des examen rigorosum besteht darin, daß der Bewerber eine von der Fakultät gestellte Aufgabe, die in der Regel die Interpretation eines römisch-rechtlichen Quellentextes zum Gegenstand hat, in Klausur bearbeitet.

Die Fakultät kann mit Rücksicht auf Inhalt und Wert der Dissertation oder mit Rücksicht darauf, daß ihr der Bewerber aus seinem Studiengange bekannt ist, diesem die schriftliche Prüfung erlassen.

§ 6. Die mündliche Prüfung setzt vorbehaltlich der Bestimmung in § 5 Absatz 2 das Bestehen der schriftlichen voraus und erstreckt sich auf alle Zweige der Rechtswissenschaft. Sie wird in deutscher Sprache vor mindestens 4 Mitgliedern der Fakultät und während einer Mindestdauer von 2 Stunden unter Leitung des Dekans abgelegt.

§ 7. Wird das Examen rigorosum nicht bestanden, so ist auf Grund derselben Dissertation eine einmalige Wiederholung der mündlichen Prüfung zulässig und zwar nicht vor Jahresfrist; vom Ablauf der letzteren ab läuft für die Wiederholungsprüfung eine in der Regel einjährige Frist; § 4 Satz 2 findet entsprechende Anwendung.

Prädikat.

§ 8. Das im Falle des Bestehens der Prüfung zu erteilende Prädikat wird durch Fakultätsbeschluß festgesetzt; es kann lauten auf

1. summa cum laude;
2. magna cum laude;
3. cum laude;
4. rite.

Drucklegung.

§ 9. Vorbehaltlich der Ausnahmeregelungen, die jeweils im Hinblick auf allgemeine Druckschwierigkeiten getroffen sind, sind von der Dissertation 200 Druckexemplare kostenfrei an die Universität abzuliefern; in besonderen Fällen kann die Fakultät die Zahl ermäßigen.

Auf der Rückseite des Titelblattes sind die Namen der Berichterstatter, auf deren Antrag die Dissertation genehmigt worden ist, und der Tag, an dem die Genehmigung erfolgt ist, anzugeben.

Erfolgt die Einreichung der Pflichtexemplare oder im Falle bestehender Ausnahmeregelungen der etwa als Ersatz dafür bestimmten sonstigen Pflichtstücke nicht innerhalb eines Jahres, so erlischt der Anspruch auf Vollziehung der Promotion. Aus besonderen Gründen kann die Fakultät eine Verlängerung dieser Frist bewilligen.

Promotion.

§ 10. Nach Einreichung der Pflichtstücke wird der Doktorgrad durch Aushändigung eines Diploms erteilt. Das Recht zur

Führung des Doktortitels wird erst durch die Aushändigung des Diploms begründet, es wäre denn, daß die Fakultät ausnahmsweise den Bewerber ausdrücklich ermächtigt, den Titel schon früher zu führen.

Entziehung der Doktorwürde.

§ 11. Die Doktorwürde kann von der Fakultät wegen Erschleichung (namentlich wegen Gebrauchs falscher oder verfälschter Papiere oder wegen falscher eidesstattlicher Versicherung), sowie auch dann entzogen werden, wenn der Promovierte wegen einer ehrenrührigen Handlung rechtskräftig verurteilt wird. Der Promovierte soll vor der Entziehung gehört werden.

Gebühren.

§ 12. Die Gebühren betragen 220 Reichsmark; davon sind 110 Reichsmark bei der Bewerbung, 110 Reichsmark nach Genehmigung der Dissertation vor Ansetzung des Termines für das examen rigorosum zu entrichten. Eine Rückzahlung wegen Nichtbestehens findet nicht statt. Minderbemittelten Bewerbern, die hauptsächlich in München studiert haben und der Fakultät als würdig bekannt sind, können die Gebühren ganz oder zum Teil erlassen werden.

Behufs Erlangung des Diploms hat der Bewerber die Beträge für die staatliche Stempelgebühr und für die Herstellung des Diploms zu entrichten.

Alle Zahlungen sind an den Oberpedell der Universität zu leisten.[1])

Bemerkungen:

1. Themata zu stellen oder sich über die Tauglichkeit eines Themas zu äußern, lehnt die Fakultät als solche ab.
2. Während der akademischen Ferien werden keine Prüfungen abgehalten.

3. Promotionsordnung der Staatswirtschaftlichen Fakultät der Universität München.

§ 1. Wer den Doktorgrad erwerben will, hat dem Dekan der Fakultät vorzulegen:

1. eine kurze Darstellung seines Lebenslaufes;
2. das Reifezeugnis eines humanistischen Gymnasiums, eines Realgymnasiums oder einer Oberrealschule; Bewerber, die

[1]) Anmerkung:

1. Es wird darauf aufmerksam gemacht, daß möglicherweise die Gebühren Änderungen unterliegen. Um sicher zu gehen, wolle der jeweilige Stand der Gebühren beim Oberpedell der Universität erfragt werden.
2. Die Promotionsordnung in der Fassung vom 18. Januar 1923 trat am 18. Juli 1923 in Kraft. Die kleinen Änderungen von 1924 ergaben sich zu verschiedenen Zeitpunkten.

nicht Angehörige des Deutschen Reiches sind, haben ein entsprechendes Reifezeugnis beizubringen;

3. den Nachweis, daß er den Grad eines Diplom-Volkswirtes erworben oder eine als Ersatz anerkannte akademische oder staatliche Prüfung bestanden und danach zwei weitere Semester staatswirtschaftlichen Studien obgelegen hat.

   Als Ersatz für die Diplomprüfung für Volkswirte gilt die juristische Referendarprüfung, sowie die Forstreferendarprüfung, wenn die staatswirtschaftlichen Fächer von Fachvertretern mit Erfolg geprüft wurden.

   Für Kandidaten, die in den angewandten Naturwissenschaften promovieren wollen, tritt an Stelle der Diplomprüfung die forstliche Zwischenprüfung oder eine nach mindestens sechssemestrigem Studium abzulegende Prüfung aus vier naturwissenschaftlichen Hauptfächern.

   Ausnahmen von diesen Erfordernissen können in besonderen Fällen von der Fakultät bewilligt werden.

4. Ausweise über einen Studiengang, der in der Regel einen vierjährigen Besuch einer Universität umfassen soll, über den Erwerb einer tüchtigen allgemeinen und einer gründlichen Fachbildung. Die Fakultät verleiht den Doktorgrad in der Regel nur solchen Kandidaten, von deren wissenschaftlicher Tüchtigkeit sie während ihres Studienganges auch an hiesiger Universität hat Kenntnis nehmen können. Ausländer haben in der Regel ein mindestens zweisemestriges Studium an einer deutschen, mit Promotionsrecht ausgestatteten Hochschule nachzuweisen.

   Die an anderen Hochschulen nachgewiesenen Studien kommen nach Ermessen der Fakultät in Anrechnung;

5. eine Abhandlung über einen Gegenstand, welcher in das Gebiet der staatswirtschaftlichen Fakultät gehört.

   Der Bewerber hat der Fakultät die Versicherung zu geben, daß er die Arbeit selbst und ohne fremde Hilfe verfaßt hat.

§ 2. Die eingereichte Abhandlung wird von der Fakultät einer Prüfung unterworfen, auf Grund deren ihr wissenschaftlicher Wert nach folgender Notenskala bestimmt wird: dissertatio egregia für Note I, dissertatio admodum laudabilis für Note II, dissertatio laudabilis für Note III, dissertatio scripta für Note IV.

§ 3. Ist die eingereichte Abhandlung von der Fakultät gutgeheißen und als druckwürdig anerkannt worden, so wird der Bewerber zur mündlichen Prüfung (Examen rigorosum) zugelassen.

§ 4. Die mündliche Prüfung (Examen rigorosum) hat den Nachweis eines gründlichen Studiums zu liefern. Sie dauert wenigstens zwei Stunden und wird vor versammelter Fakultät abgehalten, wobei jedes Fakultätsmitglied Fragen zu stellen berechtigt ist. Der Kandidat wird aus fünf Fächern geprüft, die von mindestens vier Hochschuldozenten vertreten sein müssen.

Unter den fünf Fächern müssen, falls die Dissertation in das Gebiet der **Staatswissenschaften** fällt, sich befinden: Volkswirtschaftslehre, Finanzwissenschaft, Statistik, allgemeine Staatslehre in Verbindung mit deutschem Staatsrecht und ein fünftes entweder in der staatswirtschaftlichen Fakultät vertretenes oder ein verwandtes, einer anderen Fakultät zugehöriges Fach; falls die Dissertation in das Gebiet der **Forstwissenschaft** fällt: Volkswirtschaftslehre, Waldbau, ein Fach aus der forstlichen Betriebslehre und außerdem zwei Fächer, die von dem Kandidaten aus dem Kreise der in der Fakultät vertretenen Fächer gewählt werden können; statt des einen dieser zwei Fächer kann der Kandidat auch ein verwandtes Fach aus einer anderen Fakultät wählen. Falls die Dissertation in das Gebiet der **angewandten Naturwissenschaften** fällt: Volkswirtschaftslehre und vier naturwissenschaftliche Fächer; statt des einen dieser Fächer kann der Kandidat auch ein verwandtes Fach aus der staatswirtschaftlichen oder einer anderen Fakultät wählen.

§ 5. Als Maßstab der Beurteilung dient das Notenschema: summa cum laude für Note I, magna cum laude für Note II, cum laude für Note III, examen superatum für Note IV.

§ 6. Die Noten für die eingereichte Abhandlung und für das Ergebnis der mündlichen Prüfung werden durch Mehrheitsbeschluß der Fakultät festgesetzt.

§ 7. Von der Dissertation sind 110 gedruckte Exemplare unentgeltlich an die Universität abzuliefern;[1]) eine Ermäßigung dieser Ziffer bleibt für besondere Fälle vorbehalten. Ein Diplom, das zur Führung des Doktortitels berechtigt, wird erst ausgehändigt, wenn die Vervielfältigung der Dissertation in der Weise erfolgt ist, wie die Fakultät es vorgeschrieben hat.

§ 8. Die Gebühren der Fakultät und des Staates sind bei der Meldung zur Doktorprüfung zu erlegen.

§ 9. Auf Ehrenpromotionen, welche die Fakultät beschließt, finden vorstehende Vorschriften keine Anwendung.

§ 10. Abweichungen von Bestimmungen der Promotionsordnung erfordern den einstimmigen Beschluß der Fakultät und Zustimmung des akademischen Senates.

Diese Promotionsordnung ist durch Entschließung des Staatsministeriums für Unterricht und Kultus vom 21. Nov. 1923 Nr. 49530 genehmigt worden.

---

[1]) Angesichts der Druckkostenerhöhung kann bis auf weiteres die Dissertation in verbesserter Urschrift und weiteren vier Exemplaren in Maschinenschrift eingereicht werden. In diesem Falle ist eine für den Druck geeignete kurze Darstellung der wissenschaftlichen Hauptergebnisse der Abhandlung mit vorzulegen. Das Diplom wird dann verabfolgt. Das Recht des Doktoranden auf Drucklegung bleibt hierdurch unberührt.

4. Studienplan der rechts- und staatswissenschaftlichen Fakultät der Universität Würzburg.

A. Das Studium der Rechts- und Staatswissenschaft muß, wenn es ein vollständiges, alle Teile der Rechts- und Staatswissenschaft wenigstens in den Hauptdisziplinen umfassendes sein und den künftigen Richtern und Verwaltungsbeamten die erforderliche Vorbildung gewähren soll, sich auf die Vorlesungen über folgende Disziplinen erstrecken:

1. Einführung in die Rechtswissenschaft.
2. Römische Rechtsgeschichte und System des römischen Privatrechts.
3. Deutsche Rechtsgeschichte und Grundzüge des deutschen Privatrechts.
4. Deutsches bürgerliches Recht (bürgerliches Gesetzbuch nebst reichs- und landesrechtlichen Ergänzungen) in eingehender dogmengeschichtlicher Entwicklung.
5. Übersicht über die Rechtsentwicklung in Bayern mit Rücksicht auf die einzelnen Landesteile.
6. Handels- und Wechselrecht.
7. Zivilprozeß einschließlich des Konkursprozesses.
8. Strafrecht.
9. Strafprozeß.
10. Kirchenrecht.
11. Allgemeines Staatsrecht.
12. Deutsches Staatsrecht (Reichsstaatsrecht und Landesstaatsrecht).
13. Bayerisches Staatsrecht.
14. Verwaltungsrecht.
15. Völkerrecht.
16. Rechtsphilosophie.
17. Nationalökonomie.
18. Statistik.
19. Finanzwissenschaft.

Es muß der größte Wert darauf gelegt werden, daß die Studierenden nicht nur die theoretischen Vorlesungen besuchen, sondern auch an den exegetischen und praktischen Übungen, insbesondere solchen mit schriftlichen Arbeiten, sich fleißig beteiligen.

B. Bei dem Gange und der Anordnung des Studiums sind folgende Gesichtspunkte zu berücksichtigen:

I. Die Verteilung der Vorlesungen auf die einzelnen Semester ist so vorzunehmen, daß jede Überladung eines Semesters vermieden wird. Der Studierende muß hinreichende Muße behalten, um das in Vorlesungen Gehörte während des Semesters selbst durch Repetieren und sonstiges Privatstudium zu verarbeiten. In der Regel werden vier Stunden Vorlesungen — einschließlich der philosophischen Vorlesungen — nicht zu überschreiten sein.

II. Hinsichtlich der Reihenfolge der Vorlesungen besteht zwar im allgemeinen ein gewisser Spielraum; zu beachten ist jedoch, daß gewisse Disziplinen für das ganze Studium grundlegend sind und daß solche Vorlesungen, die zum Verständnisse anderer den Weg bahnen, vor den letzteren gehört werden müssen.

a) Die Vorlesung über Einführung in die Rechtswissenschaft soll möglichst beim Beginne des Fachstudiums gehört werden und wird am besten schon im ersten Universitätsjahre mit den philosophischen Disziplinen gehört.

b) Dagegen empfiehlt es sich, die Vorlesung über Rechtsphilosophie auf ein späteres Semester zu verschieben, da das Verständnis dieser Vorlesungen schon ein gewisses Maß von positiven Rechtskenntnissen voraussetzt.

c) Abgesehen von der Vorlesung über Einführung in die Rechtswissenschaft ist das Rechtsstudium mit der römischen Rechtsgeschichte und dem römischen Privatrecht zu beginnen. Daran schließt sich im folgenden Semester die Vorlesung über die deutsche Rechtsgeschichte und die Grundzüge des deutschen Privatrechts und in einem weiteren Semester die Vorlesung über deutsches bürgerliches Recht. Das Handels- und Wechselrecht wird zweckmäßig erst nach dem deutschen bürgerlichen Recht gehört.

d) Die prozessualen Disziplinen sind erst nach dem betreffenden materiellen Rechte zu hören. Zivilprozeß frühestens nach der Vorlesung über den I. Teil des deutschen bürgerlichen Rechts, Strafprozeß nach bzw. mit dem Strafrechte.

e) Die Vorlesungen über Kirchenrecht und Staatsrecht sind nicht vor den privatrechtlichen Vorlesungen zu hören.

f) Die Vorlesungen über Verwaltungsrecht und Völkerrecht sind am zweckmäßigsten an die staatsrechtlichen Vorlesungen anzuschließen, jedenfalls nicht vor diesen zu hören. Sie können ohne Bedenken an das Ende des Studiums gestellt werden. Ebenso die Vorlesung über die Rechtsentwicklung in Bayern.

g) Was die Vorlesungen über Nationalökonomie (allgemeinen und besonderen Teil) und Statistik anlangt, so empfiehlt es sich, diese schon in den ersten Semestern des Fachstudiums zu hören, dagegen setzt die Vorlesung über Finanzwissenschaft zum richtigen Verständnisse staatsrechtliche Kenntnisse voraus und ist daher erst nach den staatsrechtlichen Vorlesungen zu hören.

h) Bezüglich der exegetischen und praktischen Übungen (Seminarien) ist es selbstverständlich, daß die Beteiligung daran nur dann von entsprechendem Erfolge begleitet sein kann, wenn der Studierende die Vorlesung über die betreffende Disziplin bereits gehört hat.

5. Auszug aus dem Statut der rechts- und staatswissenschaftlichen Fakultät der Universität Würzburg.

Stand vom 1. April 1924.

II. Die Promotion.

§ 14. In der rechts- und staatswissenschaftlichen Fakultät wird der Doktorgrad erteilt:

a) aus dem Gebiet der Rechtswissenschaft (Doctor juris),
b) aus dem Gebiet der Staatswissenschaften (Doctor rerum politicarum),
c) aus dem Gebiet der Rechts- und Staatswissenschaften (Doctor juris et rerum politicarum).

§ 15. I. Wer einen der Doktorgrade erwerben will, hat beim Dekanate einzureichen:

1. ein Gesuch, in dem der zu erwerbende Doktorgrad bezeichnet ist;
2. das Absolutorium eines deutschen humanistischen oder Realgymnasiums; im Auslande vorgebildete Kandidaten haben ein dem Absolutorium eines deutschen humanistischen oder Realgymnasiums entsprechendes Reifezeugnis vorzulegen;
3. den Nachweis der mit Erfolg abgelegten Referendarprüfung für die Erlangung der Doktorgrade a und c, und den Nachweis der mit Erfolg abgelegten Diplomprüfung für Volkswirte oder der auch in den volkswirtschaftlichen Fächern mit Erfolg abgelegten Referendarprüfung für die Erlangung des Doktorgrades b; die Fakultät kann aus besonderen Gründen von diesen Nachweisen befreien;
4. Zeugnisse, welche acht Semester akademischen Studiums der Rechts- und Staatswissenschaften ausweisen;
5. eine in deutscher Sprache verfaßte druckfertige Abhandlung, die im Falle des § 14 a aus dem Gebiete der Rechtswissenschaft, im Falle des § 14 b aus dem Gebiete der Staatswissenschaften entnommen sein und am Schlusse die ehrenwörtliche Versicherung des Doktoranden enthalten muß, daß er sie — abgesehen von der üblichen seminaristischen Anleitung — ohne fremde Hilfe verfaßt habe, auch andere Quellen und Hilfsmittel als die angegebenen nicht benützt habe;
6. eine Darstellung seines Lebenslaufs und Bildungsgangs, wobei anzugeben ist, ob und mit welchem Erfolge der Kandidat sich bereits Staatsprüfungen unterzogen und ob er sich bei einer anderen Fakultät schon um den Doktorgrad beworben hat;
7. die Quittung der Quästur über erfolgte Einzahlung der Gebühren;
8. ein von der öffentlichen Behörde ausgestelltes Zeugnis über tadelfreies Vorleben, sofern nicht der Kandidat noch an einer

deutschen Universität immatrikuliert ist oder im staatlichen Vorbereitungsdienst oder in einem öffentlichen Amte sich befindet.

II. Von den in Ziff. 4 geforderten acht Semestern akadem. Studiums der Rechts- und Staatswissenschaften sind mindestens 2 Semester als an hiesiger Fakultät verbracht nachzuweisen. Von Semestern der technischen Hochschulen werden insgesamt höchstens 2 angerechnet und auch diese nur dann, wenn mindestens je eine 4stündige Vorlesung aus dem Gebiete der Rechts- und Staatswissenschaften nachgewiesen ist.

III. Wenn der Doktorgrad nach § 14b oder c erteilt werden soll, müssen von den acht Semestern rechts- oder staatswissenschaftlichen Studiums zwei der Ablegung der Diplomprüfung für Volkswirte oder der Referendarprüfung nachfolgen; aus besonderen Gründen kann die Fakultät von der Einhaltung dieser Vorschrift entbinden, auch ein der Ablegung der Prüfung folgendes Jahr praktischer Tätigkeit als ein Semester Studium anrechnen.

IV. Wer den Doktorgrad aus dem Gebiet der Rechts- und Staatswissenschaften (§ 14c) erwerben will, hat zwei in deutscher Sprache verfaßte druckfertige Abhandlungen die eine aus dem Gebiet der Rechtswissenschaft, die andere aus dem Gebiet der Staatswissenschaften, einzureichen. Die Einreichung beider Arbeiten muß vor der Ablegung des mündlichen Examens geschehen. Im übrigen finden die Vorschriften des Abs. I mit der Maßgabe Anwendung, daß die Gebühren sich verdoppeln.

V. Die einfachen Gebühren betragen zurzeit 230 Goldmark. Ausländer entrichten die für Inländer geltenden Gebühren; dazu tritt ein Zuschlag von 200 Goldmark, im Falle des § 14c von 400 Goldmark, nach näherer Maßgabe der Ziff. 3 der Entschließung des Staatsministeriums für Unterricht und Kultus vom 29. Dez. 1922 Nr. 55 222.

§ 16. I. Die Dissertationen müssen wissenschaftlich beachtenswert sein und die Fähigkeit des Kandidaten dartun, selbständig wissenschaftlich zu arbeiten.

II. Wenn die Abhandlung, im Falle des § 14c beide Abhandlungen, diesen Anforderungen nicht genügen, so werden sie zurückgewiesen. Der Kandidat erhält seine Zeugnisse und die Hälfte der Gebühren zurück. Die Fakultät behält sich das Recht vor, Manuskripte abgewiesener Abhandlungen zurückzubehalten.

III. Ausnahmsweise kann die Fakultät beschließen, daß eine Abhandlung dem Verfasser zur Umarbeitung zurückgegeben und innerhalb einer zu bestimmenden Frist der Fakultät wieder vorgelegt werde.

§ 17. I. Bei jenem Kandidaten welchem für die Bearbeitung der von rechts- und staatswissenschaftlichen Fakultät aufgestellten Preisaufgabe der Preis zuerkannt worden ist, vertritt die Preisschrift die Stelle der genehmigten Inauguraldissertation.

II. In diesem Falle werden von den Gebühren die dem Dekan, Referenten und den Professoren zukommenden Teile nicht erhoben.

§ 18. I. Ist im Falle des § 14a oder b die Abhandlung oder sind im Falle des § 14c beide Abhandlungen von der Fakultät angenommen, so wird dem Kandidaten von dem Dekan ein Termin zur Ablegung des mündlichen Examens gestellt, das wenigstens 2 Stunden dauert und zu dem sämtliche ordentliche Mitglieder der Fakultät eingeladen werden. Ist im Falle des § 14c eine der beiden Arbeiten angenommen, die andere abgelehnt worden, so ist das mündliche Examen behufs Erwerbung des Doktorgrades aus dem Gebiete, welchem die angenommene Arbeit angehört, abzulegen.

II. Im Falle des § 14a erstreckt sich die mündliche Prüfung auf Zivilrecht, Zivilprozeß, Strafrecht, Strafprozeß, Staats-, Verwaltungs-, Völker- und Kirchenrecht sowie auf politische Ökonomie, sämtlich mit Einschluß des historischen Teils, im Falle des § 14b auf Volkswirtschaftslehre, Volkswirtschaftspolitik, Finanzwissenschaft, Statistik, Staats-, Verwaltungs- und Völkerrecht, sämtlich mit Einschluß des historischen Teils.

III. Im Falle des § 14c erstreckt sich die Prüfung auf alle im vorigen Absatz benannten Fächer, dauert aber wenigstens 2½ Stunden. Ist im Falle des § 14c nur eine Abhandlung angenommen worden, so findet die mündliche Prüfung entsprechend den im vorigen Absatz enthaltenen Bestimmungen nur für das Gebiet statt, dem die angenommene Arbeit ganz oder überwiegend angehört. Nur für dieses Gebiet kann der Doktorgrad verliehen werden.

§ 19. Jeder der examinierenden Professoren gibt über das Resultat seiner Prüfung eine Note ab, sodann wird unter besonderer Berücksichtigung des Wertes der Dissertation und im Falle des § 14c der beiden Dissertationen die in das Diplom aufzunehmende Gesamtnote festgestellt und zwar in der Abstufung: I. Note = summa cum laude, II. Note = magna cum laude, III. Note = cum laude, IV. Note = rite.

§ 20. I. Zieht ein Kandidat sein Gesuch (§ 15) vor der mündlichen Prüfung zurück, so gelten wegen der Gebühren die Vorschriften des § 16 Abs. 2.

II. Besteht ein Kandidat die mündliche Prüfung nicht, so erhält er ein Viertel der Gebühren zurück.

III. Eine Wiederholung der Prüfung findet nicht statt.

§ 21. I. Hat der Kandidat die Prüfung bestanden, so hat er, soweit nicht eine andere Art der Vervielfältigung vorgesehen ist, seine Abhandlung nach Vornahme etwaiger von der Fakultät verlangter Verbesserungen drucken zu lassen und innerhalb Jahresfrist die jeweils vorgeschriebene Anzahl von Druckexemplaren bei der Fakultät einzureichen. Wird die Frist nicht eingehalten, so kann die Erteilung des Doktorgrades verweigert werden.

II. Die gedruckte Abhandlung muß auf dem Titelblatt als Inauguraldissertation der rechts- und staatswissenschaftlichen Fakultät bezeichnet sein, zugleich den Doktorgrad (§ 14) angeben, der erworben wird, und auf der Rückseite des Titelblattes den Namen des Referenten enthalten (§ 22).

§ 22. Nach Ablieferung der Dissertationsexemplare (§ 21) erhält der Promovendus als Verleihungsurkunde das Doktordiplom, welches von dem Dekan mit dem Datum des Tages, an welchem die gedruckte Dissertation zugestellt worden ist, ausgefertigt, vom Rektor und Universitätssyndikus mit unterzeichnet und mit dem Fakultäts- und Universitäts-Siegel versehen wird. Die Kosten der Herstellung des Diploms und der staatlichen Stempel trägt der Promovendus.

§ 23. I. Wer sich durch originelle und vorzügliche Schriften auszeichnet oder sonst um die Wissenschaft oder um die Förderung des deutschen Rechts- oder Staatslebens ausnehmend verdient gemacht hat, kann durch einstimmigen Fakultätsbeschluß zum Doctor honoris causa promoviert werden.

II. In diesem Falle werden keinerlei Gebühren erhoben. Das Diplom erhält das Datum des Tages, an welchem von der Fakultät die Verleihung des Ehrendoktors beschlossen wurde, es sei denn, daß die Fakultät ausdrücklich einen anderen Tag, z. B. den der Verkündigung anläßlich einer festlichen Gelegenheit, als Verleihungstag bestimmt.

§ 24. Die Söhne der an der hiesigen Universität fungierenden, emeritierten oder verstorbenen ordentlichen, außerordentlichen und Honorarprofessoren, Privatdozenten, Lektoren, Beamten und Bediensteten erhalten im Falle erfolgreicher Promotion von den Gebühren die dem Dekan, Referenten und den Professoren zukommenden Teile zurück.

§ 25. I. Die erworbene Doktorwürde kann durch Fakultätsbeschluß entzogen werden:

1. Wenn sich herausstellt, daß sich die Bewerbung auf unwahre Angaben gestützt hat, insbesondere daß die Dissertation auf Plagiat beruht,

2. wenn der Promovierte wegen einer ehrenrührigen Handlung verurteilt wird.

II. Der Promovierte soll vor der Entziehung gehört werden.

§ 26. Die vorstehende Promotionsordnung tritt am 1. Mai 1923 in Kraft. Kandidaten, welche in diesem Zeitpunkt schon vier rechts- oder staatswissenschaftliche Semester zurückgelegt haben, werden noch nach den bisherigen Bestimmungen zur Promotion zugelassen.

6. Studienplan für die Studierenden der Rechte an der Universität Erlangen.

Alle Studierende der Rechte, welche in Bayern die Univ.-Schlußprüfung ablegen wollen, müssen sich darüber ausweisen, daß sie während ihrer Studienzeit philosophische Vorlesungen im Umfang von 24 Halbjahrs-Wochenstunden gehört haben.[1]) Obwohl es ihnen gestattet ist, im ersten Jahre sich ausschließlich Studien aus dem Lehrkreise der philosophischen Fakultät zu widmen und das Rechtsstudium in den drei folgenden Jahren zu betreiben, empfiehlt es sich doch dringend, bereits im ersten Jahre mit rechtswissenschaftlichen Vorlesungen zu beginnen.

Es muß darauf gehalten werden, den zu bewältigenden Vorlesungsstoff angemessen auf die verfügbare Zahl von Semestern zu verteilen und namentlich nicht zu viele Vorlesungen auf die beiden letzten Semester zu verschieben, damit in diesen Semestern Zeit zu ausgiebiger Teilnahme an Übungen, insbesondere zur Anfertigung schriftlicher Übungsarbeiten und zu häuslichen Repetitionen verbleibt. Die Teilnahme an den exegetischen und praktischen Übungen, namentlich die Anfertigung schriftlicher Arbeiten, kann den Studierenden nicht dringend genug empfohlen werden, wie dies auch in dem Ministerialerlaß vom 3. Mai 1897 besonders betont ist. Zu beachten ist für bayerische Studierende namentlich, daß, da die schriftliche Prüfung im Laufe des achten Semesters abzulegen ist, in der Hauptsache der Vorlesungsstoff schon in den ersten sieben Semestern absolviert sein muß. Im achten Semester sollte am besten nur noch Beteiligung an Übungen und etwaige Wiederholung früher gehörter Vorlesungen stattfinden.

Gegenstand der Universitätsschlußprüfung sind auch die historischen Fächer.[2]) Ihr eindringendes Studium und die Befestigung der Kenntnisse auf diesem Gebiete wird daher den Studierenden nachdrücklich zur Pflicht gemacht.

Mit dem Studium der Rechtswissenschaft haben bayerische Studierende ein eingehendes Studium der Staatswissenschaften zu verbinden.

Für die Reihenfolge der rechts- und staatswissenschaftlichen Vorlesungen und Übungen lassen sich im einzelnen streng bindende Vorschriften nicht aufstellen. Als Anhaltspunkt dient aber, daß die historischen und privatrechtlichen Vorlesungen die Grundlage des Rechtsstudiums bilden und die öffentlich-rechtlichen im großen und ganzen jenen folgen sollen, ferner, daß der Zivilprozeß erst zu hören ist, wenn das materielle Privatrecht wenigstens großen Teils absolviert ist, daß ebenso der Strafprozeß dem materiellen

[1]) Dies gilt nicht für Kriegsteilnehmer.

[2]) Die geschichtlichen Fächer sind Prüfungsgegenstände nur in der Einschränkung des § 2 Abs. 3 Nr. 1 der VO.

Strafrecht zu folgen hat, daß bei Teilung eines Lehrgegenstandes in einen allgemeinen und einen besonderen Teil dieser nach jenem zu hören ist, daß endlich die Beteiligung an Übungen sich an die theoretischen Vorlesungen über den entsprechenden Lehrgegenstand anschließen muß.

Nach all dem kann über die Stellung der einzelnen Materien im Studiengange Folgendes gesagt werden:

1. Einführung in die Rechtswissenschaft: in den ersten Semestern.
2. Römische Rechtsgeschichte: 1. oder 2. Semester.
3. System des römischen Privatrechts: 1. oder 2. Semester.
4. Römischer Zivilprozeß: 2. oder 3. Semester.
5. Deutsche Rechtsgeschichte: 2. Semester.
6. Rechtsentwicklung in Bayern: etwa 4. oder 5. Semester (nach Nr. 5).
7. Grundzüge des deutschen Privatrechts: 1. oder 3. Semester. Übungen für Anfänger mit Bezug auf obige Gegenstände: 2. bis 4. Semester.
8. Deutsches bürgerliches Recht: 2. bis 5. Semester, verteilt auf 2 Semester (nach Nr. 3 und 7).
9. Handels-, Wechsel- und Binnenschiffahrtsrecht: 3. bis 5. Semester (nachdem mindestens der allgemeine Teil von Nr. 8 gehört ist).
10. Zivilprozeß: 5. oder 7. Semester (nach Nr. 8).
11. Vollstreckungs- und Konkursrecht: 6. oder 8. Semester (nach Nr. 10).
    Übungen zu 8 bis 11: 3. bis 8. Semester.
12. Strafrecht: 5. oder 7. Semester.
13. Strafprozeßrecht: 6. oder 8. Semester (nach Nr. 12).
14. Reichs- und Bayerisches Staatsrecht: 5. bis 8. Semester.
15. Verwaltungsrecht: 5. oder 7. Semester (nach Nr. 14).
16. Kirchenrecht: 5. bis 7. Semester.
17. Öffentliches Versicherungsrecht: 5. oder 7. Semester.
18. Privates Versicherungsrecht: 3. bis 5. Semester.
19. Völkerrecht: 6. oder 8. Semester.
20. Theoretische Nationalökonomie: 3. bis 5. Semester.
21. Praktische Nationalökonomie: 4. bis 6. Semester (nach Nr. 20).
22. Finanzwissenschaft: 5. bis 7. Semester.
23. Statistik: 5. bis 8. Semester.
    Übungen zu Nr. 12—23: 5. bis 8. Semester.

7. Zusammenstellung der Promotionsbedingungen der Juristenfakultät der Universität Erlangen.

I. Mit jedem Zulassungsgesuch sind einzureichen:

1. Eine Dissertation, druckfertig, lesbar geschrieben paginiert, gebunden oder broschiert, mit einer Inhaltsübersicht und einem Literaturverzeichnis.

2. Eine ehrenwörtliche Erklärung (auf besonderem Blatt), daß der Bewerber die Arbeit selbständig angefertigt und außer den im Literaturverzeichnis angegebenen Hilfsmitteln keine weiteren benutzt habe.
3. Eine Erklärung (auf besonderem Blatt) über früher bestandene oder versuchte Staats- und anderweitige Doktorprüfungen.
4. Ein zweites Literaturverzeichnis auf einem besonderen Bogen.
5. Ein Lebenslauf, in dem insbesondere auch die Staatsangehörigkeit und die Zahl der auf den einzelnen Universitäten zugebrachten Semester anzugeben ist.
6. Das Reifezeugnis eines deutschen humanistischen Gymnasiums oder Realgymnasiums.
7. Der Nachweis eines dreijährigen akademischen Studiums der Rechts- und Staatswissenschaft.
8. Der Nachweis, daß der Bewerber mindestens zwei Semester an der Universität Erlangen die Rechtswissenschaft studiert hat. Bei Bewerber in selbständiger Lebensstellung (nicht bei Referendaren) kann aus besonderen Gründen von dem Erfordernis des Studiums in Erlangen abgesehen werden.
9. Die Promotionsgebühr beträgt 200 Mk. Davon ist die erste Hälfte mit dem Zulassungsgesuche, die andere Hälfte vor der mündlichen Prüfung an die Fakultät einzuzahlen.

II. Die mündliche Prüfung kann erst nach Genehmigung der Dissertation abgelegt werden. Sie dauert zwei Stunden und erstreckt sich auf alle Zweige der Rechtswissenschaft mit Vermeidung des Eingehens auf Partikularrechte als solche.

III. Alle Briefe und Sendungen sind nicht an den Dekan persönlich, sondern an das Dekanat zu richten. An ein Fakultätsmitglied darf die Arbeit nur mit dessen vorher eingeholter Zustimmung gesendet werden.

Die erforderlichen Zeugnisse sind im Original oder in beglaubigter Abschrift vorzulegen. Die Fakultät ist nicht in der Lage, Zeugnisse durch Ersuchen von Behörden herbeizuziehen.

8. Ordnung der Philosophischen Fakultät der Universität Erlangen für die Promotion zum „Doktor der Staatswissenschaft" (Dr. rer. pol.).

§ 1. Wer die Würde eines Doktors der Staatswissenschaft[1]) erwerben will, hat beim Dekan der Philosophischen Fakultät eine **wissenschaftliche Abhandlung** nebst **Promotionsgesuch** einzureichen und sich einer **mündlichen Prüfung** zu unterziehen.

---

[1]) Über Staatswissenschaft als Prüfungsfach zur Erwerbung des Grades des Dr. phil. vgl. die „Ordnung der Philosophischen Fakultät für die Promotion zum Doktor der Philosophie (Dr. phil.)" § 2b und 7a.

§ 2. Das Promotionsgesuch muß das rechtswissenschaftliche Prüfungsfach nennen, dessen Wahl dem Bewerber freisteht (siehe § 6). Beizufügen sind:

a) ein Abriß des Lebens- und Bildungsgangs nebst Zeugnissen, insbesondere Nachweise der erforderlichen Vorbildung. Tag und Ort der Geburt, Name und Beruf der Eltern, Staatsangehörigkeit sind anzugeben;

b) die Nachweise für ein Universitätsstudium, das wenigstens 8 Semester gedauert hat, sowie über Ablegung der volkswirtschaftlichen Diplomprüfung. Von den 8 Semestern müssen mindestens 2 an der Universität Erlangen verbracht sein, 2 der Regel nach zwischen der Diplomprüfung und der Doktorprüfung liegen. Ein Jahr praktischer Tätigkeit nach bestandener Diplomprüfung kann als 1 Semester angerechnet werden. Als Ersatzprüfung gilt die juristische Schlußprüfung unter der Voraussetzung, daß der Bewerber ihren mündlichen Teil in den volkswirtschaftlichen Fächern mindestens mit „genügend" bestanden hat. Eine Studienzeit, die an anderen staatlich anerkannten Hochschulen verbracht ist, kann, je nach dem Gutachten des Fachvertreters, bis zu 3 Semestern angerechnet werden.

Übergangsbestimmung: Bewerber, die am 1. April 1923 vier Semester staatswissenschaftlichen Studiums hinter sich hatten, können noch zu den alten Bestimmungen, also nach einem Studium von 6 Semestern und ohne Nachweis über die Ablegung der Diplomprüfung zugelassen werden, vorausgesetzt, daß die sonstigen Bestimmungen der Promotionsordnung erfüllt sind.

c) eine Erklärung an Eides statt, daß die eingereichte Abhandlung ohne unerlaubte Beihilfe angefertigt ist. Als unerlaubt gilt vor allem jede Beratung, Vorbereitung und Beschaffung von Materialien zur Anfertigung von Dissertationen durch Personen, die sich gewerbsmäßig und gegen Entgelt damit befassen, Doktoranden anzuleiten;

d) eine Erklärung an Eides statt darüber, ob die Arbeit schon einer Prüfungsstelle vorgelegen oder anderen Zwecken gedient hat;

e) eine Erklärung darüber, ob sich der Bewerber bereits anderswo ohne Erfolg einer Promotionsprüfung unterzogen hat;

f) Zeugnisse über Tätigkeit und Führung des Bewerbers, falls dieser die Hochschule vor längerer Zeit verlassen hat;

g) Zeugnisse über frühere Prüfungen; gegebenenfalls ein Verzeichnis bereits veröffentlichter Druckschriften.

§ 3. Die Abhandlung soll eine wissenschaftlich beachtenswerte Leistung sein und die Fähigkeit des Bewerbers dartun, selbständig wissenschaftlich zu arbeiten, die Ergebnisse angemessen darzustellen und über ihre Beschaffung Auskunft zu geben.

§ 4. Als Beweis genügender Vorbildung wird das Reifezeugnis einer deutschen neunstufigen höheren Schule, d. h. eines humanistischen Gymnasiums, Realgymnasiums oder einer Oberrealschule gefordert.

Hat der Bewerber seine Vorbildung im Ausland genossen, so muß er durch Zeugnisse nachweisen, daß sie der Vorbildung auf einer der genannten deutschen Anstalten im Werte gleichsteht.

Außerdem muß er mindestens 2 Semester an einer deutschen mit Promotionsrecht ausgestatteten Hochschule studiert haben. Ausnahmen sind an die Zustimmung des Ministeriums gebunden.

§ 5. Für die Prüfung wird vom Dekan ein Ausschuß gebildet. Ihm gehören an die Vertreter der staatswissenschaftlichen Fächer und diejenigen Vertreter der juristischen Fächer, die an der Prüfung beteiligt sind.

§ 6. Die mündliche Prüfung wird unter dem Vorsitz des Dekans vorgenommen und dauert zwei Stunden, von denen eine für die staatswissenschaftlichen und eine für die juristischen Fächer bestimmt ist.

Als staatswissenschaftliche Fächer gelten: Volkswirtschaftslehre (theoretische und praktische), Finanzwissenschaft, Statistik; als rechtswissenschaftliche: Staatsrecht und Grundzüge des Verwaltungsrechts, außerdem, nach Wahl, Völkerrecht oder Handels- und Wechselrecht oder Grundzüge des Bürgerlichen Rechts.

§ 7. Ist die Prüfung bestanden, wird dem Prüfling das Ergebnis mitgeteilt nach den Urteilsgraden: ausgezeichnet (summa cum laude), sehr gut (magna cum laude), gut (cum laude), bestanden (rite). „Ausgezeichnet" wird nur erteilt, wenn die Abhandlung eine hervorragende wissenschaftliche Leistung ist. In besonderen Fällen darf der Dekan dem Bewerber ein vorläufiges Zeugnis darüber ausstellen, daß er die Prüfung bestanden hat.

§ 8. Der Prüfling hat nicht bestanden, wenn das Urteil in einem Fache „ungenügend" lautet.

§ 9. Während der Universitätsferien kann weder Begutachtung einer Abhandlung noch Abhaltung einer Prüfung verlangt werden.

§ 10. Hat der Prüfling die mündliche Prüfung nicht bestanden, so darf er sie frühestens nach sechs Monaten, muß er sie spätestens binnen Jahresfrist wiederholen; andernfalls verfällt die angenommene Arbeit.

§ 11. Erscheint der Bewerber ohne hinreichende Entschuldigung nicht zu dem Zeitpunkt, den der Dekan für die mündliche Prüfung angesetzt hat, so gilt diese als nicht bestanden. Über die Triftigkeit von Entschuldigungsgründen entscheidet der Prüfungsausschuß.

§ 12. Hat der Bewerber bestanden, so ist er verpflichtet, die gebilligte Abhandlung auf seine Kosten drucken zu lassen und 200 Stück davon an die Universitätskanzlei abzuliefern. Etwa geforderte Änderungen müssen vorgenommen werden. Am Schlusse ist der Dissertation ein kurzer Lebenslauf anzuhängen, der die in § 2 verlangten Angaben enthält. Die Form des Titelblattes muß den Vorschriften der Fakultät entsprechen; auf der Rückseite sind die Namen des Berichterstatters und des Dekans anzugeben und mitzuteilen, ob etwa die Dissertation in einer Zeitschrift oder in einem Sammelwerk erscheint.

Sind dem Bewerber größere Änderungen auferlegt, so muß er dem Prüfungsausschuß die umgearbeitete Fassung, ehe sie gedruckt wird, nochmals vorlegen. Die Vermittlung übernimmt der Dekan. Die Pflichtstücke müssen innerhalb dreier Monate nach dem Prüfungstage abgeliefert werden. In besonderen Fällen kann der Dekan die Frist verlängern, doch muß der Bewerber die Verlängerung rechtzeitig beantragen, und der Berichterstatter sein Einverständnis erklären.

§ 13. Die Promotion wird erst nach Einlieferung der Pflichtstücke und zwar durch Ausfertigung und Zustellung des Doktordiploms vollzogen. Erst das Diplom gibt das Recht, den Doktortitel zu führen.

Werden die Pflichtstücke nicht rechtzeitig eingeliefert, so erlöschen alle durch die Prüfung erworbenen Rechte, und verfallen die erlegten Gebühren.

§ 14. Die Gebühren betragen .... Goldmark. Sie sind vor Einreichung des Gesuches zu zahlen.[1])

Wird die vorgelegte Abhandlung für ungenügend erachtet oder zieht der Bewerber sein Gesuch vor der mündlichen Prüfung zurück, verfällt die Hälfte der Gebühren. Besteht der Bewerber die mündliche Prüfung nicht, so wird ihm ein Viertel der Gebühren zurückerstattet. Bei Wiederholung der Prüfung hat er von Neuem die Hälfte der Gebühren zu entrichten.

Die Höhe eines etwa neben den Gebühren zu entrichtenden Ausländerzuschlags wird vom Staatsministerium für Unterricht und Kultus bestimmt.

Die Kosten für die Herstellung des Diploms trägt der Bewerber; sie werden bei der Zustellung erhoben.

§ 15. Die erworbene Doktorwürde kann durch Fakultätsbeschluß entzogen werden, wenn sich herausstellt, daß sich die Bewerbung auf unwahre Angaben gestützt hat, insbesondere die Abhandlung keine selbständige Arbeit ist; oder wenn der Promovierte wegen einer ehrenrührigen Handlung von einem Straf- oder Disziplinargericht rechtskräftig verurteilt wird. Der Promovierte soll gehört werden, bevor er den Titel verliert.

§ 16. Als Anerkennung für hervorragende Verdienste um Wissenschaft, Kunst oder öffentliches Wohl kann die Würde eines Doktors der Staatswissenschaft ehrenhalber (honoris causa) ver-

[1]) Zahlungen sind zu leisten an das Konto der Philosophischen Fakultät bei der Bayer. Staatsbank, Filiale Erlangen (Postscheckkonto Nürnberg Nr. 4507).

liehen werden. Diese Verleihung unterliegt den vorstehenden Bestimmungen nicht; sie wird nur aus der Mitte der Philosophischen Fakultät beantragt.

Genehmigt durch M.-E. vom 12. Juni 1924.

IV. JKMB. vom 7. Juli 1920, Anschauungsunterricht für Studierende der Rechte bei den Gerichten betr. (JMBl. 168; KMBl. 341).

Den Studierenden der Rechte soll zur Förderung ihres Studiums während der Ferien ein Einblick in die praktische Tätigkeit der Gerichte ermöglicht werden.

Zu diesem Zwecke wird ihnen gestattet und empfohlen:

1. Terminen in Zivil-, Vormundschafts- und Strafsachen, sowie der Abfassung von Partei-Erklärungen bei den Gerichtsschreibereien anzuwohnen,
2. geeignete, einfache Prozeßschriften aus erledigten Akten (Klagen, Beweisbeschlüsse, Urteile, Anklageschriften, Eröffnungsbeschlüsse, Zahl- und Strafbefehle usw.), das Grundbuch und die hauptsächlichsten Register einzusehen.

Die praktische Einführung wird für die Studierenden nur dann von Nutzen sein, wenn sie sich mit dem Studium der einzelnen Rechtsgebiete schon befaßt haben oder mindestens gleichzeitig befassen. Die Einführung wird zweckmäßig in der Regel bei den Amtsgerichten erfolgen; doch wird auch der Besuch der Sitzungen bei den Landgerichten förderlich sein.

Die Gerichtsvorstände werden etwaigen Anträgen von Rechtsstudierenden auf Zulassung zur Beschäftigung stattgeben und mit der Überwachung Beamte betrauen, die, ohne auf die juristische Seite der Geschäfte einzugehen, die zum Verständnis erforderlichen Aufklärungen geben.

V. JMB. vom 20. Febr. 1909, die Sitzungskleidung der Rechtspraktikanten betreffend.

(JMBl. 107).

Treten geprüfte oder im Vorbereitungsdienste stehende Rechtspraktikanten in öffentlichen Sitzungen der Gerichte als Verteidiger, Vertreter oder Beistände von Parteien auf, so können sie die Sitzungskleidung der Gerichtsschreiber tragen.

Für Rechtspraktikanten, die hiervon keinen Gebrauch machen, verbleibt es bei den bisherigen Vorschriften (Ziff. 3 der Bek. vom 13. November 1880, JMBl. S. 353).

Bemerkung: Die Sitzungskleidung der Gerichtsschreiber besteht aus schwarzer Robe mit schwarzem Kragen aus dem Stoff der Robe und schwarzen Knöpfen von Seidengespinnst sowie Barett von schwarzem Sammt.

Die bisherigen Vorschriften fordern für die Sitzungen der höheren Gerichte „schwarze Kleidung zu schwarzem Fracke". Für die Amtsgerichte gilt nunmehr die JMB. vom 28. Sept. 1914 (JMBl. 209), die nur eine geeignete, standesmäßige und der Würde des Gerichts entsprechende Kleidung fordert.

VI. Bek. des Staatsministeriums der Justiz vom 9. Dez. 1919, die Bewerber um Anstellung im höheren Justizstaatsdienst betreffend.

(GVBl. 821; JMBl. 491.[1])

§ 1.

I Zum höheren Justizstaatsdienst können mehr Bewerber, als dem Bedarf des Staates an höheren Justizbeamten entspricht, nicht zugelassen werden.

II Um allen, die daran denken, eine Anstellung im höheren Justizstaatsdienst anzustreben, rechtzeitig einen Überblick über die Aussichten auf eine solche Anstellung zu geben, wird das Staatsministerium der Justiz künftig den jährlichen Bedarf an höheren Justizbeamten, soweit er nach Lage der Verhältnisse vorausgeschätzt werden kann, öffentlich bekanntgeben.

III Ebenso werden unter Mitwirkung der bayerischen Rechtsanwaltschaft über deren voraussichtliche Aufnahmefähigkeit die erforderlichen Mitteilungen gemacht werden.

1. Früher wurde in das sog. Hauptverzeichnis der Bewerber um Anstellung im höheren Justizstaatsdienst (§ 1 MB. vom 7. Jan. 1901, JMBl. 54) grundsätzlich jeder Assessor ohne Rücksicht auf den Bedarf eingetragen, der die Praxis vorschriftsgemäß fortsetzte (§§ 1, 2 BO. vom 4. Jan. 1901, GVBl. 31; JMBl. 50). Jetzt stellt § 1 den entgegengesetzten Grundsatz auf und nähert sich damit den nach § 1 BO. vom 13. April 1910 (unten Nr. IX) für die Verwaltung geltenden Vorschriften.

2. Ausführung: §§ 2—6; Übergang: §§ 31, 32, 33 Abs. 2.

§ 2.

I Das Staatsministerium der Justiz führt eine nach Jahrgängen eingeteilte Liste der Bewerber um Anstellung im höheren Justizstaatsdienst — Bewerberliste.

---

[1]) Geändert durch JMB. vom 29. Nov. 1922 (JMBl. 205).

II In die Liste werden nur Bewerber eingetragen, welche die Staatsprüfung für den höheren Justiz- und Verwaltungsdienst mit Erfolg abgelegt haben und sich in einer für ihre weitere Ausbildung geeigneten Weise beschäftigen.

1. Jahrgang der StPr.: § 3 Abs. 1; Geeignete Beschäftigung: §§ 9 bis 15. Die Eintragung gibt kein Recht auf Anstellung: § 7.

§ 3.

I In die für jeden Jahrgang angelegte Liste — Jahresliste — wird die Zahl von Bewerbern aus der gleichen Staatsprüfung eingetragen, die dem für dieses Jahr geschätzten Bedarf entspricht.

II Die Reihenfolge der Eintragungen in der Jahresliste richtet sich nach der Reihenfolge der Prüfungsergebnisse.

1. In frühere Jahrgänge eingestellte: § 5; Vormerkung: § 6.

2. Abs. 1 galt erstmals für die Bewerber aus der StPr. 1922 (§ 33 Abs. 2).

§ 4.

I Für die Eintragung in die Bewerberliste gelten folgende Regeln:

II Die Eintragung ist spätestens binnen drei Monaten nach Bekanntgabe des Prüfungsergebnisses bei dem Staatsministerium der Justiz zu beantragen.

III Bewerber, die später die Eintragung beantragen, können auf Berücksichtigung nur rechnen, wenn der Bedarf an Anwärtern durch die Zahl der Bewerber, die rechtzeitig Antrag gestellt haben, nicht gedeckt wird.

IV Anträge, die erst nach Ablauf von drei Jahren seit der Bekanntgabe des Prüfungsergebnisses gestellt werden, werden nicht mehr berücksichtigt.

1. Früher war ein Antrag nur ausnahmsweise nötig (§§ 2, 4, 30 Abs. 2; MB. vom 7. Jan. 1901, JMBl. 54). Jetzt haben die Behörden bei der Erstattung von Anzeigen über den Eintritt von Assessoren ausdrücklich festzustellen, ob die Eintragung in die Bewerberliste beantragt wird (JMB. vom 12. Febr. 1920, JMBl. 26).

2. Bekanntgabe des Ergebnisses: Aushändigung des Zeugnisses (MB. § 125).

3. Vormerkung: § 6.

§ 5.

Ein Antragsteller, der in die Reihenfolge früher Geprüfter einzustellen ist, wird in die Liste des Jahrgangs, in den er eingestellt wird, eingetragen, wenn sein Prüfungsergebnis dem des aus diesem Jahrgang an letzter Stelle eingetragenen Bewerbers mindestens gleich ist oder wenn der Bedarf für diesen Jahrgang nicht gedeckt ist.

1. Einstellung: VO. § 51.

2. Der Bedarf kam erstmals gegenüber den Prüflingen aus 1922 in Betracht (§ 33 Abs. 2).

§ 6.

I Ein Antrag, dem aus Mangel an Bedarf nicht stattgegeben werden kann, gilt, wenn der Antragsteller nicht etwas anderes mitteilt, auf die Dauer von drei Jahren für den Fall gestellt, daß in die Jahresliste eingetragene Bewerber auf andere Weise als durch Anstellung im Justizstaatsdienste wegfallen oder die Zahl der Bewerbungen späterer Jahrgänge den Bedarf für diese nicht erreicht.

II Der Antragsteller wird in der Bewerberliste vorgemerkt, wenn der Antrag nicht aussichtslos erscheint.

III Tritt der Fall der nachträglichen Eintragung in die Bewerberliste ein, so wird der Vorgemerkte in die Bewerberliste des Jahres eingetragen, in die er sonst nach Maßgabe seiner Staatsprüfung einzutragen gewesen wäre.

IV Der bisher Vorgemerkte wird von der Eintragung verständigt. Von dem Zeitpunkt der Verständigung an gelten für ihn die für die Bewerber erlassenen Vorschriften.

1. Der Bedarf kam erstmals gegenüber den Prüflingen aus 1922 in Betracht (§ 33 Abs. 2).

§ 7.

Die Eintragung in die Bewerberliste gewährt weder Anspruch auf Anstellung noch Ansprüche hinsichtlich der Art und Reihenfolge der Anstellung.

§ 8.

Die in die Bewerberliste eingetragenen Bewerber sind verpflichtet, sich in einer ihrer Berufsbildung entsprechenden Weise jederzeit verwenden zu lassen.

1. In Betracht kommen insbesondere Stellen der Hilfsarbeiter bei Amtsgerichtsvorständen, Landgerichts- und Oberlandesgerichtspräsidenten und im Justizministerium, ferner die Aushilfstellen bei den Staatsanwaltschaften, den Gerichtsschreibereien usw. Die Ernennung, Versetzung und Enthebung erfolgt durch das Staatsministerium der Justiz. Die Vorstände haben jede Erledigung rechtzeitig anzuzeigen. Gesuche um solche Stellen sind auf dem Dienstweg einzureichen. JMB. vom 17. Mai 1910 (JMBl. 605).

2. Die Verwendung nach § 8 gilt zwar als Beschäftigung i. S. des § 9, nicht aber als besondere Beschäftigung nach §§ 13, 14. Durch Verfügung des Ministeriums kann sie dieser gleichgestellt werden.

3. Rechtsanwälte, die in die Bewerberliste eingetragen sind, müssen bei Einberufung zu einer solchen Dienstleistung ihre Zulassung aufgeben.

4. Von der Übernahme des Auftrags kann nur aus wichtigen Gründen entbunden werden. Folgen der Weigerung: § 25 Nr. 4 (Streichung).

5. Die Bewerber werden auch Pflichtverteidigungen und Aufträge nach § 116 ZPO. übernehmen müssen.

§ 9.

Die Bewerber um den höheren Justizstaatsdienst haben alsbald nach dem Bestehen der zweiten Staatsprüfung nach ihrer Wahl Beschäftigung bei einer bayerischen Justizbehörde oder bei einem Rechtsanwalt oder als Rechtsanwalt in Bayern zu nehmen.

1. S. 2 des § 9, der den Beginn der Beschäftigung schon vor der Bekanntgabe des Prüfungszeugnisses gestattet hat, wurde durch JMB. vom 29. Nov. 1922 (JMBl. 205) aufgehoben.

2. Der Bewerber muß spätestens 4 Monate nach der Bekanntgabe des Prüfungsergebnisses (MB. § 125) die Beschäftigung aufnehmen (§§ 4, 25 Nr. 1).

3. Justizbehörden sind: Das Justizministerium, die Gerichte, die Staatsanwaltschaften, die Amtsanwaltschaften, die Strafanstalten, die Notariate (Art. 6 NotG.). Auch die Tätigkeit als Notariatsverweser ist Beschäftigung i. S. des § 8 (autogr. JME. vom 10. Dezember 1902 Nr. 49001). Andere Beschäftigung: § 10.

4. Die Wahl der Behörde und der Wechsel stehen an sich frei. Ausnahmen: §§ 11, 12, 13, 15. Empfehlung des Dienstes bei einer Strafanstalt: JMB. vom 16. Febr. 1919 (JMBl. 90).

5. Bei Nichtaufnahme der Beschäftigung: Streichung (§ 25 Nr. 1). Anzeige von der Aufnahme: § 28.

§ 10.

I Mit Genehmigung des Staatsministeriums der Justiz können die Bewerber auch Beschäftigung bei einer Justizbehörde oder bei einem Rechtsanwalt in einem anderen deutschen Freistaate nehmen oder die Zulassung zur Rechtsanwaltschaft bei einem Gericht eines anderen Freistaates erwerben oder sich bei einer nicht in dem § 9 genannten Behörde oder Stelle oder bei einer öffentlichen oder privaten Anstalt oder Unternehmung, welche die nötige Gewährschaft für gedeihliche Fortbildung gibt (z. B. Bankanstalt oder größeres Bankgeschäft, Handels- und Gewerbekammer, Berufsgenossenschaft, Rechtsauskunftsstelle, Versicherungsanstalt, größere kaufmännische, industrielle oder landwirtschaftliche Betriebe) beschäftigen lassen.

II Diese Beschäftigung wird der Beschäftigung im Sinne des § 9 gleichgeachtet.

1. Der Bewerber kann hiernach nicht nur bei der Auswahl der Beschäftigung seine persönlichen und wirtschaftlichen Verhältnisse berücksichtigen, sondern sich auch vorläufig einem anderen Berufe zuwenden, ohne die Anwartschaft auf Anstellung in Bayern zu verlieren.

2. Die Genehmigung kann allgemein, im einzelnen Fall, auf bestimmte Zeitdauer oder unter Bedingungen erteilt werden. Widerruf jederzeit zulässig. (§ 15).

3. Wegen der Beschäftigung bei Anstalten, Unternehmungen vgl. JMB. vom 5. Nov. 1907 (unten Nr. VIII).

Die frühere allgemeine Genehmigung für die Beschäftigung beim Landtag und beim Reichstag besteht nicht mehr.

4. „Nicht im § 9 genannte Behörden" sind insbesondere die Verwaltungs- und die Gemeindebehörden. Die Beschäftigung der Justizbewerber bei diesen Behörden ist zu unterscheiden von der der Verwaltungsbewerber nach der VO. vom 13. April 1910 (unten Nr. IX).

5. Ausnahmen: §§ 11, 12, 13, 15; Streichung: § 25 Nr. 1; Anzeige vom Eintritt: § 28.

6. Die Vorschrift des § 8 (Übernahme einer Verwendung) gilt auch für die nach § 10 beschäftigten Bewerber.

§ 11.

Die Beschäftigung soll in der Regel jeweils nur bei einer einzigen Stelle genommen werden. Gleichzeitige Beschäftigung bei mehreren Stellen ist nur mit Genehmigung des Staatsministeriums der Justiz zulässig.

1. Verstoß gegen Satz 2 wird dienstaufsichtliches Einschreiten oder Verbot nach § 12 und dann allenfalls Streichung nach § 25 Nr. 3 zur Folge haben. Ungültig ist die mehrfache Beschäftigung an sich nicht.

§ 12.

Das Staatsministerium der Justiz behält sich vor, die Beschäftigung bei einzelnen Behörden oder Rechtsanwälten sowie bei einzelnen Anstalten oder Unternehmungen von seiner Genehmigung abhängig zu machen oder zu verbieten.

1. Das frühere Erfordernis der Genehmigung für eine Beschäftigung bei dem Obersten Landesgerichte, der Generalstaatsanwaltschaft oder einer Strafanstalt besteht nicht mehr. Die Zulassung kann aber aus wichtigen Gründen versagt werden (§ 16 Abs. 2). Das Justizministerium bestimmt seine Hilfsarbeiter selbst.
2. Folge einer Zuwiderhandlung: Streichung (§ 25 Nr. 3).

§ 13.

Das Staatsministerium der Justiz behält sich vor, soweit nicht schon gesetzliche Bestimmungen bestehen, allgemein für die Bewerber um Anstellung in einem bestimmten Dienstzweig eine besondere Art und Dauer der Beschäftigung vorzuschreiben.

1. Gesetzliche Vorschriften; Art. 9, 96 NotG.

§ 14.

Das Staatsministerium der Justiz behält sich vor, im Einzelfall eine Beschäftigung bestimmter Art oder Dauer bei einer Behörde anzuordnen

a) um eine abschließende, unter dienstlicher Verantwortung stehende Beurteilung der Persönlichkeit eines Bewerbers zu erhalten,
b) um einem Bewerber Gelegenheit zu geben, sich die für die erstrebte Stelle erforderliche Geschäftsgewandtheit in dem Maße anzueignen, daß er den Aufgaben dieser Stelle bei deren Antritt sofort gewachsen ist.

§ 15.

Bestehen Bedenken darüber, ob einem in Beschäftigung stehenden Bewerber die Möglichkeit einer vollständigen oder zweckmäßigen Ausbildung geboten ist, oder ist die Fortsetzung der Beschäftigung aus sonstigen Gründen bedenklich, so ist darüber von den Aufsichtsbehörden an das Staatsministerium der Justiz zu berichten.

1. Aufsichtsbehörden: §§ 20, 24. Die Berichte bilden die Grundlage für ein Einschreiten nach §§ 11—14.

§ 16.

I Die Bewerber, die bei einer Justizbehörde in Beschäftigung treten wollen, haben bei dem Vorstand der Behörde um die Zulassung nachzusuchen.

II Die Zulassung ist abzulehnen, wenn bei der Behörde schon so viele geprüfte oder nicht geprüfte Rechtspraktikanten beschäftigt sind, daß eine zweckmäßige und vollständige Ausbildung nicht möglich erscheint; sie kann auch aus sonstigen wichtigen Gründen abgelehnt werden.

III Die Zulassung kann jederzeit aus denselben Gründen zurückgenommen werden, aus denen sie verweigert werden kann.

1. Justizbehörden i. S. des § 1 sind auch die Notariate (Zulassung durch den Notar); im übrigen s. Bem. 3 zu § 9. Rechtsanwälte brauchen keine Assessoren aufzunehmen oder zu behalten. Vergütungen bei Notaren und Rechtsanwälten unterliegen freier Vereinbarung.

2. Zu Abs. 2 vgl. MB. § 54. Rechtsanwälte sind bei der Aufnahme von Bewerbern an sich nicht beschränkt (s. jedoch § 15).

3. Gegen grundlose Zurückweisung bei einer Justizbehörde Aufsichtsbeschwerde.

§ 17.

Die Beaufsichtigung und Leitung der Beschäftigung liegt den Vorständen der Behörden ob, bei denen die Bewerber zugelassen sind.

1. Die Amtsvorstände haben dafür zu sorgen, daß die Assessoren ausgebildet werden und den Dienst äußerlich und sachlich genau kennen lernen. Diese Pflicht trifft auch die Notare (s. Art. 67 NotG.). Dagegen besteht für die Rechtsanwälte keine Verpflichtung, die Ausbildung der Assessoren zu fördern; § 40 RAO. trifft hier nicht zu. Es muß dem Einzelnen überlassen bleiben, sich eine ausreichende und belehrende Beschäftigung zu sichern. Mittelbar eröffnet allerdings § 12 dem Ministerium die Möglichkeit, auch die Rechtsanwälte zur zweckentsprechenden Ausbildung ihrer gepr. Hilfsarbeiter anzuhalten.

2. Die Ausbildung hat sich regelmäßig auf alle Geschäftszweige zu erstrecken, auch auf die der Justizverwaltung. Zur Erledigung der laufenden Geschäfte sind sie entsprechend heranzuziehen.

3. Entsprechend anzuwenden sind MB. §§ 58, 69. Zu den Übungen (MB. §§ 71, 72, 79) sind sie zuzulassen; ob sie teilnehmen müssen und ob besondere Übungen für sie einzurichten sind, bestimmt der Amtsvorstand. Teilnahme an Verwaltungskursen: Ziff. 10 MB. vom 16. April 1910 (unten Nr. IX).

4. Ausnahmen können sich bei der besonderen Beschäftigung nach §§ 14, 27 ergeben, da sich diese möglicherweise nur auf bestimmte Dienstzweige, z. B. die freiwillige Gerichtsbarkeit und und das Grundbuchwesen, erstreckt.

5. S. a. §§ 20, 21, 24 (Aufsicht und Dienststrafgewalt).

§ 18.

I Bei dem Eintritt bei einer Justizbehörde ist der Bewerber nach den bestehenden Vorschriften zu verpflichten oder an die frühere Verpflichtung zurückzuerinnern.

II Bei dem Austritt hat der Vorstand der Behörde gegebenenfalls nach Anhörung derjenigen Beamten, denen der Bewerber zur besonderen Aufsicht zugeteilt war, ein Zeugnis über die Dauer der Beschäftigung, über das dienstliche und außerdienstliche Verhalten, sowie über die Leistungen des Bewerbers auszustellen und zu den Personalakten zu nehmen.

III Beim Übertritt eines Bewerbers zu einer anderen Behörde sind die Personalakten dem Vorstand dieser Behörde zu übersenden.

1. Wegen der Eide s. die VO. vom 3. Mai 1920 über die Vereidigung der öffentl. Beamten (GVBl. 191).

2. Die Erteilung eines Zeugnisses ist für die Bewerber bei Rechtsanwälten nicht vorgeschrieben. Diese werden aber gut tun, sich wenigstens eine Bescheinigung über die Dauer der Beschäftigung ausstellen zu lassen, damit sie nachweisen können, daß sie sich nicht gegen § 4 Abs. 2, §§ 9, 25 Nr. 1 verfehlt haben. Den Notariatsassessoren muß ein Zeugnis ausgestellt werden.

3. Zu den Personalakten geht der Entwurf des Zeugnisses. Urlaub und Krankheit werden regelmäßig anzuführen sein. Leistungen: auch Mängel.

4. Zeugnis über die Praxis bei Anstalten usw.: JMB. vom 5. Nov. 1907 Abs. 5 S. 3 (unten Nr. VIII).

5. Anzeigen über Eintritt und Austritt: § 28.

6. Personalakten: §§ 1, 3—7, 35, 36 der JMB. vom 18. Sept. 1919 (JMBl. 317).

§ 19.

Den bei einer bayerischen Justizbehörde beschäftigten Bewerbern kann in jedem Geschäftsjahre Urlaub bis zur

Dauer von einem Monate vom Amtsvorstand erteilt werden. Gesuche um Urlaub von längerer Dauer sind vom Amtsvorstande mit gutachtlicher Äußerung der nächst vorgesetzten Dienststelle vorzulegen.

1. Kein Recht auf Urlaub. Zeitweilige Dienstbefreiung (vgl. VO. § 25 Abs. 2) gilt nicht als Urlaub. Es empfiehlt sich, Urlaub und Krankheit im Zeugnisse anzuführen. Wegen der Urlaubsverhältnisse s. nun die MB. vom 3. April 1922 (GVBl. 219); s. auch VO. § 25 A. 2.

2. Das frühere Verbot der Entfernung vom Amtssitz über 24 Stunden gilt nicht mehr.

3. Zuständigkeit zur Erteilung längeren Urlaubs: JMB. vom 16. Mai 1919 (JMBl. 199).

§ 20.

I Die bei einer bayerischen Justizbehörde beschäftigten Bewerber unterstehen der Dienstaufsicht des Vorstandes der Behörde und der vorgesetzten Behörden; die bei einem Rechtsanwalt in Bayern beschäftigten Bewerber der Dienstaufsicht des Rechtsanwalts, des Vorstandes des Gerichts, bei dem der Rechtsanwalt zugelassen ist und der vorgesetzten Aufsichtsbehörden; die in Bayern in Beschäftigung nach § 10 stehenden Bewerber der Aufsicht des örtlich zuständigen Landgerichtspräsidenten und der vorgesetzten Aufsichtsbehörden; die außerhalb Bayerns nach § 10 beschäftigten Bewerber der Aufsicht des Präsidenten des Landgerichts München I und der diesem vorgesetzten Aufsichtsbehörden.

II Ist der Rechtsanwalt, bei dem sich ein geprüfter Rechtspraktikant in Praxis befindet, bei mehreren Gerichten verschiedener Ordnung zugelassen, so untersteht der Bewerber der Dienstaufsicht des Vorstandes des Gerichts niederer Ordnung und der diesem vorgesetzten Aufsichtsbehörden, im Falle gleichzeitiger Zulassung des Rechtsanwalts bei den Landgerichten München I und II der Dienstaufsicht des Präsidenten des Landgerichts München I und der diesem vorgesetzten Aufsichtsbehörden.

1. Bei den nach § 10 beschäftigten Bewerbern wird zunächst die Behörde, bei der er in Dienst steht, die Beschäftigung regeln und selbst die Aufsicht ausüben.

2. Für die dienstliche Würdigung der Bewerber (auch bei Notaren und Rechtsanwälten) gelten die §§ 35—37 der JMB. vom 18. Sept. 1919 (s. unten unter Nr. XII).

§ 21.

I Die Bewerber unterstehen der Dienststrafgewalt der in § 20 bezeichneten Aufsichtsbehörden.

II Dienststrafmittel ist die Zurechtweisung. Ist diese fruchtlos oder mit Rücksicht auf die Verfehlung ungenügend, so ist an das Staatsministerium der Justiz zu berichten. Inzwischen kann der Inhaber der Dienststrafgewalt dem Bewerber die Fortsetzung der Beschäftigung vorläufig untersagen.

III Das Staatsministerium der Justiz kann je nach der Schwere des Verschuldens einen Verweis mit Androhung der Streichung, die Entlassung aus der Beschäftigung ohne Untersagung der anderweitigen Fortsetzung oder die Streichung verfügen.

IV Im übrigen finden die Art. 165 und 168 des Beamtengesetzes entsprechende Anwendung.

1. § 21 umfaßt alle Bewerber, auch die nach § 10 beschäftigten, aber nicht die Rechtsanwälte (für diese gilt § 24). Fraglich kann sein, ob er auch die Bewerber trifft, die nach Art. 1 BeamtG. und § 1 VollzVO. vom 10. Dez. 1908 (GVBl. 1041) als Beamte erklärt sind. Auf sie paßt jedenfalls Abs. 4 nicht, weil ihr Ordnungsstrafrecht in Art. 164 BeamtG. gesetzlich geregelt ist. Dagegen wird nichts im Wege stehen, die Vorschriften in Abs. 2 und 3 entsprechend auf sie anzuwenden. Für die Notariatsverweser gilt Art. 116 Abs. 2 NotG.

2. Die Art. 165, 168 BeamtG. gelten für die von § 21 betroffenen Bewerber nicht, wie Abs. 4 sagt „im übrigen entsprechend" sondern unmittelbar, insbesondere auch die Vorschriften über Geldstrafen (Art. 25 BeamtG.). „Entsprechend" gelten vielmehr die Art. 105—107, 111—117, soweit sie sich auf Ordnungsstrafen beziehen. Die Vorschriften in Abs. 1 und 2 werden demnach dahin aufzufassen sein, daß dem eigentlichen Ordnungsstrafverfahren eine dienstaufsichtliche Warnung — Zurechtweisung — vorauszugehen hat, die das Ordnungsstrafverfahren entbehrlich machen kann, und daß zu den dort angeführten Verwaltungsmaßregeln geschritten wird (s. § 25). Diese sind keine Dienststrafen i. S. des BeamtG. Die Erteilung des Verweises hat sich das Ministerium vorbehalten. Im übrigen ergibt sich die Zuständigkeit für das Ordnungsstrafverfahren aus § 16 der VollzVO. vom 10. Dez. 1908 (GVBl. 1041). Inhaber der Dienststrafgewalt

i. S. des Abs. 2 Satz 2 ist der Vorstand der im § 20 bezeichneten Aufsichtsbehörde. Im übrigen s. a. die MB. vom 22. Okt. 1909 (GVBl. S. 737), geändert durch Bek. vom 2. Aug. 1922 (GVBl. 382).

3. Der mit der unmittelbaren Leitung der Beschäftigung beauftragte Beamte hat als solcher keine Dienststrafgewalt.

4. Berichterstattung: § 22 Abs. 2.

5. Für Bewerber bei einer bayerischen Verwaltungsbehörde oder einer außerbayerischen Behörde gilt neben § 21 deren besonderes Dienststrafrecht.

§ 22.

I Erhält eine Justizbehörde Kenntnis von Tatsachen, die geeignet sind, Dienststrafeinschreitung gegen einen Bewerber zu veranlassen, oder die auf die Frage seiner künftigen Verwendung im Justizdienste von Einfluß sein können, so hat sie diese Tatsachen und die etwaigen Beweismittel derjenigen Justizbehörde mitzuteilen, welcher die Aufsicht über den Bewerber in erster Linie zusteht.

II Die Aufsichtsbehörde hat die ihr mitgeteilten und die zu ihrer Kenntnis kommenden Tatsachen, die von Einfluß auf die Frage der Anstellung des Bewerbers sein können, so insbesondere auch Erkrankungen, welche die dauernde Dienstfähigkeit zweifelhaft erscheinen lassen, sowie jede Strafeinschreitung gegen einen Bewerber dem Staatsministerium der Justiz zu berichten.

III Ist der Bewerber zur Rechtsanwaltschaft zugelassen, so tritt an die Stelle der Dienstaufsichtsbehörde der Vorstand des Gerichts, bei dem er zugelassen ist, im Fall der Zulassung bei mehreren Gerichten der Vorstand des niederen Gerichts, im Falle der gleichzeitigen Zulassung bei den Landgerichten München I und II der Präsident des Landgerichts München I.

1. Dienstaufsichtsbehörde (Abs. 1): § 20. Mitteilungen durch vorgesetzte Behörden: § 6 Abs. 2, 4, 5 MB. vom 22. Okt. 1909 (GVBl. 737). Beispiele zu Abs. 1: Vorladung des Bewerbers zum Offenbarungseid, Konkurseröffnung, Scheidungsprozeß, Ungebühr vor Behörden, geschäftsmäßige Parteivertretung ohne Zulassung zur Rechtsanwaltschaft.

2. Weitere Mitteilung von Ordnungsstrafen: § 13 MB. vom 22. Okt. 1909 (GVBl. 737).

3. Strafverfahren und ehrengerichtliches Verfahren: § 23. Straf- oder Ehrengerichtsverfahren außerhalb Bayerns fallen

unter § 22, wenn sie zur Kenntnis bayerischer Justizbehörden, z. B. bei der Rechtshilfe, kommen.

4. Die Rechtsanwälte sind zu Mitteilungen nicht verpflichtet.

§ 23.

Von jeder Einleitung eines Strafverfahrens gegen einen Bewerber um Anstellung im höheren Justizstaatsdienste sowie von jeder Einleitung eines ehrengerichtlichen Verfahrens gegen einen zu den Bewerbern um Anstellung im höheren Justizstaatsdienste zählenden Rechtsanwalt haben die Staatsanwälte unter Mitteilung des Sachverhalts sofort dem Staatsministerium der Justiz Anzeige zu erstatten. Sie haben weiter von Zeit zu Zeit über den Fortgang des Verfahrens zu berichten und nach der Erledigung eine Abschrift des rechtskräftigen Urteils dem Staatsministerium der Justiz vorzulegen.

1. Die Anzeigepflicht trifft auch die Amtsanwälte.

2. Im übrigen gilt § 10 MB. vom 22. Okt. 1909 (GVBl. 737); s. ferner § 20 der Dienstvorschriften für die Staatsanwaltschaften vom 29. Okt. 1910 (JMBl. S. 931).

§ 24.

I Die als Rechtsanwälte in Bayern tätigen Bewerber unterstehen der Aufsicht des Vorstands des Gerichts, bei dem sie zugelassen sind.

II § 20 Abs. 2 findet entsprechende Anwendung.

III Im übrigen bewendet es bezüglich der Dienstaufsicht und der Dienststrafgewalt über die als Rechtsanwalt tätigen Bewerber bei den Bestimmungen der Rechtsanwaltsordnung.

1. Zu Abs. 3: §§ 28, 49, 62ff. RAO. Mitteilungen: §§ 22, 23; Streichung: § 25.

§ 25.

Von der Bewerberliste werden gestrichen:

1. Bewerber, welche die Beschäftigung nach §§ 9 und 10 nicht innerhalb eines Monats nach Eintragung in die Bewerberliste aufgenommen haben oder diese Beschäftigung länger als drei Monate unterbrechen,
2. Bewerber, welche die Vertretung oder Verbeistandung von Parteien in bürgerlichen Rechtsstreitigkeiten oder in der nicht streitigen Rechtspflege ge-

schäftsmäßig betreiben, ohne zur Rechtsanwaltschaft zugelassen zu sein,

3. Bewerber, welche einem auf Grund des § 12 erlassenen Verbote zuwider die Beschäftigung fortsetzen,
4. Bewerber, welche der in § 8 aufgestellten Verpflichtung zuwider eine von ihnen verlangte Verwendung ablehnen,
5. Bewerber, die sich der Achtung, die ihr künftiger Beruf erfordert, unwürdig erweisen.

1. Berichte: §§ 22, 23; Androhung der Streichung: § 21; Streichung auf Antrag: § 26.

2. Vorschriften über die Wiederaufnahme fehlen. Das Ministerium entscheidet über solche Gesuche nach seinem Ermessen.

3. Zu Nr. 1: Kürzere Unterbrechungen werden nicht zusammengezählt. Bei Mißbrauch Einschreiten nach §§ 12—15. Eintragungsfrist: § 4.

4. Zu Nr. 5: Art. 11, 25, 105 BeamtG. § 28 RAO.

5. Streichung erfolgt auch mit der Erteilung des allgemeinen Notariatsverweserzeugnisses (s. Nr. 6 der Bek. vom 26. Mai 1921 unten Nr. VII).

§ 26.

Der Bewerber kann sich jederzeit aus der Bewerberliste streichen lassen.

§ 27.

Geprüfte Rechtspraktikanten, die in die Bewerberliste nicht aufgenommen werden und sich nur dem Gerichtsschreibereidienst widmen wollen, können in die Liste der Bewerber um das Gerichtsschreiberamt aufgenommen werden. Für diese gelten die Vorschriften über die Fortsetzung der Beschäftigung dieser Bewerber.

§ 28.

I Damit bei dem Staatsministerium der Justiz die Bewerberliste stets richtig und vollständig geführt werden kann, muß das Staatsministerium der Justiz von jedem Eintritt eines Bewerbers in eine Beschäftigung sofort Kenntnis erhalten.

II Um dies zu ermöglichen, wird folgendes bestimmt:

1. Von jedem Eintritt eines Bewerbers bei einer bayerischen Justizbehörde und von jedem Austritte hat

der Vorstand der Behörde sofort dem Staatsministerium der Justiz Anzeige zu erstatten,

2. Bewerber, die bei einem Rechtsanwalt oder bei einer anderen als einer bayerischen Justizbehörde oder bei einer privaten Anstalt oder Unternehmung in Beschäftigung treten, haben den Eintritt in die Beschäftigung und den Austritt stets binnen einer Woche der zunächst vorgesetzten Aufsichtsbehörde (§ 20) anzuzeigen,
3. Bewerber, die die Zulassung zur Rechtsanwaltschaft erwerben, haben die Aufnahme und Aufgabe ihrer Tätigkeit sofort den in §§ 20 Abs. 1 letzter Halbsatz und 24 bezeichneten Aufsichtsbehörden anzuzeigen,
4. bei der Vorlegung jeder Anzeige ist das Jahr und das Ergebnis der zweiten Prüfung anzugeben,
5. die Anzeigen sind für jeden Bewerber gesondert zu erstatten,
6. diese Vorschriften finden auf Anzeigen von dem Tode eines Bewerbers entsprechende Anwendung.

III Die Aufsichtsbehörden haben diese Anzeigen sofort auf dem Dienstwege dem Staatsministerium der Justiz vorzulegen. Die Oberstaatsanwälte leiten sie den Oberlandesgerichtspräsidenten zu.

1. Zu Abs. 2 Nr. 1: Notariatsverweser haben den Beginn des Amts selbst anzuzeigen, soferne sie nicht schon beim gleichen Notariat ohnehin gemeldet sind.

Nr. 2. Die Rechtsanwälte haben keine Anzeigepflicht hinsichtlich der Bewerber, die sie beschäftigen.

Nr. 3. Anzuzeigen ist auch der Wechsel des Gerichts der Zulassung, nicht aber der Wechsel einer Kanzleigemeinschaft beim gleichen Gericht.

2. Folge der Unterlassung: § 29.

3. Die Anzeigen bilden die Grundlage des Verzeichnisses nach § 30.

4. Eine weitere Anzeigepflicht ergibt sich für die Bewerber aus Art. 17 mit 25 BeamtG. bei Verehelichung. Einen Bescheid erhält der Bewerber nur, wenn Bedenken bestehen (Reindl, Komm. z. BeamtG., Bem. 3 zu Art. 17). Unterlassung der Anzeige kann zu dienststrafrechtlichem Einschreiten führen.

§ 29.

Unterlassen die Bewerber die ihnen in § 28 auferlegten Anzeigen, so treten für sie die gleichen Nachteile ein, wie bei Unterlassung des rechtzeitigen Eintrittes oder bei Unterbrechung der Praxis, sofern nicht triftige Gründe die Unterlassung entschuldbar erscheinen lassen.

1. Folge: Streichung (§ 25 Nr. 1), auch dienststrafrechtliches Einschreiten. Erhebliche Verspätung kann der Unterlassung gleichstehen.

§ 30.

Die Präsidenten der Oberlandesgerichte führen, um einen Überblick über die in ihrem Bezirk in Beschäftigung befindlichen Bewerber um Anstellung im höheren Justizstaatsdienst zu haben, ein Verzeichnis nach Muster der Anlage.

1. Die Grundlage des Verzeichnisses bilden die Anzeigen nach § 28 (Dienstweg: Abs. 3). Ein weiteres Verzeichnis über die nach § 8 verwendungsfähigen Bewerber wird nicht geführt.

Uebergangs-Bestimmungen.

§ 31.

I Die bisher im Hauptverzeichnis geführten Bewerber haben sich, sofern sie eine Anstellung im höheren Justizstaatsdienst anstreben, neuerdings zur Eintragung in die Bewerberliste zu melden und zwar auch dann, wenn sie auf Grund der Bekanntmachung vom 9. Okt. 1919 (JMBl. S. 418) schon früher ihre Fortführung beantragt haben.

II Die Meldung hat bis spätestens 31. Dezember 1920 zu erfolgen.

III Wer sich bis dorthin nicht meldet, wird in der Bewerberliste nicht mehr geführt, auch wenn ihm durch eine frühere Entschließung die Fortführung als Bewerber über den 31. Dezember 1920 hinaus zugesichert wurde.

1. Die JMB. v. 9. Okt. 1919 (JMBl. 418) ist gegenstandslos geworden. Mit JMB. vom 12. Febr. 1920 (JMBl. 26) wurde auf § 31 neuerdings aufmerksam gemacht.

§ 32.

Aufgenommen in die Bewerberliste wird nicht mehr:

a) wer nach den bisherigen Vorschriften die Eintragung versäumt oder die Fortführung in der Bewerberliste verwirkt hat,

b) wer das 35. Lebensjahr — als Kriegsteilnehmer das 40. Lebensjahr überschritten hat,

c) wer die Staatsprüfung früher als im Jahre 1910 abgelegt und nicht schon eine Anstellung im Staatsdienst (z. B. als Sekretär oder Amtsanwalt) erworben hat,

d) derjenige, der nach seinen bisherigen Leistungen für die erstrebte Staatsstelle nicht geeignet ist.

1. Maßgebend ist die Zeit der Einreichung des Gesuchs.

2. Zu a. Versäumnis und Verwirkung: § 10 Abs. 4 VO. vom 4. Jan. 1901 (GVBl. 31); §§ 2, 4—6, 11, 25—27, 29, 30 MB. vom 7. Jan. 1901 (JMBl. 54).

Zu c. Zulassung als Rechtsanwalt genügt nicht.

Zu d. Gemeint sind die praktischen Leistungen seit der StPr.

3. Die Fähigkeit zum Richteramt als solche mit ihren Nebenberechtigungen wird durch den Ausschluß von der Liste nicht berührt.

§ 33.

I Diese Bekanntmachung tritt mit dem 1. Januar 1920 an die Stelle

1. der Verordnung vom 4. Januar 1901, die Praxis der Bewerber um Anstellung im höheren Justizstaatsdienst betr. (GVBl. 1901 S. 31, JMBl. 1901 S. 50),
2. der Bekanntmachung des Staatsministeriums der Justiz vom 7. Januar 1901 desselben Betreffs (JMBl. 1901 S. 54),
3. der Bekanntmachung des Staatsministeriums der Justiz vom 15. Juli 1909 des gleichen Betreffs (JMBl. 1909 S. 325).

II Die Vorschriften in § 3 Abs. 1 und § 6 finden erstmals auf die Bewerber Anwendung, die aus der Staatsprüfung 1922 hervorgehen.

1. Die Bek. unter Abs. 1 Nr. 3 hatte die ursprüngliche Fassung der §§ 20—24 der Bek. vom 7. Jan. 1901 geändert.

2. Abs. 2 bezieht sich auf die Vorschriften über den Bedarf. Die übrigen Vorschriften, insbesondere über die Notwendigkeit eines Antrags, sind seit 1. Januar 1920 in Kraft.

3. Da die Bek. nur mehr vom Justizministerium allein erlassen ist, kann dieses Befreiungen und Ausnahmen ohne Mitwirkung der anderen Ministerien bewilligen.

Anlage.

Verzeichnis.

der im Bezirke des Oberlandesgerichts ....
vorhandenen Bewerber um den höheren Justizstaatsdienst

Fortl. Nr.	Name u. Wohnort des Bewerbers	Prüfungs- Jahr	Prüfungs- Note	Art der Beschäftigung	Zeit des Eintritts	Zeit des Austritts	Bemerkungen
1.	Franz Müller in München	1918	75	Praxis beim A. G. München	1. April 1919		
2.	Hans Maier in Traunstein	1917	87	Rechtsanwalt beim L. G. Traunstein	1. Juli 1919		
3.	Emil Huber in Rosenheim	1919	65	Hilfsarbeiter bei R. A. Kollmann in Rosenheim	1. Nov. 1919		
4.	Xav. Schneider in München	1918	72	Stenograph beim Bureau des Landtags	1. Dez. 1919		
5.	Ernst Schmitt in Freising	1917	89	Volontär im Bankgeschäft Klau & Cie. in Freising	1. Jan. 1920		

VII. JMB. vom 26. Mai 1921 über die Bewerber um Anstellung im Notariatsdienst.

(JMBl. 88.)

1. Ein Assessor, der sich nach der Ablegung der Staatsprüfung für den höheren Justizdienst dem Notariatsdienste zuwenden will, hat zunächst durch eine auf dem Dienstwege vorzulegende Eingabe eine Entschließung des Staatsministeriums der Justiz darüber zu erwirken, ob ihm überhaupt eine Aussicht auf Anstellung als Notar eröffnet werden kann.

2. Bei der Entscheidung dieser Frage werden die Prüfungsnote des Assessors, die Würdigung seiner bisherigen dienstlichen Tätigkeit und die Zahl der bereits vorhandenen Bewerber um Anstellung im Notariatsdienste in Betracht gezogen werden.

3. Wird dem Assessor die Aussicht auf Anstellung als Notar eröffnet, so hat er sich zunächst einer Probebeschäftigung in der

Dauer von 3 Monaten bei einem bayerischen Notariate zu unterziehen.

4. Über das Ergebnis der probeweisen Beschäftigung ist unter Würdigung der Eignung des Assessors für die Stelle eines Notars auf dem Dienstwege zu berichten. Erfüllt der Assessor die Voraussetzungen, die an ihn mit Rücksicht auf seine zukünftige Verwendung als Notar zu stellen sind, noch nicht, ist jedoch zu erwarten, daß er den Anforderungen bei Fortsetzung der Tätigkeit genügen wird, so kann auf Antrag eine entsprechende Verlängerung der Probebeschäftigung angeordnet werden. Im Falle der Bewährung wird der Assessor nach dem Ablaufe der Probefrist auf Antrag in die Notariatsbewerberliste eingetragen; er wird hiervon durch besondere Entschließung in Kenntnis gesetzt. Ist nach dem Ergebnis der Probebeschäftigung eine ersprießliche Tätigkeit des Bewerbers im Notariatsdienste nicht zu erwarten, so wird ihm eröffnet, daß er als Bewerber um Anstellung im Notariatsdienste nicht geführt wird.

5. Die Eintragung in die Notariatsbewerberliste gewährt weder einen Anspruch auf Verleihung eines Notariats, noch einen Anspruch hinsichtlich der Art und Reihenfolge der Anstellung. Auf jeden Fall kann die Anstellung des Bewerbers als Notar nur dann erfolgen, wenn er seinerzeit nach Leistungen und Führung allen Anforderungen entspricht, die an einen Notar zu stellen sind.

6. Die Eintragung in die Liste der Bewerber um Anstellung im Justizstaatsdienste (allgemeine Bewerberliste) schließt die Aufnahme in die Notariatsbewerberliste nicht aus. Mit der Erteilung des allgemeinen Verweserzeugnisses (§ 34 NotGeschO.) wird der Assessor jedoch in der allgemeinen Bewerberliste gestrichen.

7. Der Bewerber um Anstellung im Notariatsdienste hat fortgesetzt einer für seine weitere Ausbildung als Notar geeigneten Beschäftigung zu obliegen. Als solche gilt in der Regel nur die Dienstleistung bei einem bayerischen Notariat und die Dienstleistung, zu der er durch das Staatsministerium der Justiz im einzelnen Falle berufen wird. Der Berufung hat er jederzeit Folge zu leisten; insbesondere darf er die Übernahme der Verwesung eines auf Rechnung des Staats geführten Notariats und die Verwendung als Grundbuchbeamter bei Vermeidung seiner Streichung in der Notariatsbewerberliste nicht ablehnen. Zur Übernahme aller anderen als der vorbezeichneten Beschäftigungen bedarf er der Genehmigung des Staatsministeriums der Justiz.

8. Die Entschließung vom 31. Dezember 1909 Nr. 55222 die Fortsetzung der Praxis bei den Notariaten betreffend, wird hiermit aufgehoben.

VIII. JMB. vom 5. Nov. 1907, die Praxis der geprüften Rechtspraktikanten betreffend.

(JMBl. 393).

Die Erfahrung zeigt, daß es sehr nützlich wäre, wenn die Bewerber um Anstellung im Richteramt oder im staatsanwaltschaftlichen Dienst auch auf dem Gebiete des wirtschaftlichen Lebens eine Zeit der praktischen Ausbildung durchmachten. Erst dadurch würden ihre theoretischen Kenntnisse auf diesem Gebiete zu fruchtbringender Entfaltung gelangen, und die Folge davon wäre, daß ihre Vertrautheit mit dem Getriebe des wirtschaftlichen Lebens der Rechtspflege zugute kommen müßte.

In dem § 2 der Verordnung vom 4. Januar 1901 (GVBl. S. 31, JMBl. S. 50) ist zwar schon bestimmt, daß sich die geprüften Rechtspraktikanten auch bei öffentlichen oder privaten Anstalten oder Unternehmungen beschäftigen können.[1]) Die Erwartungen, die sich an die Erlassung dieser Vorschrift knüpften, haben sich aber nicht erfüllt.

Um ihren Zweck zu fördern, wurden Ermittelungen darüber angestellt, inwieweit die Bereitwilligkeit besteht, geprüfte Rechtspraktikanten zur Ausbildung auf dem kommerziellen und industriellen Gebiet aufzunehmen. Erfreulicherweise war die angestellte Umfrage von Erfolg. Das beigefügte Verzeichnis enthält die Namen der Institute, Anstalten, Unternehmungen und Firmen, die ihre Bereitwilligkeit erklärten.

Die Vorstände der Justizbehörden werden den geprüften Rechtspraktikanten bekannt geben, daß das Staatsministerium der Justiz großen Wert darauf legt, daß die Bewerber um Anstellung im Justizstaatsdienst ihre Ausbildung auf dem Gebiete des wirtschaftlichen Lebens durch praktische Betätigung bei einer öffentlichen oder privaten Anstalt oder Unternehmung, also namentlich bei Banken, größeren Firmen oder in Fabriken, bei Handels- und Gewerbekammern, in Berufsgenossenschaften, Versicherungsanstalten usw. fördern. Zu diesem Zwecke sollen die Rechtspraktikanten darauf bedacht sein, eine Beschäftigung nach § 2 der Verordnung zu erlangen, sie sollen insbesondere von der Bereitwilligkeit der in dem Verzeichnis aufgeführten Institute, Anstalten, Unternehmungen und Firmen Gebrauch machen.

Zur Beschäftigung bei den in dem Verzeichnis aufgeführten Stellen bedürfen die Rechtspraktikanten keiner besonderen Genehmigung. Den Eintritt in die Beschäftigung haben sie gemäß § 28 Abs. 1 Nr. 2 der Bek. vom 7. Jan. 1901 (JMBl. 54) anzuzeigen.[2]) Beim Austritt aus der Beschäftigung haben sie

[1]) Jetzt § 10 MB. vom 9. Dez. 1919, oben Nr. VI.

[2]) S. jetzt § 28 Abs. 1 Nr. 2 MB. vom 9. Dez. 1919, oben Nr. VI.

sich ein verschlossenes Zeugnis über ihre Tätigkeit zu erbitten; das Zeugnis ist der zunächst vorgesetzten Aufsichtsbehörde (§ 9 Abs. 1 der Verordnung vom 4. Januar 1901)[1]) vorzulegen; die Aufsichtsbehörde hat eine Abschrift des Zeugnisses dem Staatsministerium der Justiz einzusenden.

Die Bereitwilligkeit zur Aufnahme von Rechtspraktikanten wurde überall nur unter der Bedingung erklärt, daß die Rechtspraktikanten den ihnen zugewiesenen Arbeiten ihre ganze Kraft widmen, die Geschäfts- und Bureaustunden einhalten, sich den Anordnungen der Vorstände fügen, Verschwiegenheit beobachten und eine gewisse Zeit bleiben.

Das Verzeichnis wird von Zeit zu Zeit ergänzt werden.[2])

IX. VO. v. 13. April 1910 über die Dienstleistung der Bewerber um Anstellung im höheren Dienste der inneren Staatsverwaltung.

(GVBl. 169; InnMBl 299).

1. S. zu dieser VO. auch die Vollzugsbek. vom 16. April 1910 (unten unter Nr. X).

2. Durch § 1 der Bek. vom 11. März 1921, die nichtetatsmäßigen Beamten betr. (GVBl. 73), und deren Anlage 1 sind nun die als solche angestellten Regierungsassessoren im Bereich der Ministerien des Äußern, des Innern, für Unterricht und Kultus, der Finanzen, für soziale Fürsorge, für Handel, Industrie und Gewerbe und für Landwirtschaft (wie auch die als solche angestellten Gerichtsassessoren, Strafanstaltsassessoren und Gefängnisassessoren) zu nicht etatsmäßigen Beamten erklärt. Es kommen danach für sie auch die Art. 14 und 15 des Beamtenbesoldungsges. v. 24. März 1923 (GVBl. 109) und die oben erwähnte Bek. v. 11. März 1921 mit ihren Änderungen vom 24. Aug. 1921 (GVBl. 410), 10. Dez. 1921 (GVBl. 589) und 4. Juli 1924 (GVBl. 181) zur Anwendung. Mit deren Bestimmungen sind auch die VO. v. 3. April 1910 und die Vollzugsbek. v. 16. April 1910 (unten unter Nr. X) in einzelnen Punkten nicht mehr vereinbar; eine formelle Änderung ist aber bisher nicht erfolgt. Die Praxis richtet sich auch in einzelnen anderen Beziehungen nicht immer nach ihnen.

3. Die „geprüften Rechtspraktikanten" führen nun die Bezeichnung Assessoren (s. VO. § 52); diejenigen Assessoren, die als Staatsdienstanwärter für den höheren Dienst der inneren Staatsverwaltung aufgenommen wurden, führen nun die Be-

---

[1]) S. jetzt § 20 der Bek. v. 9. Dez. 1919, oben Nr. VI.

[2]) Das Verzeichnis (JMBl. 1908, 253) samt Nachträgen ist, weil es nicht auf dem Laufenden gehalten wurde, nicht abgedruckt.

zeichnung Regierungsassessoren (s. VO. § 52 A. 1). Der von der VO. gebrauchte Ausdruck Regierungsakzessisten ist nicht mehr üblich; die damit Bezeichneten sind in dem (weiteren) Begriff der Regierungsassessoren inbegriffen.

§ 1.

I Die geprüften Rechtspraktikanten, die sich um Anstellung im höheren Dienste der inneren Staatsverwaltung bewerben, haben sich spätestens drei Monate nach Bekanntgabe des Ergebnisses der zweiten Prüfung für den höheren Justiz- und Verwaltungsdienst bei dem Staatsministerium des Innern anzumelden.

II Dieses Staatsministerium weist sie einer Distriktsverwaltungsbehörde (Bezirksamt, Polizeidirektion München, kreisunmittelbarer Stadtmagistrat) zur Dienstleistung zu.

III Nach Ablauf der im ersten Absatze bestimmten Anmeldungsfrist entscheidet das Staatsministerium des Innern nach Maßgabe des jeweiligen Bedarfs und des Prüfungsergebnisses über die endgültige Zulassung der vorläufig zugelassenen Bewerber zum Verwaltungsdienst; die nicht endgültig zugelassenen haben sodann aus dem Dienst auszutreten.

IV Der vom Schlusse der zweiten Prüfung bis zur endgültigen Zulassung zurückgelegte Dienst wird dem nach dieser Zulassung fortgesetzten Dienste gleichgeachtet.

1. Die VO. ist ergangen, bevor die Prüfungsvorschriften die jetzige Fassung erhielten. Gleichwohl gelten auch für ihren Bereich die jetzigen Vorschriften über das Bestehen der StPr. mit Erfolg: bis 90 ohne mündliche Prüfung, 91 mit 100 mit mündlicher Prüfung.

2. Bekanntgabe des Prüfungsergebnisses: MB. § 125.

3. Anmeldung nach Abs. 1: MB. vom 16. April 1910 (unten Nr. X) Nr. 1; Gesuche um nachträgliche Aufnahme: ebenda Nr. 2. Die Zulassung kann schon vor der Bekanntgabe des Prüfungsergebnisses erfolgen (Abs. 4).

§ 2.

I Der Dienst bei einer Distriktsverwaltungsbehörde hat in der Regel ein Jahr zu dauern; hiervon ist wenigstens ein halbes Jahr bei einem Bezirksamt abzuleisten.

II Der Übertritt zu einer anderen Distriktsverwaltungsbehörde ist nur mit Genehmigung des Staatsministeriums des Innern zulässig.

III Die bei den Distriktsverwaltungsbehörden zugelassenen geprüften Rechtspraktikanten werden vom Staatsministerium des Innern zur Fortsetzung des Dienstes an eine Regierung, Kammer des Innern, einberufen.

1. Berechnung des Jahres: § 1 Abs. 4.

§ 3.

I Die Einberufung hervorragend befähigter geprüfter Rechtspraktikanten in das Staatsministerium des Königlichen Hauses und des Äußern, das Staatsministerium des Innern oder das Staatsministerium des Innern für Kirchen- und Schulangelegenheiten bleibt diesen Staatsministerien vorbehalten.

II Die an eine Regierung, Kammer des Innern, oder in ein Staatsministerium einberufenen geprüften Rechtspraktikanten führen die Bezeichnung „Regierungsakzessisten".

1. An Stelle des StM. des K. Hauses u. des Äußern: jetzt StM. des Äußern; an Stelle des StM. des Innern für Kirchen- und Schulangelegenheiten jetzt: StM. für Unterricht und Kultus. § 3 gilt auch für die Staatsministerien für Landwirtschaft, für soziale Fürsorge und für Handel, Industrie und Gewerbe.

2. S. auch Vorbem. 3 zu dieser VO.

§ 4.

I Mit Genehmigung des Staatsministeriums des Innern können die geprüften Rechtspraktikanten und die Regierungsakzessisten auch bei einer Verwaltungsbehörde in einem anderen Bundesstaate oder bei einer nicht in den §§ 1 und 2 genannten Behörde oder Stelle oder bei einer öffentlichen oder privaten Anstalt oder Unternehmung, die die nötige Gewähr für gedeihliche Fortbildung gibt (z. B. größerer landwirtschaftlicher Betrieb, Bankanstalt oder größeres Bankgeschäft, Fabrik, Landwirtschaftsrat, Handels- oder Handwerkskammer, Berufsgenossenschaft, Versicherungsanstalt, Auskunftstelle), Beschäftigung nehmen, staatswissenschaftliche oder wirtschaftliche Fortbildungskurse besuchen oder zum Zwecke des Studiums der öffentlichen Einrichtungen anderer Länder oder zur weiteren Ausbildung in fremden Sprachen Reisen unternehmen.

II Eine derartige Beschäftigung wird der Fortsetzung des Verwaltungsdienstes gleichgeachtet.

1. Empfehlung solcher Beschäftigung, Genehmigung, Zuschüsse: Nr. 4 MB. vom 16. April 1910 (unten Nr. X). Gleichzeitige Beschäftigung bei mehreren Stellen oder Betrieben: ebenda Nr. 5.

§ 5.

I Die Beamten der Verwaltungsstellen und -Behörden, bei denen die geprüften Rechtspraktikanten und die Regierungsakzessisten im Dienste stehen, haben dafür zu sorgen, daß die Beschäftigung ihnen volle Gelegenheit bietet, sich in allen Geschäftszweigen wissenschaftlich und praktisch genügend auszubilden und den Dienst in sachlicher und formeller Hinsicht genau kennen zu lernen.

II Die Beaufsichtigung und Leitung des Dienstes obliegt den Vorständen der Stellen und Behörden.

1. MB. vom 16. April 1919 (unten Nr. X) Nr. 4 und 8.

§ 6.

I Durch die Bekanntmachung vom 8. Juni 1909 (GVBl. S. 386) sind die bei den Staatsbehörden der inneren Verwaltung verwendeten geprüften Rechtspraktikanten und Akzessisten zu Beamten im Sinne des Art. 1 des Beamtengesetzes erklärt worden.

II Sie unterstehen demgemäß in Bezug auf Dienstaufsicht und Disziplin den Bestimmungen des Beamtengesetzes und der hierzu erlassenen Vollzugsvorschriften.

III Diese Bestimmungen sind auch auf die bei den kreisunmittelbaren Stadtmagistraten im Dienste stehenden geprüften Rechtspraktikanten entsprechend anzuwenden.

IV Geprüfte Rechtspraktikanten und Regierungsakzessisten, die nicht bei einer bayerischen Staatsbehörde oder einem bayerischen kreisunmittelbaren Stadtmagistrate verwendet sind, unterstehen unmittelbar der Disziplin des Staatsministeriums des Innern.

1. Die Anwendung der Vorschriften des Beamtengesetzes auf die Regierungsassessoren (s. Vorbem. 2) ergibt sich nun aus § 4 der Bek. v. 11. März 1921, die

nichtetatsmäßigen Beamten betr. (GVBl. 73). Es gelten, weil sie darnach als Beamte im Sinne des Art. 1 des Beamtenges. gelten, auch die Vorschriften des BeamtG. über Dienstaufsicht (Art. 102 bis 104) für sie. Für die anderen Bewerber um den Verwaltungsdienst enthält das BeamtG. keine Vorschriften über die Dienstaufsicht. Der Abs. 3 erklärt die Bestimmungen des BeamtG. und der Vollzugsvorschriften für entsprechend anwendbar auf die bei den unmittelbaren Städten im Dienste stehenden Bewerber. Für die in Abs. 4 bezeichneten Bewerber ist nach der Natur der Sache wenig Raum für eine Dienstaufsicht i. S. des BeamtG. gegeben.

2. Das Dienststrafrecht ist für die als Beamte erklärten Bewerber im Wesentlichen das Gleiche wie für die anderen Bewerber. (Art. 164, 165 BeamtG. mit Art. 105—107, 111—117, 168, 169.)

Vollzugsvorschriften: VO. v. 10. Dez. 1908 (GVBl. 1041) §§ 16, 17, geänd. d. Bek. v. 15. Mai 1909 (GVBl. 210), VO. v. 9. April 1920 (GVBl. 112), 3. Mai 1920 (GVBl. 191), 7. Aug. 1920 (GVBl. 379), Bek. v. 2. Aug. 1922 (GVBl. 382), VO. v. 3. Mai 1923 (GVBl. 1924, 170), MB. v. 27. März 1924 (GVBl. 122), §§ 16 u. 17 (GVBl. 1041); MB. v. 22. Oktober 1909 (GVBl. 737), geänd. durch Bek. v. 2. Aug. 1922 (GVBl. 382).

Dienstaufsicht und Disziplin über die Assessoren bei einer kreisunmittelbaren Stadt übt der Stadtratsvorstand (MB. vom 16. April 1910 Ziff. 7; unten Nr. X). Für mittelbare Städte gilt Abs. 4.

§ 7.

I Die bei einer bayerischen Verwaltungsstelle oder -Behörde im Dienste stehenden geprüften Rechtspraktikanten und Regierungsakzessisten sind verpflichtet, jederzeit eine Geschäftsaushilfe oder eine Hilfsarbeiterstelle bei einer bayerischen Verwaltungsstelle oder -Behörde zu übernehmen. Diese Beschäftigung gilt als Fortsetzung des Dienstes im Sinne der §§ 1 und 2.

II Bezüglich der Gewährung von Vergütungen, Tagegeldern und Reisekosten im Falle der Einberufung zur Geschäftsaushilfe oder auf Hilfsarbeiterstellen sind die jeweils geltenden Vorschriften maßgebend.

1. Der Kreis der Verpflichteten ist enger als für die Justizbewerber (§ 8 MB. vom 9. Dez. 1919; oben Nr. VI). Die Verpflichteten müssen jederzeit zur Übernahme bereit sein; nur aus wichtigen Gründen können sie davon entbunden werden (Nr. 13 MB. vom 16. April 1910; unten Nr. X).

§ 8.

Das Staatsministerium des Innern wird mit dem Vollzuge dieser Verordnung und mit der Erlassung der erforderlichen Übergangsvorschriften beauftragt sowie zur Erteilung der etwa veranlaßten Dispensationen ermächtigt.

1. Vollzugsvorschriften: MB. vom 16. April 1910 (unten Nr. X). Übergang: Nr. 18, 20 ebenda.

§ 9.

(Gegenstandslose Übergangsvorschriften. Die VO. trat am 13. April 1910 in Kraft.)

X. InnMinBek. vom 16. April 1910 über die Dienstleistung der Bewerber um Anstellung im höheren Dienste der inneren Staatsverwaltung.

(InnMBl. 303).

1. S. wegen der Anwendbarkeit der Bek. auch die Vorbemerkung 2 zu VO. vom 13. April 1910 (oben unter IX) und wegen der nunmehrigen Bezeichnung der „geprüften Rechtspraktikanten" und der „Regierungsakzessisten" s. ebendort Bem. 3.

Zum Vollzuge der Kgl. Verordnung vom 13. April 1910 (GVBl. 169) werden auf Grund des § 8 folgende Vorschriften erlassen:

1.

I Die Anmeldung nach § 1 Abs. I der Verordnung ist unmittelbar bei dem Staatsministerium des Innern einzureichen.

II Mit der Anmeldung kann ein Gesuch um Zuteilung zu bestimmten Distriktsverwaltungsbehörden verbunden werden, das durch Angabe der für das Gesuch maßgebenden persönlichen Verhältnisse zu begründen ist. Derartige Gesuche werden soweit tunlich berücksichtigt werden.

III In gleicher Weise steht es den geprüften Rechtspraktikanten frei, vor Beendigung des Dienstes bei der Distriktsverwaltungsbehörde um Zuteilung zu einer bestimmten Regierung, Kammer des Innern, nachzusuchen.

IV Die geprüften Rechtspraktikanten, die vom Staatsministerium des Innern gemäß § 1 Abs. II der Verordnung einer Distriktsverwaltungsbehörde zur Dienstleistung zugewiesen worden sind oder gemäß § 4 der Verordnung mit Genehmigung des Staatsministeriums des Innern anderweitige Beschäftigung nehmen, werden als Bewerber um Anstellung im höheren Dienste der inneren Staatsverwaltung in das bei dem Staatsministerium des Innern geführte Bewerberverzeichnis eingetragen.

V Für jeden vom Staatsministerium des Innern gemäß § 1 Abs. II einer Distriktsverwaltungsbehörde zur Dienstleistung zugewiesenen geprüften Rechtspraktikanten hat der Vorstand der Behörde einen Personalbogen nach dem Muster Beilage I an die vorgesetzte Regierung, Kammer des Innern, und an das Staatsministerium des Innern einzusenden; die gemäß § 4 der Verordnung anderweitig beschäftigten geprüften Rechtspraktikanten haben diesen Personalbogen dem Staatsministerium des Innern unmittelbar vorzulegen.

VI Die vorläufig zugelassenen Bewerber, die nach Ablauf der Anmeldungsfrist zum Verwaltungsdienste nicht endgültig zugelassen werden und demgemäß aus dem Dienste auszutreten haben, werden aus dem Bewerberverzeichnisse gestrichen.

1. Setzt ein Referendar die Praxis vor Bekanntgabe des Prüfungsergebnisses fort (§ 1 Abs. 4 VO. vom 13. April 1910), so wird die Zuweisung hinfällig, sobald der Mißerfolg feststeht. Will der Referendar die Prüfung wiederholen, so kann der bisherige Dienst auf die sechsmonatige Fortsetzung des VD. (VO. § 48) angerechnet werden, aber nur mit ministerieller Genehmigung nach § 55 Satz 2 ebenda.

2. Nachträgliche Anmeldung: Nr. 2.

3. Sonstige Fälle der Streichung: Nr. 3, 15.

2.

Ein geprüfter Rechtspraktikant, der die Anmeldungsfrist des § 1 der Verordnung versäumt hat und um ausnahmsweise nachträgliche Aufnahme in den Verwaltungsdienst nachsucht, hat dem Staatsministerium des Innern Zeugnisse darüber vorzulegen, wie er sich seit der zweiten Prüfung beschäftigt und geführt hat. Im übrigen findet der § 1 Anwendung.

3.

I Ein geprüfter Rechtspraktikant oder ein Regierungsakzessist, der die Dienstleistung oder Beschäftigung länger als drei Monate ohne Genehmigung des Staatsministeriums des Innern unterbrochen hat, wird aus dem Bewerberverzeichnisse gestrichen.

II Auf seine Wiederaufnahme in den Verwaltungsdienst finden die §§ 1 und 2 entsprechende Anwendung.

1. Unterbrechung durch Urlaub oder Krankheit: Nr. 11 Abs. 2.

2. Gemeint sind in Abs. 2 die Nrn. 1 und 2.

4.

I Es liegt ebenso im Interesse der inneren Staatsverwaltung wie der geprüften Rechtspraktikanten selbst, daß diese sich vor ihrer Anstellung eine möglichst umfassende und gründliche Ausbildung in allen Zweigen des Verwaltungsdienstes und eine allseitige Kenntnis des praktischen Lebens aneignen.

II Eine zeitweise Beschäftigung im Sinne des § 4 der Verordnung wird dazu beitragen, ihre Ausbildung zu fördern, ihren Blick zu erweitern und die für ihren künftigen Beruf dringend gebotene Kenntnis des praktischen Lebens zu vertiefen.

III In dieser Beziehung wird insbesondere auf die Ministerialbekanntmachung vom 1. April 1908 (MABl. 169) und auf die alljährlich in Berlin, Köln und Frankfurt a. M. stattfindenden staatswissenschaftlichen und wirtschaftlichen Fortbildungskurse hingewiesen.

IV Die Genehmigung zu solcher Beschäftigung wird vom Staatsministerium des Innern erteilt werden, soweit dies mit der Ausbildung in den beruflichen Grundlagen durch den Dienst bei den Behörden und Stellen der inneren Verwaltung vereinbar ist.

V Zuschüsse zu den durch eine Beschäftigung entstehenden Aufwendungen wird erforderlichen Falles das Staatsministerium des Innern nach Maßgabe der verfügbaren Etatsmittel gewähren.

VI Die Beschäftigung bei der Kanzlei der Kammer der Reichsräte, im Bureau der Kammer der Abgeordneten, im Landtagsarchivariat oder im Stenographischen Bureau des Landtags oder Reichstags gilt als Beschäftigung im Sinne des § 4 der Verordnung.

1. Nr. 4 enthält keine allgemeine Genehmigung i. S. des § 4 VO. vom 13. April 1910; diese muß vielmehr für den einzelnen Fall (auch zu Abs. 6) nachgesucht werden. Die Verteilung der Bewerber auf die in der MB. vom 1. April 1908 bezeichneten Betriebe verfügt das Ministerium des Innern.

2. Die in Abs. 6 bezeichneten Stellen sind jetzt durch die beim Landtag und beim Reichstag gebildeten Ämter ersetzt.

5.

I Die Dienstleistung oder Beschäftigung soll in der Regel gleichzeitig nur bei einer Stelle, Behörde, Anstalt oder Unternehmung erfolgen. Ausnahmen bedürfen der Genehmigung des Staatsministeriums des Innern.

II Gleichzeitige Beschäftigung bei einer Stelle oder Behörde und bei einer privaten Anstalt oder Unternehmung wird nicht gestattet werden.

6.

I Beim Eintritt in den Dienst bei einer Verwaltungsbehörde sind die geprüften Rechtspraktikanten gemäß Art. 23 des Beamtengesetzes und § 8 der Kgl. Verordnung vom 10. Dezember 1908, den Vollzug des Beamtengesetzes betreffend (GVBl. S. 1044), eidlich zu verpflichten.

II Beim Austritt eines geprüften Rechtspraktikanten aus dem Dienste bei einer Verwaltungsbehörde hat der Vorstand der Behörde nach Anhörung der Beamten, denen der Rechtspraktikant zur besonderen Aufsicht zugeteilt war, ein Zeugnis über die Dauer der Dienstleistung, über das dienstliche und außerdienstliche Verhalten sowie über die Leistungen des Rechtspraktikanten und die hierbei etwa hervorgetretenen Mängel auszustellen und zu dem unter dem persönlichen Verschlusse des Amtsvorstandes zu haltenden Personalakte des Rechtspraktikanten zu nehmen.

III Beim Übertritt eines geprüften Rechtspraktikanten zu einer anderen Behörde ist der Personalakt dem Vorstand dieser Behörde zu übersenden.

1. Der § 8 der VO. vom 10. Dez. 1908 ist nun aufgehoben durch die VO vom 3. Mai 1920 über die Vereidigung der öffentlichen Beamten (GVBl. 191) und ersetzt durch die in dieser VO. vorgeschriebenen Beeidigungsvorschriften; es werden nun auch die eintretenden Assessoren nach dieser Vorschrift zu beeidigen sein, wenn sie nicht, was im Hinblick auf § 23 der VO. (oben Teil I) die Regel sein wird, diesen Eid ohnehin schon geleistet haben. Wegen der nicht zu Beamten erklärten Assessoren (s. § 6 A. 1 der VO. vom 13. April 1910) s. Art. 23 mit Art. 25 BeamtenG.

2. Wer von einer Staatsbehörde zu einer anderen übertritt und den Eid schon geleistet hat, braucht ihn nicht noch einmal zu leisten (Art. 23 Abs. 2 BeamtG.).

7.

Die Dienstaufsicht und die Disziplin über die bei einem kreisunmittelbaren Stadtmagistrat im Dienste stehenden geprüften Rechtspraktikanten (§ 6 Abs. III der Verordnung) steht dem Magistratsvorstande zu.

8.

I Auf den Dienst der geprüften Rechtspraktikanten bei den Verwaltungsbehörden finden die §§ 81, 82 und 91 der Ministerialbekanntmachung vom 6. Juli 1899 (MABl. S. 261) entsprechende Anwendung.

II Die geprüften Rechtspraktikanten sind während ihrer Dienstleistung bei einer Verwaltungsbehörde unter besonderer Beachtung des Hauptzweckes ihrer Dienstleistung, d. i. ihrer allseitigen praktischen und wissenschaftlichen Fortbildung zur Erledigung der laufenden Geschäfte der Behörde heranzuziehen.

1. An Stelle der in Abs. 1 angeführten Vorschriften gelten jetzt die §§ 58, 59, 74 ff. der **MB.** (**oben Teil II**).

9.

Den bei den Verwaltungsbehörden im Dienste stehenden geprüften Rechtspraktikanten ist die Teilnahme an den praktischen Übungen zu gestatten, die nach § 92 der Ministerialbekanntmachung vom 6. Juli 1899 (MABl. S. 261) stattfinden; es können auch besondere Übungen für sie abgehalten werden.

1. Jetzt MB. §§ 75, 76 (oben Teil II). Die Teilnahme ist nur bei den besonderen Übungen Pflicht.

10.

I Bei den Regierungen, Kammern des Innern, sind vom Staatsministerium des Innern Fortbildungskurse für die Regierungsakzessisten und die am Regierungssitze oder in dessen Nähe wohnenden geprüften Rechtspraktikanten eingerichtet.

II Zur Teilnahme an diesen Kursen sind die bei der Regierung, Kammer des Innern, und bei den am Regierungssitze befindlichen Verwaltungsbehörden im Dienste stehenden Regierungsakzessisten und geprüften Rechtspraktikanten verpflichtet; den übrigen am Regierungssitze oder in dessen Nähe wohnenden geprüften Rechtspraktikanten kann die Teilnahme gestattet werden.

11.

I Die bei einer bayerischen Verwaltungsbehörde im Dienste stehenden geprüften Rechtspraktikanten und Regierungsakzessisten dürfen sich ohne Genehmigung des Amtsvorstandes nicht über 24 Stunden vom Amtssitz entfernen.

II Urlaub kann ihnen in jedem Jahre bis zur Dauer von drei Wochen vom Amtsvorstand erteilt werden. Gesuche um Erteilung eines Urlaubs von mehr als drei Tagen sind schriftlich anzubringen und zu bescheiden. Im übrigen finden die §§ 5, 6, 8, 9, 10, 11 und 12 der Ministerialbekanntmachung vom 14. Juli 1909, die Sonntagsruhe und den Urlaub der Staatsbeamten betreffend (GVBl. S. 427) entsprechende Anwendung.

1. Die Bek. vom 14. Juli 1909 ist nun geändert durch Bek. vom 9. Mai 1913 (GVBl. 187) und vom 3. April 1922 (GVBl. 219). Nr. 2 der letzteren bestimmt insbesondere: Die nichtetatsmäßigen Beamten im Sinne des § 7 der Bek. vom 11. März 1921 (GVBl. 75) erhalten nach mindestens sechsmonatiger Dienstzeit als nicht etatsmäßige Beamte des Staates, soweit nicht außergewöhnliche Verhältnisse entgegenstehen, einen jährlichen Erholungsurlaub und zwar diejenigen Beamten, die bei regelmäßigem Verlauf ihrer Dienstlaufbahn ihre erste etatsmäßige Anstellung in Besoldungsgruppe X oder einer höheren Besoldungsgruppe erlangen, von 17 Tagen, die übrigen von 10 Tagen. Für Beamte, die das 25. Lebensjahr vollendet haben, erhöht sich der Urlaub um 4 Tage.

Vorstehende Bestimmung findet auch auf Beamte Anwendung, die zwar nicht etatsmäßige Beamte im Sinne der Bek. vom 11. März 1921, aber Beamte im Sinne des Art. 1 des Beamtengesetzes sind.

12.

Die Dienstaufsichtsbehörde hat die zu ihrer Kenntnis kommenden Tatsachen, die von Einfluß auf die Frage der Anstellung des Bewerbers sein können, so insbesondere Erkrankungen, die die dauernde Dienstfähigkeit als zweifelhaft erscheinen lassen, sowie jede Disziplinierung eines Bewerbers dem Staatsministerium des Innern anzuzeigen.

13.

Die Bewerber um Anstellung im höheren Dienste der inneren Staatsverwaltung, die nach § 7 der Verordnung verpflichtet sind, eine Geschäftsaushilfe oder eine Hilfsarbeiterstelle bei einer bayerischen Verwaltungsstelle oder -Behörde zu übernehmen, müssen jederzeit zur Übernahme bereit sein. Von der Übernahme eines solchen Auftrags kann nur aus wichtigen Gründen entbunden werden.

14.

Das Ableben eines geprüften Rechtspraktikanten oder eines Regierungsakzessisten ist auf dem Dienstwege dem Staatsministerium des Innern anzuzeigen.

15.

I Die in der Bewerberliste aufgenommenen geprüften Rechtspraktikanten und Regierungsakzessisten, die eine Ehe einzugehen beabsichtigen, haben spätestens sechs Wochen vor der Eheschließung ihr Vorhaben unter Bezeichnung der Braut anzuzeigen. Die Anzeige ist zu erstatten:

1. dem Amtsvorstande, wenn der Bräutigam bei einer bayerischen Staatsbehörde oder einem bayerischen kreisunmittelbaren Stadtmagistrate verwendet ist,
2. dem Staatsministerium des Innern in allen anderen Fällen.

II Wenn der Eingehung der Ehe kein dienstliches Bedenken entgegensteht, wird dies dem Bräutigam schriftlich eröffnet; andernfalls wird ihm bekanntgegeben, daß er bei Verwirklichung seines Vorhabens die Entlassung aus dem Verwaltungsdienst und die Streichung aus der Bewerberliste zu gewärtigen habe.

III Geprüfte Rechtspraktikanten und Regierungsakzessisten, die eine Ehe schließen, ohne die vorgeschriebene Anzeige erstattet zu haben, können aus dem Verwaltungsdienste entlassen und aus der Bewerberliste gestrichen werden; eine Eheschließung, die ungeachtet der Eröffnung über entgegenstehende dienstliche Bedenken erfolgt, hat die nach dem vorigen Absatz angedrohten Nachteile zur Folge.

IV Von der Eheschließung eines in die Bewerberliste aufgenommenen geprüften Rechtspraktikanten und Regierungsakzessisten ist dem Staatsministerium des Innern Anzeige zu erstatten, und zwar im Falle des Abs. I Ziff. 1 vom Amtsvorstand, im Falle des Abs. I Ziff. 2 von dem geprüften Rechtspraktikanten oder Akzessisten selbst.

1. Die Anzeigepflicht nach Abs. 1 beruht auf Art. 17, 25 BeamtenG., die nach Abs. 4 nur auf einer Verwaltungsvorschrift.

2. Die MB. vom 20. Aug. 1868, die Verehelichung der Staatsdienstaspiranten betr. (RegBl. 1609), ist durch Nr. 15 ersetzt.

16.

Die Regierungen, Kammern des Innern, haben

1. für jede Distriktsverwaltungsbehörde ein gesondertes Verzeichnis der dort im Dienste stehenden geprüften Rechtspraktikanten nach dem Muster Beilage II,
2. für die im Regierungsbezirke in einer sonstigen Beschäftigung nach § 4 der Verordnung stehenden geprüften Rechtspraktikanten und Akzessisten ein gemeinsames Verzeichnis nach dem Muster Beilage III und
3. für die bei der Regierung, Kammer des Innern, im Dienste stehenden Regierungsakzessisten ein Verzeichnis nach dem Muster Beilage IV

zu führen und auf dem Laufenden zu erhalten.

17.

I Die Qualifikation der bei den bayerischen Behörden und Stellen der inneren Verwaltung verwendeten geprüften Rechtspraktikanten und Regierungsakzessisten hat nach den Grundsätzen der Ministerialentschließungen vom 23. Juli 1901 (MABl. S. 351), 17. März 1910 (MABl. S. 232) und 17. März 1910 Nr. 1024/3 alle zwei Jahre — vorbehaltlich außerterminlicher Qualifikation aus besonderem Anlasse — stattzufinden.

II Hierbei ist das Muster Beilage V zu verwenden. Die Veränderungsübersichten sind nach dem der Ministerialentschließung vom 23. Juli 1901 beigegebenen Formblatt A aufzustellen; jedoch hat die vorletzte Spalte zu lauten: „Gutachten über die Anstellungsfähigkeit."

III Die Qualifikationslisten sind unter dem persönlichen Verschlusse des Amtsvorstandes zu halten.

1. Vgl. Art. 102 BeamtG., der nach § 6 Abs. 3 VO. vom 13. April 1910 (oben Nr. IX) auch auf die nicht zu Beamten erklärten Bewerber bei den unmittelbaren Städten Anwendung findet.

18.

(Gegenstandslose Übergangsvorschrift.)

19.

Die Bezüge der geprüften Rechtspraktikanten und der Regierungsakzessisten bestimmt das Staatsministerium des Innern nach Maßgabe der verfügbaren Etatsmittel.

1. Wegen der Bezüge der Regierungsassessoren s. nun die Bek. vom 11. März 1921 (Bem. 2 vor der VO. vom 13. April 1910 oben Nr. IX). S. auch die Bekanntmachungen vom 4. Juli 1924 unten unter Nr. XIII.

20.

(Hebt frühere Vorschriften auf.)

Beilage I

(Seite 1.)

Personalbogen
des
geprüften Rechtspraktikanten

....

(Seite 2.)

Vor- und Zuname:	....
Geburtstag:	....
Geburtsort:	....
Heimat:[1])	....
Religion:	....
ledig oder verheiratet:	....
Vor- u. Zuname des Vaters:	....
Stand des Vaters:	....
Angabe, ob beide Eltern am Leben:	....
Zeit der juristischen Studien:	....
Ort der juristischen Studien:	....
Jahr der ersten Prüfung:	....
Vorbereitungsdienst:	
bei Gerichten:	....
bei Verwaltungsbehörden:	....
in der Rechtsanwaltschaft:	....

1) Nun gegenstandslos.

Gesamtzeit d. Vorbereitungsdienstes:	Vom ....
	bis ....
Jahr der zweiten Prüfung:	....
Bei welcher Regierung:	....
Hauptnote im Justizfache:	....

(Seite 3).

Hauptnote im Verwaltungsfache:	....
Gesamtnote:	....
Platz:	der .... unter .... Kandidaten
Angabe, ob Vordatierung erfolgt:	....
Angabe, wo seit der zweiten Prüfung verwendet:	....
Angabe, bei welcher Behörde zugelassen:	....
Sprachkenntnisse:	....
Gesundheitsverhältnisse:	....
Vermögensverhältnisse:	....
Ob im elterlichen Unterhalt oder im Besitz eigenen Vermögens:	....
Militärverhältnisse:	....
Tag der Ministerialentschließung, mit der die Zulassung zur Dienstleistung erfolgte:	....
Tag des Eintritts und der Verpflichtung:	....

Beilage II.

Verzeichnis

der bei (dem Bezirksamte, der Polizeidirektion München, dem Stadtmagistrate im Dienste stehenden geprüften Rechtspraktikanten.

Nr.	Familien- und Vorname, dann Heimat[1]) des Rechtspraktikanten	Prüfungs-		Zeit des Eintritts			Zeit des Austritts			Bemerkungen
		Jahr	Note	Tag	Monat	Jahr	Tag	Monat	Jahr	

Anmerkung. In das Verzeichnis sind auch diejenigen Rechtspraktikanten aufzunehmen, die vor Bekanntgabe des Prüfungsergebnisses in den Dienst eingetreten sind.

Beilage III.

Verzeichnis

der im Regierungsbezirke ....
in einer Beschäftigung nach § 4 der VO. vom 13. April 1910 stehenden geprüften Rechtspraktikanten und Regierungsakzessisten.

Nr.	Familien- und Vorname, dann Heimat[1]) des Rechtspraktikanten	Prüfungs-		Art der Beschäftigung	Tag des Eintritts	Tag des Austritts	Bemerkungen
		Jahr	Note				

Beilage IV.

Verzeichnis

der bei der Regierung ....
Kammer des Innern, im Dienste stehenden Regierungsakzessisten.

Nr.	Familien- und Vorname, dann Heimat[1]) des Regierungsakzessisten	Prüfungs-		Zeit des Eintritts			Zeit des Austritts			Bemerkungen
		Jahr	Note	Tag	Monat	Jahr	Tag	Monat	Jahr	

[1]) Nun gegenstandslos.

Beilage V.

Prüfungsjahr .... der .... te unter .... Kandidaten.

....

geboren den .... 18 .... in ....

beheimatet¹) in .... Religion: ....

ob ledig oder verheiratet: ....

....

Name und Stand des Vaters: ....

....

Angabe, ob Eltern am Leben: ....

Zeit und Ort der juristischen Studien	Jahr der ersten Prüfung	Dauer des Vorbereitungsdienstes	Tag und Inhalt der Zeugnisse
		a) bei Gerichten: .... b) bei Verwaltungsbehörden: .... c) in der Rechtsanwaltschaft: .... abgeleistet vom .... bis	

Ergebnis der im Jahre .... im Regierungsbezirke bestandenen zweiten Prüfung

Hauptnote im Justizfache	Hauptnote im Verwaltungsfache	Gesamtnote	Gesamtnebennote für Stil und Darstellung¹)	Bemerkungen

¹) Nun gegenstandslos.

(2. Seite).

Behörden, bei denen der Praktikant seit der zweiten Prüfung verwendet war, dann dermalige Eigenschaft oder Verwendung	Qualifikationsnoten a) der Behörde, b) der Regierung									Besondere Qualifikationsnote in Hinsicht auf wissenschaftliche Bestrebungen und auf Fortbildung in dem Fache
	Anlagen	Kenntnisse	Geschäftsgewandtheit	Fleiß	Vortrag: schriftlicher	Vortrag: mündlicher	Treue u. Anhänglichkeit an die Verfassung	Sittliches Verhalten	Hauptnote	

(3. Seite).

Besondere Angabe über:

a) die persönlichen Eigenschaften, insbesondere das äußere Benehmen,
b) Sprachkenntnisse,
c) Gesundheitsverhältnisse,
d) Vermögensverhältnisse,
e) Militärverhältnisse

Zu a:

Zu b:

Zu c:

Zu d:

Zu e:

XI. InnMB. vom 1. April 1908, die wirtschaftliche Fortbildung der geprüften Rechtspraktikanten und Regierungsakzessisten betreffend.

(InnMBl. 169).

Infolge des technischen und wirtschaftlichen Aufschwungs der letzten Jahrzehnte sind den Verwaltungsbehörden auf den Gebieten der Landwirtschaft, der Industrie und des Handels neue und wichtige Aufgaben erwachsen. Es ist deshalb dringend wünschenswert, daß die künftigen Verwaltungsbeamten den Zeitraum zwischen dem Staatskonkurse und der ersten Anstellung nicht nur zu ihrer Weiterbildung auf dem Gebiete des Verwaltungsrechts und der Verwaltungspflege sondern auch zur Ergänzung ihrer auf der Universität und in der Vorbereitungspraxis erworbenen Kenntnisse durch Gewinnung praktischer, auf eigener Anschauung und Tätigkeit beruhender Erfahrungen in technischen und wirtschaftlichen Dingen benützen.

Von dieser Erwägung ausgehend, hat das Staatsministerium des Innern bei einer Reihe musterhaft geleiteter landwirtschaftlicher und industrieller Betriebe sowie hervorragender Handelsgeschäfte und -anstalten eine Umfrage über ihre Bereitwilligkeit zur Beschäftigung geprüfter Verwaltungsdienstaspiranten gehalten.

In dankenswerter Weise haben sich die in der Anlage verzeichneten Betriebe usw. zur Beschäftigung solcher Aspiranten bereit erklärt; hierbei wurde überall zur Bedingung gemacht, daß die Aufgenommenen den ihnen zugewiesenen Arbeiten ihre ganze Kraft widmen, die Geschäfts- und Bureaustunden einhalten, sich den Anordnungen der Betriebsleiter fügen, Verschwiegenheit beobachten und eine gewisse Zeit bleiben.

Dies wird mit dem Beifügen bekannt gegeben, daß diejenigen Verwaltungsdienstaspiranten, die eine Beschäftigung bei einem dieser Betriebe usw. anstreben, dies nicht unmittelbar bei der Betriebsleitung, sondern bei dem ihnen vorgesetzten K. Regierungspräsidium anzumelden haben, welches die Gesuche alsbald kurzhändig dem K. Staatsministerium des Innern gutachtlich vorzulegen hat, worauf die Verteilung der Angemeldeten auf die einzelnen Betriebe unter tunlichster Berücksichtigung der geltend gemachten Wünsche durch das Staatsministerium des Innern erfolgt.

Die in den Betrieben zugebrachte Zeit wird bei der Anstellung angerechnet werden.

Beim Austritt der Beschäftigung ist ein verschlossenes Zeugnis über die Tätigkeit zu erbitten, das dem vorgesetzten Regierungspräsidium vorzulegen ist; letzteres hat eine Abschrift an das K. Staatsministerium des Innern einzusenden.[1])

[1]) Das Verzeichnis samt Nachträgen ist nicht abgedruckt, weil es nicht auf dem Laufenden erhalten wurde.

XII. Auszug aus der JMB. vom 18. Sept. 1919, die dienstliche Würdigung der Beamten usw. betreffend.

(JMBl. 317).[1])

Vorschriften für Bewerber um Anstellung im Justizstaatsdienste, einschließlich des Notariatsdienstes.

§ 35.

Auf die Bewerber um Anstellung im Justizstaatsdienste finden die Vorschriften der §§ 1, 3—7 entsprechende Anwendung.

§ 36.

Über die Bewerber um Anstellung im höheren Justizstaatsdienst haben die Justizbehörden, denen die Dienstaufsicht über diese Bewerber zusteht, Personalakten zu führen.

Diese Justizbehörden haben die Bewerber um Anstellung im höheren Justizstaatsdienst, die bei einer bayerischen Justizbehörde, bei einem bayerischen Notar oder bei einem bayerischen Rechtsanwalte tätig sind, auch dienstlich zu würdigen.

Bewerber, die bei einem Landgericht oder bei einem Rechtsanwalt tätig sind, sind von dem Landgerichtspräsidenten unter Mitwirkung der Direktoren dienstlich zu würdigen. Bewerber, die bei einem Oberlandesgerichte tätig sind, werden von dem Präsidenten des Oberlandesgerichts unter Mitwirkung der Senatspräsidenten dienstlich gewürdigt. Die bei einem Notare tätigen Bewerber würdigt der Landgerichtspräsident nach vorheriger Einholung eines Gutachtens des Notars.

Bewerber, die Rechtsanwälte sind, werden nur dann dienstlich gewürdigt, wenn sie um Anstellung nachgesucht haben.

---

[1]) Änderungen der Bek. erfolgten durch JMB. vom 5. Nov. 1919 (JMBl. 450), nach Bem. im JMBl. 1920, 198, durch JMB. 4. Febr. 1921 (JMBl. 16) und FMB. vom 16. Febr. 1922 (GVBl. 172) Nr. 3.

Bewerber, die nicht bei einer bayerischen Justizbehörde, bei einem bayerischen Notariate oder bei einem bayerischen Rechtsanwalte tätig sind, werden dienstlich nicht gewürdigt.

Die dienstliche Würdigung muß ein bestimmtes Urteil über die Eignung für die Anfangsstellen des Justizstaatsdienstes enthalten.

Die Inzipienten sind vom Amtsvorstand unter Mitwirkung des geschäftsleitenden Sekretärs und, wenn sie einem mit der Leitung und Überwachung einer Abteilung betrauten Sekretär unterstehen, auch unter dessen Mitwirkung dienstlich zu würdigen.

§ 37.

Auf die dienstliche Würdigung der in § 36 bezeichneten Bewerber um Anstellung im Justizstaatsdienst sind die Vorschriften in den §§ 8—14, § 15 Abs. 1, 2, 3, §§ 16—18, §§ 20—21, §§ 24—27, §§ 29—31, § 33 Abs. 1, § 34 anzuwenden. Die dienstliche Würdigung erfolgt alle zwei Jahre und zwar bis zum 1. Juli des ersten Jahres dieses Zeitraums, erstmals nach diesen Vorschriften im Jahre 1920.

Zur schriftlichen Festlegung der dienstlichen Würdigung ist das Muster der Anlage III zu verwenden.

Zur Anlegung des Personalbogens ist das Muster der Anlage II zu benützen. Die Spalten 1—4 sind nur auszufüllen, wenn der Bewerber ein Diensteinkommen aus der Staatskasse bezieht.

XIII. Unterhaltszuschüsse und Bezüge der im Vorbereitungsdienst stehenden Referendare.

1. Bek. des Gesamtstaatsministeriums v. 4. Juli 1924 über die Unterhaltszuschüsse der im staatlichen Vorbereitungsdienste stehenden Personen (GVBl. 179), geändert durch § 1 der Bek. v. 9. Febr. 1925 (GVBl. 75).

Die ungünstige Lage des Staatshaushalts läßt die Gewährung von Unterhaltszuschüssen für die im staatlichen Vorbereitungsdienste stehenden Personen in dem seitherigen Umfange nicht mehr zu. Das Gesamtministerium sieht sich daher veranlaßt, mit Wirkung vom 1. August 1924 an nachstehendes zu verfügen.

§ 1.

I Die im staatlichen Vorbereitungsdienste stehenden Personen sind, soweit es mit dem Zwecke ihrer Ausbildung vereinbar ist und die dienstlichen Verhältnisse es erfordern, zur Erledigung der Dienstgeschäfte heranzuziehen. Anspruch auf Entlohnung steht ihnen nicht zu. Bei nachgewiesener Bedürftigkeit kann mit Rücksicht auf die gegenwärtigen ungünstigen wirtschaftlichen Verhältnisse ein widerruflicher Unterhaltszuschuß nach Maßgabe der verfügbaren Mittel gewährt werden.

II Als Vorbereitungsdienst im Sinne des Abs. 1 gilt nicht nur der Vorbereitungsdienst, der als Voraussetzung für die Anstellung als nichtetatmäßiger Beamter vorgeschrieben ist (§ 2 Abs. I Ziff. b der Bek. vom 11. März 1921 — GVBl. S. 73)[1]), sondern auch die darüber hinausgehende Zeit der Verwendung im Staatsdienste bis zur Anstellung als Beamter.

§ 2.

I Ein Unterhaltszuschuß wird nicht gewährt:

a) Personen, deren Eltern oder sonstige Unterhaltspflichtige sich in solchen wirtschaftlichen Verhältnissen befinden, daß ihnen die Bestreitung des Unterhalts der im Vorbereitungsdienste stehenden Person zugemutet werden kann,

b) Personen, die sich bei ihren Eltern in Unterkunft und Verpflegung befinden oder am Wohnsitze der Eltern den Vorbereitungsdienst ableisten oder am Orte ihres Vorbereitungs-

---

1) § 2 Abs. 1 lit. b der Bek. vom 11. März 1921 bestimmt: Die Anstellung als nichtetatsmäßiger Beamter ist von der Voraussetzung abhängig, daß der Anwärter . . . . . b) den vorgeschriebenen Vorbereitungsdienst abgelegt hat.

dienstes bei anderen Angehörigen (Verwandten oder Verschwägerten) Unterkunft und Verpflegung erhalten,

c) Personen, die außerhalb des Wohnsitzes ihrer Eltern den Vorbereitungsdienst ableisten, obwohl sie ihn an diesem Orte ableisten könnten.

II In den Fällen des Abs. I Buchst. b und c kann bei besonderer Bedürftigkeit, namentlich wenn sich die Eltern oder Angehörigen selbst in schwierigen wirtschaftlichen Verhältnissen befinden, die Bewilligungsstelle (§ 6 Abs. II) ausnahmsweise einen Unterhaltszuschuß bewilligen.

§ 3.

Ein Unterhaltszuschuß wird nur gewährt, wenn die im Vorbereitungsdienste stehende Person nach Fleiß und Leistungen sowie nach dienstlicher und außerdienstlicher Führung voll entspricht.

§ 4.

I Der Unterhaltszuschuß wird von der Bewilligungsstelle (§ 6 Abs. II) im Rahmen der verfügbaren Mittel unter Berücksichtigung der wirtschaftlichen Verhältnisse des Gesuchstellers nach freiem Ermessen festgesetzt.

II Als Unterhaltszuschuß können die im staatlichen Vorbereitungsdienst stehenden Personen erhalten

a) einen Grundzuschuß[1]) und zwar:
 im 1. Jahre des Vorbereitungsdienstes (1. Jahresstufe) bis zu 45 v. H.,
 im 2. Jahre des Vorbereitungsdienstes (2. Jahresstufe) bis zu 50 v. H.,
 im 3. Jahre des Vorbereitungsdienstes (3. Jahresstufe) bis zu 55 v. H.
 der Anfangsbezüge (Grundgehalt und Wohnungsgeldzuschuß) derjenigen Besoldungsgruppe, in der sie beim regelmäßigen Verlauf ihrer Dienstelaufbahn zuerst etatmäßig angestellt werden. Für Anwärter, die in einer höheren als der Besoldungsgruppe VII zuerst etatmäßig angestellt werden, gelten als Höchstsätze die vorstehenden Hundertsätze der Anfangsbezüge der Besoldungsgruppe VII,

b) die Kinderzuschläge, den Frauenzuschlag, die örtlichen Sonderzuschläge und die Besatzungszulage unter den gleichen Voraussetzungen und bis zur gleichen Höhe wie die etatmäßigen Staatsbeamten.

---

[1]) Durch Nr. 4 der FMB. vom 19. April 1925 über die Erhöhung des Wohnungsgeldzuschusses (StAnz. Nr. 89) ist bestimmt, daß der Berechnung des Grundzuschusses gemäß § 4 Abs. II Buchst. a vom 1. April 1925 an der durch die Bek. vom 19. April 1925 erhöhte Wohnungsgeldzuschuß zugrunde zu legen ist.

III Solange ein Anwärter das 16. Lebensjahr noch nicht vollendet hat, soll der Unterhaltszuschuß die Hälfte des nach der Zeit des Vorbereitungsdienstes sich berechnenden Betrages nicht übersteigen.

§ 5.

I Die Zeit des Vorbereitungsdienstes wird vom Tage der Aufnahme in den Vorbereitungsdienst an gerechnet.

II Wurde der Eintritt in den Vorbereitungsdienst durch Kriegsdienst oder eine diesem gleichzuachtende Verwendung verzögert, so kann der Unterhaltszuschuß mit dem Satze gewährt werden, der sich berechnen würde, wenn die Verzögerung nicht eingetreten wäre.

III Ob und wieweit die Beschäftigung in einem anderen Staatsdienstzweig oder außerhalb des Staatsdienstes oder des Staatsdienstanwärterverhältnisses bei Bemessung des Unterhaltszuschusses berücksichtigt werden kann, bestimmt das zuständige Ministerium im Einvernehmen mit dem Ministerium der Finanzen.

IV Staatsdienstanwärtern, von denen bei der Aufnahme eine vorhergehende praktische Verwendung gefordert ist (z. B. Anwärter für den mittleren Staatsbaudienst), kann die in dieser praktischen Verwendung zugebrachte Zeit bis zur vorgeschriebenen Höchstdauer bei der Bemessung des Unterhaltszuschusses angerechnet werden.

§ 6.

I Gesuche um Gewährung eines Unterhaltszuschusses sind bei dem Vorstande der Dienststelle einzureichen, bei welcher der Vorbereitungsdienst abgeleistet wird. Sie sind mit gutachtlicher Äußerung über die für die Gewährung maßgebenden Verhältnisse auf dem Dienstwege der Bewilligungsstelle (Abs. II) vorzulegen. Der Vorstand der Dienststelle oder der Dienstaufsichtsstelle ist befugt, Gesuche, die nach § 2 zweifellos nicht berücksichtigt werden können, ohne Vorlage an die Bewilligungsstelle in eigener Zuständigkeit abzuweisen.

II Die Bewilligung des Unterhaltszuschusses und die Bestimmung des Beginns und der Dauer des Bezugs erfolgt durch die Bewilligungsstelle. Bewilligungsstelle ist das zuständige Ministerium oder die von diesem ermächtigte Stelle.

III Die Anweisung des bewilligten Unterhaltszuschusses bei der Zahlstelle steht dem Vorstande der Dienststelle zu, bei welcher der Vorbereitungsdienst abgeleistet wird. Der Vorstand ist auch zuständig, den bewilligten Unterhaltszuschuß vorbehaltlich der Genehmigung durch die Bewilligungsstelle ganz oder teilweise einzuziehen, sobald und solange nach seinem pflichtgemäßen Ermessen die Voraussetzungen für die Gewährung des Unterhaltszuschusses (§§ 1—3) nicht mehr gegeben sind.

IV Für die Schulamtsbewerber gelten anstelle der Abs. I und III die vom Ministerium für Unterricht und Kultus erlassenen besonderen Bestimmungen.

§ 7.

Die Zahlung des Unterhaltszuschusses endigt, sofern im Einzelfalle von der Bewilligungsstelle bei der Bewilligung oder vom Stellenvorstand auf Grund des § 6 Abs. III Satz 2 nicht anders verfügt wird, mit der Anstellung auf Dienstvertrag oder als nichtetatsmäßiger Beamter oder mit der Ernennung zum etatmäßigen Beamten, mit der Entlassung oder mit der Beendigung der Dienstleistung, bei Referendaren, die bestimmungsgemäß nach Ableistung des vorgeschriebenen Vorbereitungsdienstes aus diesem auszuscheiden haben, spätestens mit dem Schlusse des Halbmonats, in dem die nächste nach Ableistung des Vorbereitungsdienstes stattfindende (schriftliche) Prüfung endigt.

§ 8.

I Für die Dauer des regelmäßigen Erholungsurlaubs oder der regelmäßigen Schulferien darf der Unterhaltszuschuß unverkürzt verabfolgt werden.

II Im Falle der Erkrankung darf der Unterhaltszuschuß für die Dauer von 4 Wochen weitergezahlt werden; die fernere Weiterzahlung bis zur Höchstdauer von 13 Wochen bedarf der Genehmigung durch das Ministerium.

§ 9.

I Der Unterhaltszuschuß wird monatlich nachbezahlt, sofern nicht das Ministerium der Finanzen eine andere Art der Zahlung bestimmt. Endigt der Bezug vor dem Monatsschlusse, so wird der Unterhaltszuschuß an dem Tage bezahlt, an dem der Bezug endigt. Die einzelnen Zahlungen sind nach den für die Besoldung der Beamten geltenden Vorschriften abzurunden.

II Der Aufwand ist unter dem Haushaltstitel „Unterhaltszuschüsse der Personen im staatlichen Vorbereitungsdienste" zu verrechnen.

§ 10.

(Hebt ältere Bekanntmachungen auf.)

2. Bek. des Gesamtstaatsministeriums v. 4. Juli 1924 über die Bezüge der Staatsdienstanwärter und der sonstigen im staatlichen Vorbereitungsdienste stehenden Personen bei Stellvertretungen und Geschäftsaushilfen (GVBl. 181).

§ 1.

I Staatsdienstanwärter und sonstige im staatlichen Vorbereitungsdienste stehende Personen, die den Höchstbetrag des Unterhaltszuschusses ihrer Jahresstufe beziehen (vgl. § 4 der Bekanntmachung vom 4. Juli 1924 Nr. 30916)[1]) erhalten für Aushilfeleistungen (Stellvertretungen von Beamten, Versehung erledigter Stellen oder sonstige Aushilfen), die am Amtssitze vorzunehmen sind, keine Vergütung.

II Beziehen die in Abs. I genannten Personen keinen Unterhaltszuschuß, so erhalten sie für Aushilfeleistungen am Amtssitze, wenn die Aushilfeleistung ununterbrochen länger als vier Wochen dauert, für die vier Wochen übersteigende Zeit den Höchstbetrag des Unterhaltsausschusses ihrer Jahresstufe. War der Unterhaltszuschuß bereits mit einem Teilbetrage bewilligt, so wird er auf den Höchstbetrag ergänzt. Werden die Aushilfen während eines Rechnungsjahres in mehreren Abschnitten von kürzerer als vierwöchiger Dauer geleistet, so wird der Unterhaltsausschuß nach Satz 1 oder der Ergänzungsbetrag des Unterhaltszuschusses nach Satz 2 gewährt, wenn und sobald die Aushilfeleistungen zusammen den Zeitraum von acht Wochen übersteigen und zwar für die acht Wochen übersteigende Zeit.

§ 2.

I Staatsdienstanwärter und sonstige im staatlichen Vorbereitungsdienste stehende Personen erhalten für Aushilfeleistungen, wenn es sich um vorübergehende Verwendungen an einem anderen Orte als dem Amtssitze handelt und die zuständige Stelle bestimmt, daß ein Wechsel im Amtssitze nicht eintritt (vgl. Abschn. I Ziff. 1 und Abschn. II Ziff. 1 der Bekanntmachung über die Verwendung der nichtetatmäßigen Beamten und der im staatlichen Vorbereitungsdienste stehenden Personen vom 24. Mai 1922 (GVBl. S. 327)[2]),

1. den Höchstbetrag des Unterhaltszuschusses, sofern sie bisher keinen Unterhaltszuschuß bezogen haben; war der Unterhaltszuschuß bereits mit einem Teilbetrage bewilligt, so wird er auf den Höchstbetrag ergänzt;
2. für jeden Tag der Aushilfeleistung (einschließlich der Tage der Hin- und Rückreise) ohne Beschränkung auf eine bestimmte Zeitdauer das Beschäftigungstagegeld nach dem für die Beamten geltenden Bestimmungen;
3. Ersatz der Reiseauslagen für die Hin- und Rückreise nach den für die Beamten geltenden Bestimmungen.

II Die Bezüge nach Abs. 1 Ziff. 1 und 2 dürfen zusammen den Anfangsbezug eines nichtetatmäßigen Beamten der Besol-

[1]) S. diese oben unter XIII 1.

[2]) Abschn. I Nr. 1 der Bek. vom 24. Mai 1922 bestimmt: Als Amtssitz der nichtetatsmäßigen Beamten gilt der Ort, wo die Behörde oder Dienststelle ihren Sitz hat, bei der sie jeweils verwendet sind. Bei vorübergehender Verwendung eines nichtetatmäßigen Beamten an einem anderen Orte kann das zuständige Staatsministerium bestimmen, daß ein Wechsel im Amtssitz nicht eintritt.

dungsgruppe, in der beim regelmäßigen Verlauf der Dienstlaufbahn die erste etatmäßige Anstellung erfolgt, nicht übersteigen.

Abschn. II Nr. 1 dieser Bek. bestimmt: Für den Amtssitz der im staatlichen Vorbereitungsdienste stehenden Personen gelten die Bestimmungen in Abschn. I Ziff. 1 entsprechend.

§ 3.

Für besondere Fälle länger dauernder Aushilfeleistungen von Staatsdienstanwärtern, welche die für die Anstellung als nichtetatmäßige Beamte vorgeschriebenen Voraussetzungen erfüllt haben oder sich in der vorgeschriebenen Wartezeit befinden, kann das zuständige Ministerium an Stelle der Bezüge nach §§ 1 und 2 eine Vergütung bis zur Höhe des Anfangsbezuges eines nichtetatmäßigen Beamten der Besoldungsgruppe bewilligen, in der beim regelmäßigen Verlauf der Dienstlaufbahn die erste etatmäßige Anstellung erfolgt.

§ 4.

(Ändert ältere Vorschriften.)

Schlagwörterverzeichnis.

A.

B.

N.

O.

P.

Q.

R.

T.

U.

V.

W.

Z.

Einlageblatt

zu

Die Vorbedingungen für den höheren Justiz- und den höheren Verwaltungsdienst in Bayern

von **J. Schiedermair.**

Bekanntmachung zur Abänderung der Bekanntmachung vom 1. April 1925 Nr. 11658 über die Vorbedingungen für den höheren Justiz- und Verwaltungsdienst (GVBl. S. 110) mit Berichtigung S. 282.

Staatsministerien der Justiz, des Innern und für Unterricht und Kultus.

I. Die Bekanntmachung vom 1. April 1925 Nr. 11658 über die Vorbedingungen für den höheren Justiz- und Verwaltungsdienst (GVBl. S. 110) wird wie folgt geändert:

1. § 35 Abs. 2 erhält folgenden Zusatz:
   „Der Termin der mündlichen Prüfung darf jedoch nicht weiter als bis zum Schlusse der für jede Universität bestimmten Prüfungsperiode verlegt werden."
2. § 39 Abs. III Satz 2 wird gestrichen.
3. § 40 erhält folgenden neuen Abs. V:
   Das Abstimmungsverhältnis einschließlich des Stichentscheides des Vorsitzenden ist sowohl dem Studierenden als auch Dritten gegenüber geheim zu halten."
4. § 152 Abs. II erhält folgende Fassung:
   „Die Prüfungen im Herbste 1925 und im Frühjahr 1926 gelten zusammen als die Staatsprüfung des Jahres 1925; die Prüfungen im Herbste 1926 und im Frühjahr 1927 gelten zusammen als die Staatsprüfung des Jahres 1926; die Prüfung im Herbste 1927 gilt als die Staatsprüfung des Jahres 1927; die Prüfungen im Frühjahre und im Herbste 1928 gelten zusammen als die Staatsprüfung des Jahres 1928. Referendare, welche die Prüfung im Herbste 1927 abgelegt haben und die Prüfung im Frühjahre 1928 wiederholen, werden zur Staatsprüfung des Jahres 1927 gezählt."

II. Diese Bekanntmachung tritt mit sofortiger Wirkung in Kraft.

München, den 22. Juli 1927.

Gürtner. Dr. **Stützel.** i. V. Dr. **Korn.**

FSC
www.fsc.org
MIX
Papier | Fördert
gute Waldnutzung
FSC® C083411

Kolibri 360 GmbH
Ferdinand-Jühlke-Straße 7
99095 Erfurt, Deutschland
produktsicherheit@kolibri360.de